GEOMETRIA SAGRADA E AS ORIGENS DA CIVILIZAÇÃO

RICHARD HEATH

GEOMETRIA SAGRADA E AS ORIGENS DA CIVILIZAÇÃO

A Revelação dos maiores Enigmas da História por meio da Ciência dos Números

Tradução

Rita Luppi

Editora
Pensamento
SÃO PAULO

Título original: *Sacred Number and the Origins of Civilization.*

Publicado originalmente nos Estados Unidos por Inner Traditions, uma divisão da Inner Traditions International, Rochester, Vermont 05767.

As figuras a seguir foram criadas pelo autor com base nos mapas do Google Earth: 4.18, 4.19, 5.4, 5.5, 5.6, 5.9, 5.10, 6.1, 6.8, 6.10, 7.3, 10.1, 10.2, 10.3, 10.4, 10.5, 10.6, 10.7, 10.10, 10.11, 10.12, 10.14, 10.15 e 10.16.

Figuras 8.1 e 8.2 são cortesia de Wikimedia Commons, GNU Free Document License.

Coordenação Editorial: Denise de C. Rocha Delela e Roseli de Sousa Ferraz
Preparação de originais: Denise de C. Rocha Delela
Revisão: Maria Aparecida Salmeron

Dados Internacionais de Catalogação na Publicação (CIP)
(Câmara Brasileira do Livro, SP, Brasil)

Heath, Richard
Geometria sagrada e as origens da civilização: a revelação dos maiores enigmas da história por meio da ciência dos números / Richard Heath ; tradução Rita Luppi. – São Paulo: Pensamento, 2010.
Título original: Sacred number and the origins of civilization.
ISBN 978-85-315-1695-5

1. Civilização antiga 2. Numeração – História 3. Teoria dos números – História I. Título.

10-10077 CDD-513.509

Índices para catálogo sistemático:

1. Ciência dos números : História 513.509
2. Ciência numérica : História 513.509

O primeiro número à esquerda indica a edição, ou reedição, desta obra. A primeira dezena à direita indica o ano em que esta edição, ou reedição, foi publicada.

Edição	Ano
1-2-3-4-5-6-7-8-9-10-11	10-11-12-13-14-15-16-17

Direitos de tradução para o Brasil
adquiridos com exclusividade pela
EDITORA PENSAMENTO-CULTRIX LTDA.
Rua Dr. Mário Vicente, 368 — 04270-000 — São Paulo, SP
Fone: 2066-9000 — Fax: 2066-9008
E-mail: pensamento@cultrix.com.br
http://www.pensamento-cultrix.com.br
que se reserva a propriedade literária desta tradução.
Foi feito o depósito legal.

SUMÁRIO

AGRADECIMENTOS

Este livro é resultado de uma ampla variedade de ideias e uma sequência de muitas coincidências produtivas. Muitas das ideias utilizadas para construir o quadro mais amplo resultam das investigações de John Michell em assuntos tais como a antiga ciência dos números (ou metrologia), centrismo, as 12 tribos, Jerusalém e as Linhas Michael. John Neal proporcionou uma abordagem sistemática completa à metrologia que tem sido fundamental na identificação de arquiteturas monumentais, tais como Carnac e Washington, D.C. As redescobertas feitas por Robin Heath de grandes triângulos na paisagem britânica, das técnicas megalíticas e unidades de medição realçaram e possibilitaram minha abordagem. Howard Crowhurst forneceu dados da Associação Arqueológica Kergal (AAK) sobre Carnac e acompanhou uma visita guiada por quilômetros. Os livros de Paul Broadhurst confirmaram o valor das Linhas Michael, que formaram o fio principal da investigação histórica. A grade de Tom Graham para Bornholm me deu uma pista vital para a metrologia do local. O website de Rick Campbell sobre Washington, D.C., identificou o padrão básico. A persistência de Robert K. Temple em estudar oráculos e geometrias hexagonais ajudou a focalizar a raiz do número três como um fenômeno unificador.

Minhas enteadas, Jessica e Joana, ajudaram por morarem em locais que conduziram a resultados valiosos em Creta e no país dos cátaros. O DuVersity possibilitou-me conectar com Chartres e Carnac, conduzindo com Anthony Blake a excursão à "Albion Encantada". Uma breve temporada fazendo viagens à Capela Rosslyn e outras Trilhas Celtas me trouxe para dentro do mundo louco dos mistérios relacionados aos templários, tais como o meridiano da Linha da Rosa.

A Wikipedia tem que ser elogiada por fazer tanto quanto possível para a pesquisa e a eficiente verificação dos fatos. O Google Earth poderia ter sido inventado especialmente para este livro, por prover efetivas visualizações de geometrias de paisagens e também fornecendo medidas de áreas que, se assim não fosse, iriam requerer mapas especializados e muito mais trabalho. Agradeço a Anthony Blake por leituras e conversas inteligentes ao longo do processo.

Agradeço também a Robin Heath por copidescar seu manuscrito revisado e à Inner Traditions por publicar este trabalho. Finalmente, minha esposa, Jane, tem que ser condecorada pelo apoio a um processo de pesquisa interminável que só agora parece ser definitivo.

INTRODUÇÃO

NÚMERO E CRIAÇÃO

Uma coleção completa de conhecimento antigo está por trás de muitas culturas históricas – e, de fato, fornece uma base para nossa cultura moderna – embora já não partilhemos da visão de mundo que a produziu. Nessa cultura pré-histórica o mundo era visto como uma *manifestação do poder dos números*. Os antigos elaboraram um sistema que descrevia o mundo todo e o cosmos numericamente, e deduziram que ele foi criado por uma inteligência reconhecível; essa hipótese deu origem a especulações religiosas que literalmente procuraram se reconectar à fonte de todas as coisas. Este livro vai analisar a protocultura para a qual essa foi a ideia organizadora, que se tornou popularmente conhecida como "Atlântida".

Duas coisas que são esperadas quando se menciona Atlântida não serão encontradas aqui. Quase não há discussão sobre onde a Atlântida possa ter existido e também há escassa alusão quanto às catástrofes que supostamente a destruíram. Embora existam vários livros com muitas versões sobre o lugar onde a Atlântida se situava e como foi destruída, este trabalho surgiu da identificação do material cultural especializado que só pode ter vindo de uma fonte tal como a Atlântida. Esse material cultural tem base numérica.

O conhecimento numérico não depende dos canais dos fatos mais evidentes da história, arqueologia, línguas arcaicas, artefatos, mitos, escrituras e assim por diante. Como a fênix, ele é perfeitamente passível de reconstrução porque o próprio número é um conjunto de arquétipos eternos. Na verdade, se os antigos tiveram uma ciência numérica, então os números são seus operadores e esses não foram danificados em sua essência com o passar do tempo.

Como estamos munidos de pistas suficientes que sobreviveram do passado, então, a ciência antiga é, em grande parte, um todo autorreconstituível, uma vez que a área da qual ela tratava tem sido exposta.

Este livro é um panorama baseado no trabalho em curso de um pequeno grupo de pessoas empenhado em diferentes aspectos dessa reconstrução, a fim de ver como era a antiga ciência e como ela foi, então, transformada durante o período histórico. Apresento o assunto em questão com esse tema em mente e, como mencionado nas notas de rodapé, fontes mais detalhadas fornecem um recurso adicional necessário para cada um dos assuntos cobertos.

A reconstrução em si pode ser vista como uma ciência emergente, ou *protociência*, a qual, como todas as similares, é bem expressa como sendo "um elefante no escuro". Pessoas diferentes constituem diferentes pontos de vista baseados em suas perspectivas, metodologias etc., algumas tocando a cauda, outras percebendo a respiração e outras estudando o som. Desse modo, o trabalho que é feito para recuperar o sistema original e objetivo de pensamento pré-histórico inclui partes da religião, ciência, arte, histórias tradicionais, sistemas de calendário, geografia sagrada, ideias mantidas por grupos marginais, técnicas oraculares etc.

Esse lado da natureza humana, que pode operar com as mais elevadas energias da consciência e da criatividade, está perpetuamente no escuro, uma "nuvem de desconhecimento" e uma "noite escura da alma". Aqueles que a ridicularizam, evidentemente, apenas não estão atraídos por ela. O segredo é ser capaz de ver no escuro, onde ninguém quer olhar. As culturas se definem pelo que está iluminado e pelo que está na escuridão. Não se pode negar, portanto, a simples dedução de que o novo conhecimento – que, neste caso, é o antigo conhecimento – não parecerá atraente de início. Entre a crença religiosa e a certeza científica se encontra uma região na qual existem *novas* crenças e grandes *incertezas*. Essa é notavelmente uma área do trabalho *humano* na qual algo novo pode surgir, algo latente que se conecta com o princípio cósmico da criação e da criatividade.

A vantagem de enfocar as *tradições culturais numéricas* da pré-história é que, dentro do mundo do número, há manifestações factuais, tais como harmonia musical, proporções estéticas, periodicidades astronômicas, conhecidas medidas antigas e monumentos construídos a partir das mesmas, e arquétipos geométricos.

Nas idades de trevas que se seguiram à destruição de Atlântida, porém, os poderes numéricos que a cultura antiga compreendia como o que dava origem a toda criação se tornaram simbolizados como deuses. O período histórico inicial se tornou repleto de símbolos, iconografias e mitos que eram *componentes degenerados da visão de mundo numérica*. Realidades numéricas eram caracterizadas pela associação a objetos correspondentes e características humanas. Estudiosos têm identificado deuses da tempestade, deusas da fertilidade, deuses embusteiros etc., mas não o sistema que está por trás deles. Isso tem sido extraordinariamente confuso, pois significou que os estudiosos se perderam dentro de um sistema de signos e símbolos que com frequência os levou à conclusão de que os antigos se dedicavam a uma grande falácia patética, isto é, que eles eram "selvagens supersticiosos".

Por outro lado, fora da pré-história vemos alguns dos maiores sistemas físicos, na forma das pirâmides e círculos feitos de grandes (mega) pedras (lito), que evidenciam uma exatidão em forma e número que não se adequa a comportamentos tribais altamente supersticiosos ou dentro de uma falácia patética simplista. Uma explicação mais plausível do empreendimento de construção megalítica é sugerir que uma elite de sacerdotes especiais ou druidas construiu os monumentos, empregando uma complexa tradição da qual as pessoas comuns apenas viram uma versão especial. Porém, essa explicação ainda suscita a pergunta sobre quais eram as tradições desses construtores e que papel eles desempenharam na vida de sua cultura.

As elites da pré-história que eram versadas em números passaram a ser falsamente associadas a um "populacho" supersticioso mais apropriado a uma idade das trevas. O fato é que temos muito poucas evidências da vida ritual da pré-história, mas grande número de evidências com respeito a suas habilidades numéricas na construção de monumentos. Sugerir que um monumento é um ritual complexo, *sem nenhuma evidência*, não é científico. A ciência tem ignorado frequentemente, se não obscurecido, a evidência real de que os monumentos tinham uma base numérica, metrológica e astronômica.

Esse problema se agrava pelo fato de que aqueles que estudam os monumentos antigos em nome da ciência oficial raramente são treinados nas habilidades numéricas que mais tarde serão mostradas como partes do corpo do conhecimento atlante. Isso inclui necessariamente arqueólogos que até recentemente resistiram à interpretação astronômica de sítios e ainda resistem a tudo, exceto às mais simples medições metrológicas, e levantam hipóteses sobre o legado construído de monumentos megalíticos.

De qualquer maneira, absolutamente não faz sentido julgar uma *civilização adiantada* fundamentalmente pelos seus membros mais fracos ou por suas atividades mais básicas. A apresentação de selvagens ao lado de Stonehenge – tal como no vídeo *Stonehenge, A Journey Back in Time* – realmente é propaganda não científica, que visa marginalizar a cultura numérica de um passado pré-histórico profundo.[1]

Por que a cultura numérica do passado é um anátema para a ciência? Essa negação da Atlântida tem boas razões, visto que a queda da Atlântida *representa a finalização de um importante período na evolução humana*, que se iniciou na cultura da Idade da Pedra, na qual os seres humanos aprenderam a contar geralmente usando marcas em ossos para traçar o tempo lunar, e foi até o *Neolítico Avançado*, uma cultura megalítica na qual a visão de que o mundo era uma criação numérica levou a uma cultura que media o mundo e era capaz de construir de acordo com os mesmos princípios.

A supressão da Atlântida pela ciência moderna surge do reconhecimento instintivo de que agora o *modus operandi* é fundamentalmente diferente. A ciência não pode imaginar uma alternativa para si própria e, no entanto, na raiz, qualquer ciência é apenas uma disciplina aplicada a certo tipo de problema. A ciência moderna surgiu quando se tornou possível estudar apropriadamente o princípio da causalidade física. Esses estudos acabaram por eliminar dogmas complexos de que espíritos e forças invisíveis faziam as coisas acontecer. Leis físicas foram articuladas para explicar os fenômenos que eram apenas curiosidades antes que fosse identificado um princípio organizador.

No entanto, eu sugeriria que a numeração que a ciência moderna emprega tão bem é um legado direto de uma cultura numérica mais primitiva. Os fenômenos numéricos dirigiram o desenvolvimento da ciência atlante, mais antiga. Quase certamente, foram os períodos de tempo astronômico e a contagem que criaram nos povos antigos uma consciência do número como um princípio organizador. Essa se tornou a forma mais antiga de conhecimento abstrato.

Estruturas como Stonehenge e a Grande Pirâmide podem ser comparadas a aceleradores de partículas da "grande ciência" ou telescópios de grande alcance, visto que, em todos esses, a *forma* é vista seguindo a *função*, e essas estruturas são reconhecíveis como adequadas unicamente a um propósito. Mas essa ideia permaneceu não desenvolvida no caso das estruturas megalíticas, porque a visão de mundo que a sustenta é estranha à cultura moderna. A única linguagem que pode revelar a forma e a função das estruturas megalíticas é a do número, a ciência da metrologia (medição baseada no tamanho e na forma da Terra), e a do alinhamento.

Um ponto mais sutil é que, se a Atlântida foi um ponto de passagem necessário na evolução cultural humana, então sua destruição parece ter incluído uma *perda de interesse* no uso dos números para definir o cosmos.

No período medieval, as culturas e crenças pré-históricas e não cristãs eram chamadas "nativas" ou "pagãs", assim como no tempo dos romanos as outras culturas eram chamadas "bárbaras", a despeito das tendências dos próprios romanos. Realmente é uma forma natural de chauvinismo cultural que faz com que seja difícil aceitar a grandiosidade dos antigos, a despeito das suas diferenças.

Além da supressão humana do conhecimento antigo referido como "atlante", também ocorreu o desaparecimento físico do próprio lugar. Esse desaparecimento da Atlântida se situa junto a muitas outras "quedas" que dizem respeito aos mitos da humanidade:

- a Expulsão de Adão e Eva do Éden
- a Confusão da Torre de Babel
- a Queda da Árvore do Mundo (ou um Moinho)
- a Queda de Atlântida

Essas histórias contêm informações perdidas como versões alternativas e mensagens relacionadas. Enquanto hoje "mito" pode significar uma inverdade, não há dúvida de que nas culturas antigas contar histórias era uma nobre disciplina, existindo regras exatas para a preservação da informação e linguagem em épocas nas quais os registros escritos não estavam comumente disponíveis e, consequentemente, antes de a "história" se tornar literatura.

"A Expulsão de Adão e Eva do Éden" (Gênesis, 2:3) é uma história sobre um tipo de conhecimento, uma "árvore do conhecimento do bem e do mal (...) no meio (...) do Jardim", que significa o conhecimento cósmico do eixo da Terra e dos deuses. Uma serpente, tradicionalmente um símbolo de um ser planetário (provavelmente Mercúrio), estava enroscada naquela árvore e sugeriu-lhes comer o fruto que pendia de seus galhos.

O fruto que pende dessa árvore é o conhecimento da relação numérica entre os planetas, que tanto inicia uma compreensão do número quanto revela que a criação é, na verdade, estruturada de maneira numérica. A cultura numérica mediria, finalmente, o tamanho da própria Terra e "se tornaria como um de nós [os deuses], para conhecer o bem e o mal". Mas quando os seres humanos se tornam conhecedores do cosmos, isso aborrece um Deus que os mantinha dentro de um paraíso criado ou força o casal recém-consciente de si mesmo a deixar o jardim do paraíso e a fazer seu próprio caminho no mundo.

"A Confusão da Torre de Babel" (Gênesis, 11:4-5) é uma história muito semelhante. Nela, os seres humanos que falavam uma linguagem dizem "deixe-nos construir uma cidade e uma torre cujo topo possa alcançar o céu" e "nos deixe criar fama [ou cultura], ou nós nos dispersaremos sobre a face de toda a Terra". Isso também aborreceu o Senhor e sua solução nesse caso foi "confundir a linguagem deles", para que assim "não pudessem compreender o discurso um do outro".

A Torre de Babel foi provavelmente um "modelo de céu" em sete camadas, construído de acordo com medidas definidas; ela representa um tipo de estrutura megalítica, embora construída de tijolos, como era a prática na Mesopotâmia. Parece que essa civilização construtora de cidades foi confundida pela mudança no modo como as pessoas pensavam e se comunicavam; isso foi o que causou o aparecimento de mal-entendidos e diferenças. Essas pessoas parecem estranhamente prescientes em adivinhar sua própria dispersão, *como se ela viesse com o território.*

"A Queda da Árvore do Mundo (ou um Moinho)"[2] está baseada na concepção do eixo polar da Terra como o tronco de uma árvore e o céu como seus galhos, folhas e frutos, como na história do Éden, ou da rotação do céu como um Moinho, com os planetas fora do centro e o eixo da Terra como seu eixo, extensivamente descrito na peça de Shakespeare, *Hamlet.*

Essa é uma moldura mítica na qual se pensava que a precessão dos equinócios e principais conjunções de planetas geravam o que chamaríamos de a história do mundo, formada por grandes eras que duravam milhares de anos, cada uma com seu próprio sabor astrológico associado a estrelas equinociais e polares específicas. Essa era uma tradição pré-histórica onipresente, preservada em lenda e mito do mundo inteiro.

"A Queda de Atlântida" (ver *Timeu* e *Crítias*, de Platão) é de uma supercultura explícita destruída por catástrofe, uma história transmitida via Egito para os gregos clássicos por Sólon, o fundador da democrática Atenas. Essa história tem uma característica semi-histórica: diferentemente das outras, ela fala diretamente e oferece pistas específicas de onde e como uma civilização numérica prévia veio abaixo por forças naturais.

Esses mitos têm uma singularidade que garante sua independência de quaisquer outros – eles não podem ser fundidos. Eles oferecem um conjunto de perspectivas diferentes sobre o que pode ser um fenômeno único: a destruição de uma cultura ampla e bem desenvolvida, que deixou poucos traços do seu centro formador. Todos esses mitos descrevem a queda de uma cultura que *desenvolveu um tipo de conhecimento*, mas que foi dispersa por uma combinação de eventos – geológicos, meteorológicos, políticos ou psicológicos.

O conhecimento que foi desenvolvido representou uma mudança no poder dentro da consciência humana com relação à inovação. Inovação requer imaginação e a imaginação atua sobre coisas que não estão presentes. Esse sexto sentido é uma faculdade perigosa visto que pode ser usada para o bem ou para o mal: pode fazer seres humanos como deuses e pode também iludir e manipular.

Os problemas *causados pela imaginação* são evolutivos para a humanidade. Eles mudam o papel do humano: como uma força criativa externa, a presença humana causa um impacto no mundo. Criaturas que efetivamente podem atuar "como anjos" são *in potentio* substituições para a forma arcaica de criatividade embutida na criação, que em grego é chamada de demiurgo ou deus artífice (Deus Faber). Na verdade, essa faculdade apareceu com os ferreiros e artesãos da Idade do Bronze.

A confusão das linguagens, o catastrófico fim da Atlântida, a expulsão de Adão e Eva do Éden, e a queda do Moinho do Céu da história do mundo são, portanto, perspectivas arcaicas nas *mudanças humanas* que tornaram os seres humanos mais ativos em dar forma ao seu ambiente.

Esse estágio não poderia ter sido alcançado sem o precursor que desenvolveu a numeração em uma forma distintamente profunda e descobriu que o mundo foi criado de acordo com um padrão numérico. Mas essa visão de mundo é essencialmente estática uma vez alcançada, e realmente nada diferente pode ser criado uma vez que um vínculo total com a criação é alcançado.

Essas catástrofes precisam ser entendidas dentro de uma estrutura na qual, em um nível, a humanidade nada significa para os poderes mais elevados que estão causando evolução, embora seja o humano o que está sendo evoluído. Eis a razão por que valores civilizados sempre permanecerão subjetivos uma vez que não há uma objetividade cósmica. O corolário para isso é que a objetividade cósmica não pode evoluir, mas está, tal como os anjos, condenada a permanecer fora do campo dentro do qual a transformação precisa ocorrer.

Desse modo, os anjos podem ter ciúme dos seres humanos, Jeová pode se zangar com as reações naturais de Adão, e cientistas podem se aborrecer com não cientistas que alegam que a Atlântida está viva e ativa, não diretamente como um modelo numérico do mundo, mas como seu legado numérico em todas as coisas que medimos no tempo e no espaço, ou nas raízes simbólicas do mito inerentes aos nossos contos de significado desenvolvidos.

A imaginação também pode levar a erros ou leituras equivocadas que revelam novas leituras válidas, vendo as coisas de um modo diferente, assim como a reprodução genética gera novos genes. Esse poder traz o mundo a uma nova existência, injeta novos níveis de ordem – mas de onde? Bem pode ser que a humanidade esteja em contato com as forças cósmicas por meio do poder da imaginação e esse é o próprio mecanismo que tornou a destruição de Atlântida tanto necessária quanto valiosa.

Embora tenha sido destruída, a antiga protocultura deixou alguns monumentos *pré-históricos* que empregam um sistema *histórico* de medidas, assim como um conjunto global de tradições orais e visuais, símbolos e mitologia. Esses elementos formaram os pontos de partida culturais para todas as civilizações que surgiram desde então. Visamos traçar a influência contínua desses elementos culturais e seus efeitos em curso dentro da história mundial. Para entender como isso é verdade, primeiramente devem ser apresentadas as redescobertas recentes do número dentro da astronomia geocêntrica e metrologia dos monumentos, tarefa dos primeiros capítulos. Essas ciências numéricas, um fio dourado para essa história, lançam nova luz nas práticas encontradas nos antecedentes da civilização "ocidental".

UM

NÚMEROS VINDOS DO CÉU

O corpo humano passa por uma quantidade de fenômenos cíclicos, o mais importante sendo aquele que ocorre devido ao ritmo do coração. A longo prazo, o ciclo de sono e vigília causa uma série de efeitos hormonais periódicos que alteram o metabolismo. Como uma única célula dentro do corpo poderia inferir, a partir desses ritmos, a existência do corpo humano, um todo maior altamente organizado?

Isso se parece com o que ocorre quando observamos o céu a partir do nosso planeta, onde o batimento cardíaco é o ciclo de dia e noite, o ciclo básico da experiência na Terra causado por sua rotação em relação ao Sol. O Sol domina o dia, concentrando a atenção visual em tudo o que sua luz abrange, incluindo o céu, que fica azul graças à dispersão dessa luz por partículas moleculares, e é pontuado pelas nuvens que ficam cinzentas graças a gotas de água um pouco maiores. A noite pode ser iluminada pela Lua, mas o luar é luz refletida do Sol e varia de acordo com a posição da Lua em relação ao Sol. A Lua, verdadeiramente a rainha da noite em todas as suas fases, viaja por uma rotunda estrelada que nunca varia seu padrão, as chamadas estrelas fixas e constelações. Essas devem ter sido as observações mais remotas.

A CONTAGEM DOS DIAS

A variação da Lua é um fenômeno interessante e importante para as pessoas que vivem a maior parte do tempo ao ar livre, e certamente assim foi antes que as portas fossem inventadas! O fato de o ciclo reprodutivo da fêmea humana ter uma sincronização natural com as fases da Lua simplesmente segue uma ressonância semelhante em outras populações da Terra. A Lua também tem sido considerada a iluminação pública original e o modo como ela ilumina o céu à noite cria um mês natural. Esse ciclo lunar é um fenômeno mensurável, um ciclo que apresenta a possibilidade de sabermos quantos dias vão se passar antes que a Lua fique cheia novamente.

A Lua não leva um número exato de dias para completar seu ciclo de fases, mas o completa em apenas 29 dias e meio, aproximadamente. Isso significa que o tempo para que ocorra dois ciclos pode ser contado com exatidão em dias, visto que uma lua cheia vai ocorrer, então, *à mesma hora da noite*, 59 dias mais tarde.

Ossos com inscrições, do final da Idade da Pedra, foram interpretados por Alexander Marshack como tendo marcas que incluem esse ciclo de dois meses de dias contados (ver Figuras 1.1 e 1.2).[1] Isso não deveria surpreender, visto que as pessoas da Idade da Pedra não eram menos brilhantes do que nós, e o tamanho do seu cérebro era comparável ao nosso. As capacidades das pessoas pré-históricas só não foram provadas porque seus processos de pensamento e costumes sociais não podem ser deduzidos com base nas interpretações atuais dos dados arqueológicos. Contudo, elas podem ser inferidas a partir de artefatos tais como esses ossos.

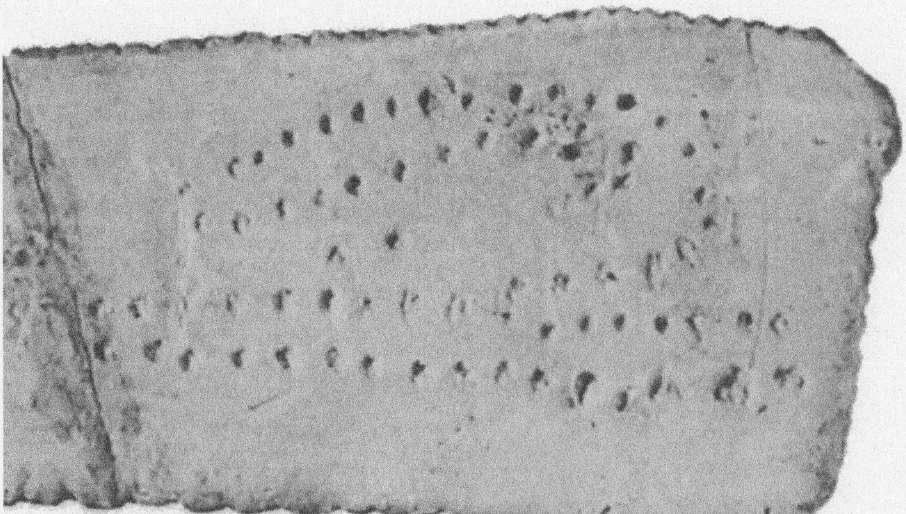

Figura 1.1. Um dos ossos de contagem lunar de Marshack.

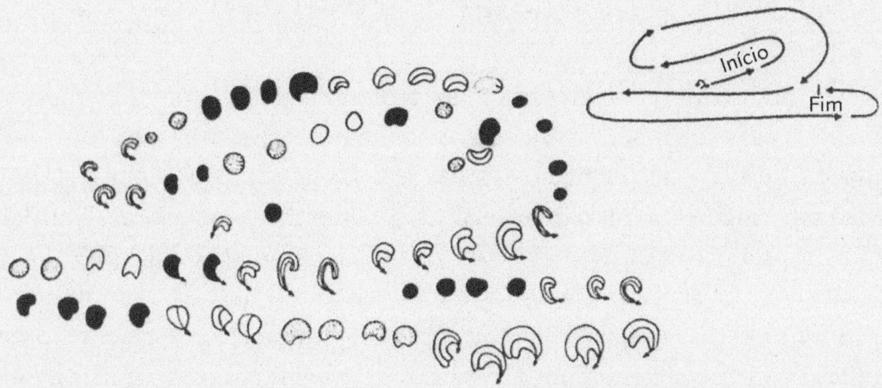

Figura 1.2. Versão esquemática de Marshack da contagem das fases da Lua em dias.

Os padrões entalhados nos ossos pré-históricos precedem os símbolos que vieram a decorar vasos, guarnecer bordas e frisos, "padrões-chave" (padrões ornamentais que consistem em grupos repetidos de linhas verticais e horizontais juntas) e um mundo de desenhos que hoje ornamentam nossos museus. Será que esses padrões foram gerados originalmente porque poderiam "conter" informação numérica? Esses padrões também poderiam ser uma forma inicial de notação e, consequentemente, de linguagem, uma linguagem inicialmente de contagem e simbolismo direto com relação aos eventos do céu?

A quantidade de ossos decorados, pedras, vasos e pinturas que têm um significado numérico em potencial e a amplitude do período pré-histórico de suas origens indica que a criação de símbolos de contagem foi uma atividade primária da humanidade dessa época, ao menos tão importante quanto a arte rupestre e outras habilidades. As marcas representam um forte sinal emanando desse período; onde há um forte sinal ele pode formar o impulso inicial para um novo nível de capacidade, neste caso, a habilidade de trabalhar com números no abstrato.

O que começou como uma curiosa contagem com marcas improvisadas pode ter finalizado com a ideia: "Quantas luas há em um ano?" Para responder a tal pergunta o ano precisa ser observado, e suas características, compreendidas.

Seja onde for que os seres humanos tenham vivido por algum tempo em um dado local – a não ser no equador ou dentro da selva –, o padrão do ano e o impacto de suas estações na vida humana se tornam evidentes numa série de modos específicos. O tempo irá revelar naturalmente um ciclo solar dentro do qual o Sol está mais elevado no céu no verão e mais baixo no inverno.

O efeito da variação da altura do Sol se manifesta como um amplo e, portanto, mensurável movimento de suas posições nascente e poente no horizonte (Figura 1.3). Esses pontos de nascente e poente, vistos a partir de um único ponto favorável, equivalem aos entalhes em um osso. Os pontos de referência no horizonte se tornam símbolos memoráveis do, digamos, ponto de nascimento do Sol no solstício de verão ou aquele do pôr do sol no solstício de inverno. Outros pontos intermediários se estendem entre aqueles alinhamentos do solstício de verão e solstício de inverno para formar um calendário natural, simétrico com referência ao leste (para o nascer do sol) e oeste (para o pôr do sol).

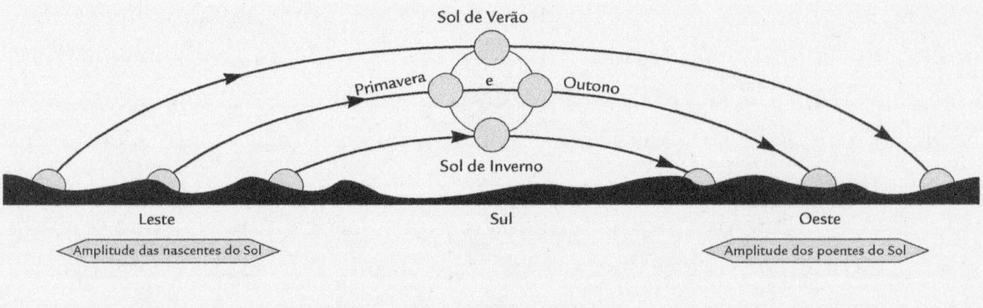

Figura 1.3. O calendário natural do espaço local formado pelo horizonte, nascentes e poentes do Sol durante um ano.

A Idade da Pedra, quando a contagem nos ossos foi entalhada, culminou no período megalítico, durante o qual grandes pedras foram usadas para propósitos grandiosos. Hoje, é comum se aceitar que uma das primeiras linguagens articuladas por esses monumentos foi a notação dos alinhamentos solares em um lugar a fim de definir um calendário (Figura 1.4). Monumentos encontrados na Grã-Bretanha e no noroeste europeu podem ser qualquer coisa desde uma única pedra de pé a complexos anéis de pedra.

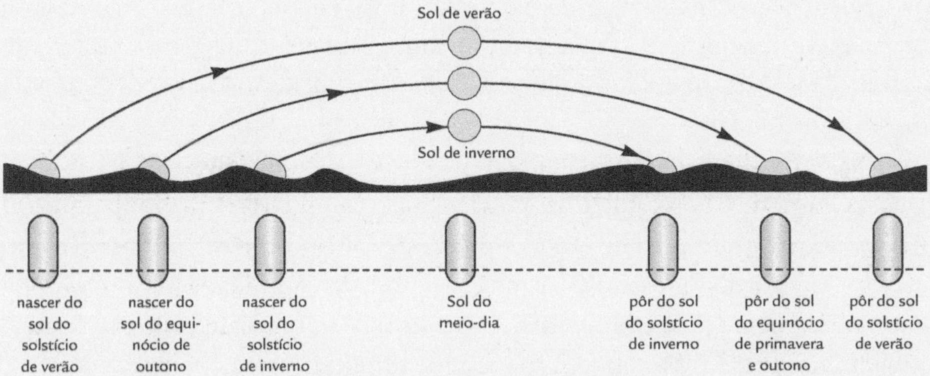

Figura 1.4. O uso de pedras em círculos para marcar o calendário natural no horizonte.

A criação de um calendário solar requer um centro, formado ou por uma pedra solitária de pé ou por uma pedra central rodeada por um círculo de pedras. O centro pode, então, estar alinhado com uma das pedras circundantes ou com uma pedra de pé a meia distância, ou até mesmo com um acidente geográfico no horizonte, tal como um penhasco rochoso. Quanto mais distante a linha de visão, mais exato o alinhamento; quanto mais próxima a pedra, mais simbólica ela se torna daquele alinhamento ou dado. Uma pedra simbólica forma uma *aide memoire**, bem à mão, do fenômeno cósmico.

Enquanto a cultura do megalítico já tenha se passado há muito, os monumentos e seus alinhamentos permanecem. Embora ainda enigmáticos para a ciência, os alinhamentos demonstram conhecimento do céu e um alto grau de competência na medição dos ângulos, tanto no céu quanto na terra. Isso significa que a observação do céu havia intensificado a habilidade de contar, por meio de marcas, transformando-a na capacidade de medir ângulos.

Se os ciclos lunares anuais forem contados, logo se torna claro que existem mais que 12 lunações (meses lunares) em um ano. O "excesso" se aproxima muito de um terço de uma lunação. Isso significa que, em três anos, há 12 + 12 + 12 lunações + uma lunação extra, perfazendo 37 ao todo. Esse período de três anos é, muito provavelmente, a origem do conceito de "tríade" associado à Lua nos tempos celtas (Figura 1.5).

Durante um ano, porém, o Sol tem posições mais elevadas e mais baixas (chamadas solstícios) e duas posições médias (chamadas equinócios), durante

* *Aide memoire*, do francês, ajuda à memória. (N. T.)

as quais o dia é "igual" à noite. Por essa razão, enquanto a Lua manifesta a "tríade", o Sol manifesta a "quadríade" – numericamente, não simbolicamente – como, respectivamente, três anos ou quatro posições de nascente e poente do sol dentro do ano.

Sabemos pelas "Artes Tradicionais" ensinadas nas universidades medievais – Gramática, Lógica, Retórica, Aritmética, Geometria, Harmonia Musical e Astronomia – que a mente pré-científica estava disposta a ver o número como algo que surgia do todo, isto é, a partir da "unidade". A unidade foi simbolizada geometricamente pelo círculo total, e ambos são símbolos do conceito de eternidade, visto que ciclos tendem a se repetir infinitamente no tempo.

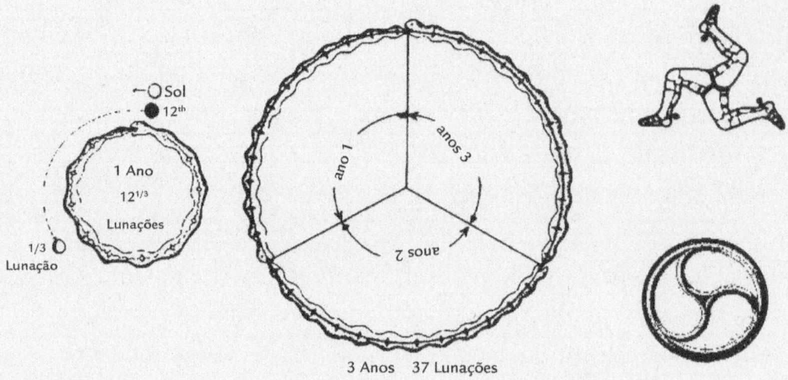

Figura 1.5. O ciclo natural de três divisões da Lua e alguns dos simbolismos oriundos do mundo celta.

Em nenhum outro lugar o protótipo dessa ideia pode ser encontrado tão claramente quanto no céu e nos circuitos das estrelas, do Sol, da Lua, e dos planetas. É natural, portanto, ver o número como sendo parte de uma eternidade, assim como os ciclos cósmicos se dividem um no outro, os dias são divisões de um mês e os meses, de um ano.

Cada período de tempo cósmico é um todo, caracterizado pelo que outros ciclos fazem dentro dele. O circuito das estrelas à noite e do Sol de dia ecoa a rotação da Terra, ambos sendo causados por essa rotação. Todavia, o movimento da Lua, noite após noite, e dos planetas segue um circuito diferente, que hoje chamamos de cinturão do zodíaco ou eclíptica. Esses dois circuitos – de rotação e movimento orbital planetário – estão separados um do outro porque o eixo norte-sul da Terra está inclinado em relação ao Sol e aos planetas. Esse é um fato de fundamental importância.

A TOPOGRAFIA DO CÉU

Em tempos recentes, o zodíaco foi dividido em 12 partes, embora no passado também fossem usadas 27 ou 28 divisões, chamadas *nakshatras* na Índia, ou "mansões lunares". Qualquer divisão do zodíaco se torna possível pelos padrões fixos das estrelas atrás da Lua à noite. É correto afirmar que a topografia celeste de grupos distintos de estrelas ou constelações, reconhecíveis no céu, é comparável à topografia do horizonte da Terra.

Esse elemento da topografia está ligado à prática de dar nomes a locais significativos, o que levou diretamente à prática de contar histórias como um mecanismo para a articulação de significados encontrados em fenômenos e eventos. Essa tradição mítica do mundo antigo sobreviveu apesar dos muitos processos que têm destruído culturas e seus outros artefatos. De fato, existe hoje um conjunto notavelmente rico de mitos e nomes de lugares em muitas regiões, geralmente coletados dentro dos compêndios eruditos. Muitos de tais mitos se referem ao céu, na medida em que a conjunção de deuses ou heróis e locais míticos correspondem a eventos celestiais. Por exemplo, o livro *Hamlet's Mill* indica que:

- nos mitos, planetas se referem a deuses,
- nos mitos, estrelas se referem a animais (a palavra zodíaco significa "disco de animais"),
- nos mitos, descrições topográficas (posições de locais em relação uns aos outros) descrevem a posição do Sol com relação à esfera fixa das estrelas.

Embora essas conclusões derivassem em grande parte da mitologia do Mundo Antigo, descobriu-se que essa também é a chave para o mito andino do Novo Mundo. William Sullivan aplicou-as com grande efeito na sua pesquisa relatada no livro *The Secret of the Incas*. Isso sugere que um mundo simbólico e linguístico já tinha sido desenvolvido na época megalítica (4500–1500 a.C.), em paralelo com as referências astronômicas encontradas nos monumentos e seus alinhamentos com o céu. Esse processo pode ter surgido naturalmente do período da Idade da Pedra, com sua evidência de contagem e notação.

A prática de dar nomes é realmente um tipo superior de marcação, pois contém níveis de significado não atingidos pela contagem, tais como metáforas sociais que reverberam com a condição e a experiência humanas, planetas ou deuses masculinos e femininos, histórias baseadas na vida cotidiana etc. Assim como as histórias eram contadas ao pé das pinturas rupestres para animar e ampliar a sequência dos desenhos, assim o saber do céu pode ser contado ao pé da caverna do céu, como tem sido chamado em culturas mais recentes, mas semelhantes.

OS COMPANHEIROS DO SOL

O planeta mais visível de todos é Vênus. Considerado feminino, foi uma deusa arcaica colocada ao lado da Lua e da Terra para formar uma deusa tríplice. Como Vênus e Mercúrio são planetas internos, ambos estão ligados ao Sol e dentro da própria órbita da Terra. Vênus tem a órbita maior e pode ser facilmente visto após o pôr do sol. Quando é visível depois do pôr do sol, move-se entre a Terra e o Sol para formar o fenômeno chamado estrela vespertina. Depois de passar pela Terra, pode ser vista como a estrela matutina, antes do nascer do sol. A maioria dos textos sagrados, inclusive a Bíblia, faz referência a esses fenômenos. Junto com a Lua crescente, iluminando-se ao anoitecer ou fenecendo ao amanhecer, a "estrela" Vênus forma um ícone familiar, mesmo assim impressionante, usado particularmente pelo mundo islâmico.

Dentro do nosso ano de calendário de 365 dias completos, a repetição da estrela vespertina, Vênus, ocorre numa relação numérica exata de cinco para oito. Isto é, dividindo-se 365 dias por cinco, obtemos um período de 73 dias que, multiplicado por oito, produz o período sinódico de Vênus (tempo entre conjunções sucessivas de dois corpos celestes) de 584 dias. No zodíaco, isso faz com que cada aparecimento sucessivo de Vênus como estrela vespertina surja 2/5 mais adiante no céu em relação às estrelas e 3/5 (0,6 de um ano) mais tarde no ano. Quando o cinturão zodiacal é desenhado como um círculo, o ciclo de Vênus forma um pentagrama após oito anos terem transcorrido na Terra (Figura 1.6).

Assim, o "ciclo de Vênus" tem a duração de oito anos e envolve cinco ciclos completos do fenômeno de Vênus. Isso é facilmente deduzido apenas com base na contagem dos dias, e a partir do conhecimento das estações como um calendário naturalmente criado pelo Sol no horizonte, nunca distante da estrela matutina ou vespertina.

Isso quer dizer que, para os primeiros seres humanos, o cinco adveio naturalmente do céu. O pentagrama/pentágono desenvolveu outro símbolo poderoso do mundo antigo, a Proporção Áurea, uma proporção singular (1:1,618...), cuja recíproca e quadrado têm todos a mesma parte fracionária irracional que o próprio número: 0,618.... A Proporção Áurea é encontrada nos templos construídos no Egito e na Grécia e é também um modelo para as proporções da própria vida, surgindo naturalmente na formação dos corpos vivos, incluindo o humano. Os antigos egípcios deixaram evidências do seu conjunto de modelos de proporções dentro do corpo humano nos seus meticulosos desenhos dos templos, que pouco mudaram em milhares de anos.

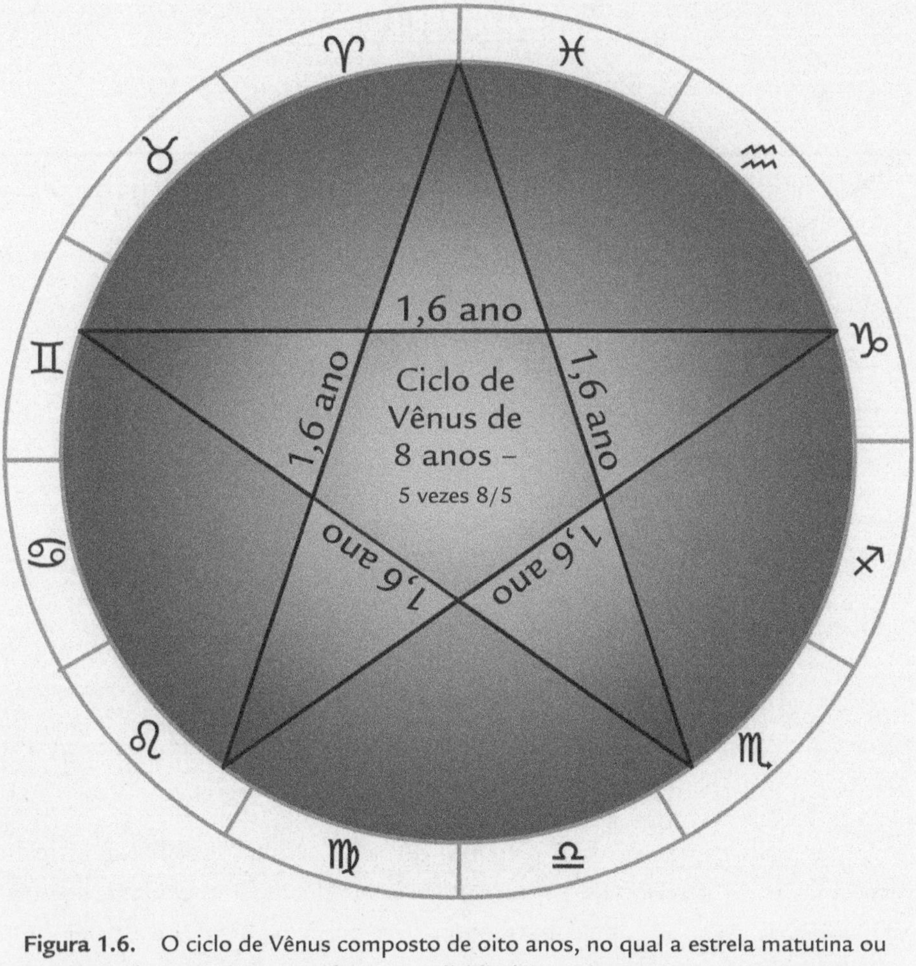

Figura 1.6. O ciclo de Vênus composto de oito anos, no qual a estrela matutina ou vespertina tem cinco manifestações, dividindo o zodíaco em um pentagrama.

O cinco aparece na raiz matemática que define a razão áurea, e que é igual a $(1 + \sqrt{5})/2$, e a curiosa afinidade da razão áurea com o cinco é demonstrada pela presença dessa razão em várias proporções entre os elementos (ou segmentos de reta) que constituem o desenho da estrela de cinco pontas, ou pentagrama (Figura 1.7). Dessa maneira, o cinco é associado tanto com as estruturas viventes quanto com a feminina Vênus.

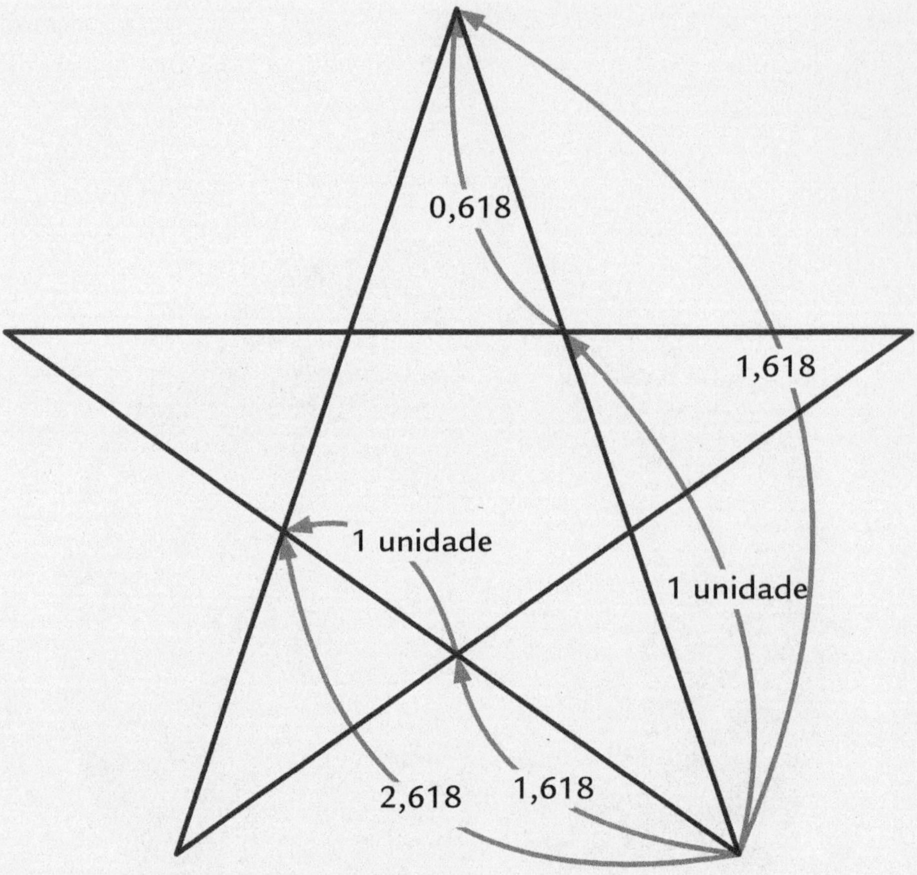

Figura 1.7. Algumas das relações da Proporção Áurea encontradas dentro do pentagrama.

Mercúrio, o planeta mais próximo do Sol, partilha semelhante estrelato vespertino e matutino, mas é raramente visto pelos não iniciados. Mercúrio está tão próximo ao Sol que com frequência se perde na luz desse astro. Porém, o simbolismo de Mercúrio também segue seu comportamento astronômico.

Dentro de um ano, o período sinódico de Mercúrio e sua repetição como estrela vespertina e matutina geram uma Estrela de Davi sobre o zodíaco (Figura 1.8). Apesar de não ser tão óbvio, o seis tem uma associação com Mercúrio, que é confirmada pelos desenvolvimentos simbólicos registrados no Capítulo 7.

Desse modo, os planetas interiores podem ser vistos como os responsáveis por introduzir a competência e o significado numérico na mente dos antigos. Se alguém argumenta o contrário, então os símbolos tradicionais posteriores parecem ter vindo de nada além do que a imaginação humana arbitrária. Mas o fenômeno global da congruência simbólica encontrada dentro dos contos míticos requer uma disponibilidade geral de tais pistas numéricas, dentro do

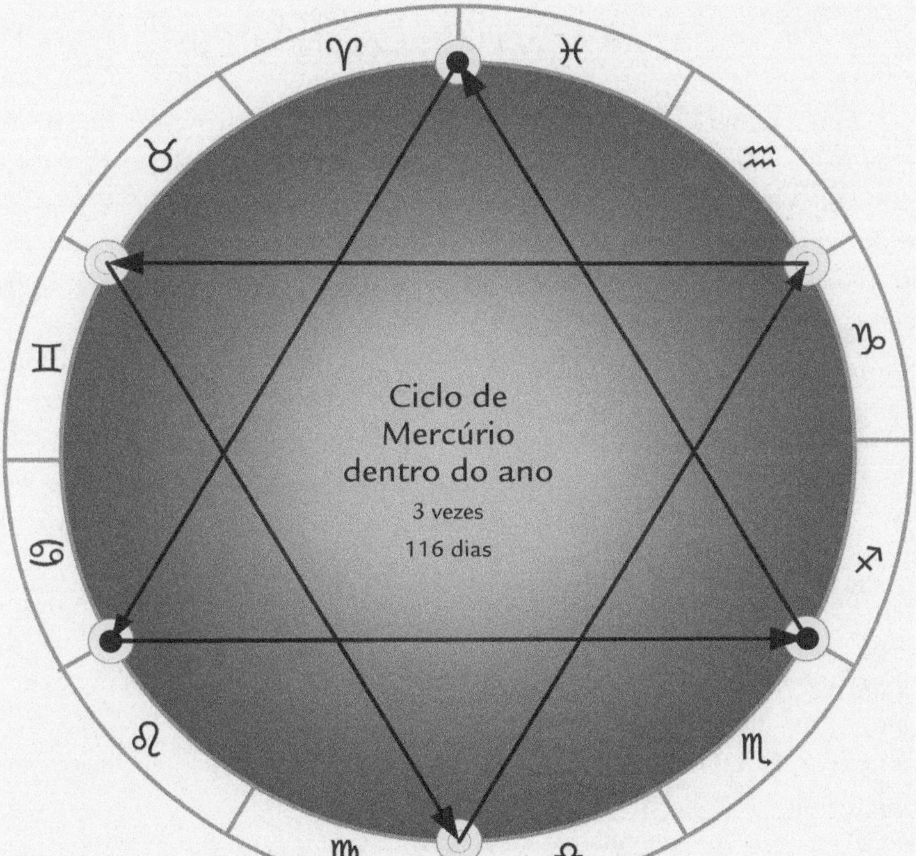

Figura 1.8. O ciclo de Mercúrio, de conjunções inferiores e superiores, cria a figura de uma Estrela de Davi dentro de um ano.

ambiente geral da humanidade. Não há "ambiente geral" mais disponível do que o céu e os comportamentos ali encontrados.

Os significados de *três*, *quatro*, *cinco* e *seis* são, por conseguinte, associados com a Lua, o Sol, Vênus e Mercúrio. A presença de tais números baixos dentro do ambiente não finaliza com esses corpos; de fato, todo o sistema de tempo na Terra é muito mais simples do que se esperaria na ausência de forças que prefiram números menores. Como veremos, a ressonância é um mecanismo possível para isso, mas o modo como o sistema solar foi criado pode ter sido irrelevante para os seres humanos primitivos. O que ressoa dentro da mente são esses números, porque os períodos de tempo encontrados "falam" claramente deles.

A OBSERVAÇÃO DOS CALENDÁRIOS

A natural observação do calendário usando alinhamentos do horizonte leva à natural tendência dos símbolos de se tornarem independentes com relação ao que eles se referem. Um osso com marcas lunares pode levar à suposição de que em três dias a Lua irá emergir novamente do Sol como um entardecer crescente. Portanto, as civilizações antigas provavelmente usaram vários tipos de calendários baseados nos eventos celestes.

Geralmente, calendários são solares ou lunares. Os muçulmanos e os judeus mantiveram um calendário lunar sagrado, no qual um terço de um "mês" se altera todo ano, justamente como os dias da semana sofrem a alteração de um dia todo ano no nosso calendário solar. Os calendários solares podem ser exatos, práticos ou conceituais, tendo 365,25 (quase exato), 365 (prático) ou 360 (conceitual) dias.

Em todos os calendários, quaisquer dias ou partes de dia restantes ficam distribuídos ao longo do ano, pois há dias festivos, semanas ou meses que os absorvem. Não importando como isso seja feito, não existe um simples calendário que possa simplesmente harmonizar os ciclos do Sol e da Lua, quase como se os períodos desses dois corpos fossem projetados na mente com um alto grau de variação, até mesmo de caos.

A maioria dos calendários é baseada na contagem dos dias, mas, como vimos, o mês lunar não é simplesmente um determinado número de dias em sequência. Assim, as semanas não estão relacionadas aos meses da Lua, que é a razão pela qual um mês de duração irregular com frequência se move lentamente em um calendário adequado ao Sol. Em outras palavras, há uma grande complexidade aparente nos calendários que conhecemos, tanto solares quanto lunares, em contraste com os fenômenos observados, que são simplesmente três, quatro, cinco e seis.

O número seguinte, *sete*, fornece a chave da razão por que o calendário usado correntemente é tão complexo. Um calendário mais simples e original provavelmente foi suprimido por razões religiosas quando a semana de sete dias que seguimos hoje foi adotada por duas culturas bem conhecidas. O mais famoso, o judaico, começou seu Pentateuco, ou Cinco Livros, com o universo vindo à existência em sete estágios chamados dias. A Bíblia, como a maioria da literatura sagrada, contém material oriundo de uma mistura de culturas além daquela a que ela "pertence". O Gênesis, por exemplo, inclui elementos reconhecíveis das histórias da Caldeia (isto é, Babilônia), tais como uma versão de um conto mundial, o dilúvio, e o herói que preserva toda a vida dentro de um barco. A história da Torre de Babel se refere à Babilônia. Tais transplantes podem ter vindo de períodos em que os judeus eram mantidos em cativeiro pelos babilônios. Portanto, parte da sua sabedoria – e a semana – parece ter vindo dos *magi**, os homens sábios da Babilônia.

Os gregos clássicos também tiveram uma semana de sete dias, que tende a ser negligenciada por causa da influência do judaísmo sobre a cristandade. Mas de fato, os gregos, especialmente aqueles de Alexandria, também foram influentes na criação das escrituras do Novo Testamento. Isso pode ser visto a partir do influxo dos mistérios numéricos até mesmo dentro dos quatro evangelhos, escritos em grego e empregando *gematria*, a antiga ciência do simbolismo letra-número.

A semana grega associava os sete dias com os planetas, o Sol e a Lua. Isso se evidencia nos nomes atuais para os dias na língua inglesa, por exemplo, tais como saturday [sábado] (dia de Saturno), sunday [domingo] (dia do Sol) e monday [segunda-feira] (dia da Lua). A versão grega deve ter vindo do sul com os indo-europeus, ou oeste, provavelmente do Império Persa (o qual Alexandre, o Grande, derrotou) (Figura 1.9).

SATURNO, DEUS DO TEMPO

Vistos da Terra, os planetas parecem "perambular" pelo firmamento, que é o que a palavra *planeta* significa. Os planetas exteriores não estão ligados ao

* Plural de magus. (N. T.)

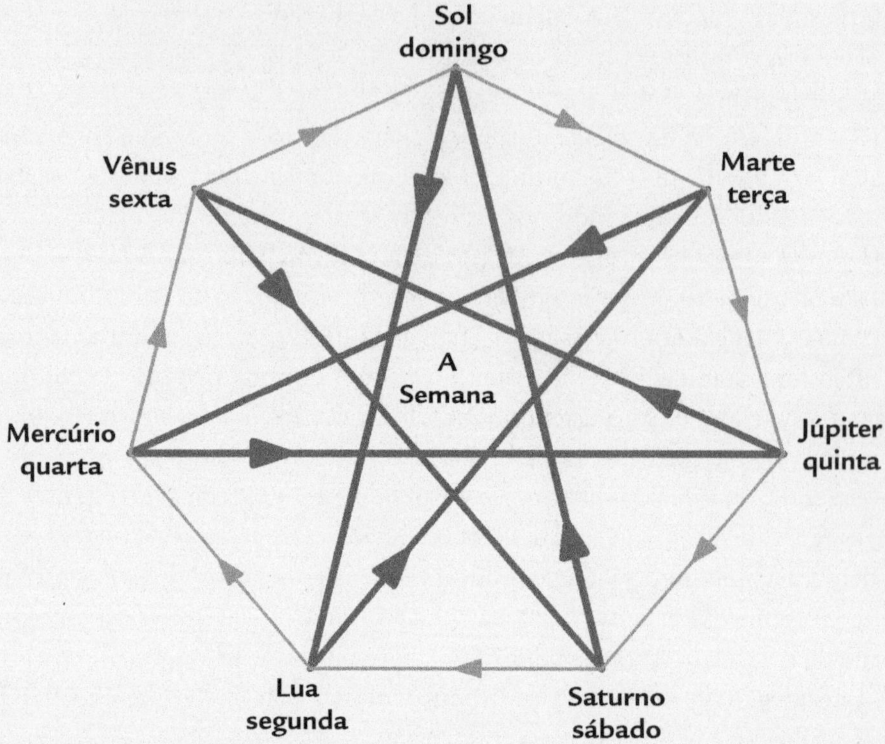

Figura 1.9. A estrutura da semana em que a sequência externa tem planetas na sua ordem de movimento angular, Lua mais rápida, enquanto as linhas internas dão a ordem convencional na semana.

Sol como estão Vênus e Mercúrio. Enquanto a Terra passa entre um planeta exterior e o Sol, a trajetória do planeta traça o desenho de um laço no céu noturno contra as estrelas. Marte, Júpiter e Saturno, todos eles traçam tais laços (Figura 1.10). O período de tempo entre esses laços, no qual a Terra alcança a posição modificada do determinado planeta, é conhecido como seu período sinódico.

Os laços de Saturno, à medida que se movem pelas constelações, são separados por um ângulo aproximadamente igual ao que a Lua se move em um único dia, entre noites e contra as mesmas constelações. O ponto aqui é que a mesma tecnologia – a visão de alguma coisa contra as estrelas para traçar seu movimento – pode ser aplicada a esses laços, e o processo de contagem no qual se usa apenas o próprio dia permanece idêntico.

O período sinódico de Saturno é quase exatamente de 378 dias. Esse período tem a propriedade de ser um múltiplo de sete. Assim, a semana de sete dias se divide perfeitamente nos 378 dias de Saturno para produzir 54 semanas. Nosso ano dura 52 semanas, mas não tão exatamente. São 52 semanas mais a duração de um dia, porque 365 dias não podem ser divididos pela semana de sete dias. Para compensar, muitas culturas tinham um ano saturnino que durava "um ano e um dia", isto é, 364 dias mais um dia. Essas tradições estão bem documentadas nas culturas matrilineares, em que a mulher formava o núcleo estável da sociedade.[2] Nessas culturas, um rei titular reinava por apenas esse ano e um dia, em seguida era sacrificado para o ano, que morre apenas para um outro surgir.

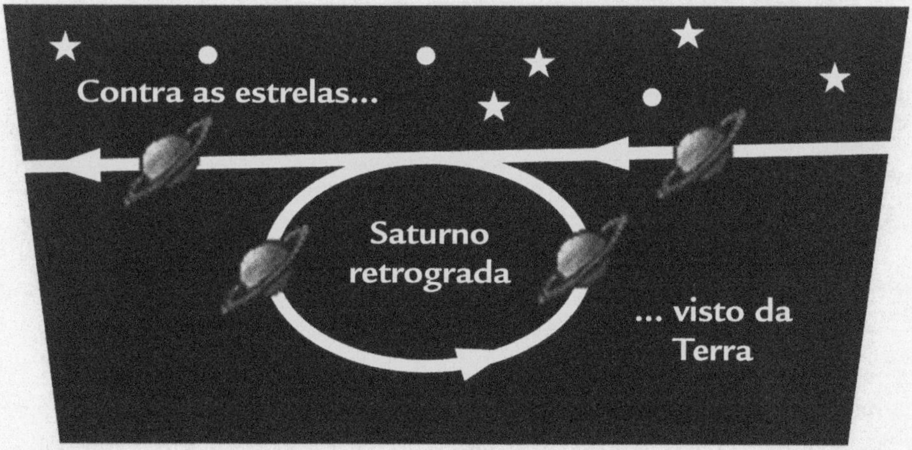

Figura 1.10. À medida que a Terra passa entre Saturno e o Sol, Saturno parece ir para trás (retrogradar) e formar um laço no céu. (Na prática, o laço não é tão aberto como mostrado aqui.)

Do ano de 364 dias surge também o número *13*, suprimido por supostamente dar azar, visto que existem 13 meses de 28 dias em 364 dias – cada mês tendo quatro semanas de sete dias. Esses meses regulares – em contraste com os nossos irregulares – faziam com que o calendário fosse mais fácil de seguir sem versões impressas ou padres para fornecer lembretes.

Outro planeta exterior, Júpiter, tem um período sinódico mais longo – de 399 dias –, e porque está mais perto da Terra, ele se move mais rapidamente e por isso demora mais tempo para o movimento do Sol se opor a ele. Convenientemente, 399 também se divide por sete! Parece quase improvável que o único planeta gigante visível a olho nu para quem observa da Terra tivesse períodos sinódicos divisíveis por sete dias. Esse deve ter parecido um fato significativo para os povos ancestrais. A adoção de uma semana de sete dias seria naturalmente uma parte lógica de qualquer calendário sagrado.

Uma vez adotado, o calendário de 364/378 dias pode incorporar Júpiter, cujo sínodo é de apenas 21 dias ou três semanas mais longo que aquele de Saturno. Visto que ambos os sínodos são divididos por 21 dias, isso revela que Saturno se relaciona com Júpiter na proporção de 18 para 19. Essa é uma relação muito simples.

Quando o ano lunar é comparado a esses dois planetas, surge uma ordem ainda maior (Figura 1.11). O ano lunar é geralmente considerado como tendo 12 meses lunares, por volta de 354 dias. Para o sínodo de Júpiter, isso dá uma proporção de 8:9 e para Saturno uma proporção de 15:16. Ambas as proporções pertencem ao mundo do puro tom musical e são chamadas de tom inteiro e meio-tom, respectivamente. O conceito da "harmonia das esferas" é, por conseguinte, baseado em algumas verdades simples. Parece que esses dois planetas exteriores têm uma relação musical com a Lua.

As relações entre a Lua, Saturno e os eclipses foram esclarecidas somente por uma visita ao Museu Heraklion, em Creta, e pela visão de um objeto que o catálogo rotula "um vaso perfurado". Chamo a isso de "Disco de Cronos" (Figura 1.12). Ele consiste em uma série de buracos perfurados em um disco de barro. Seu motivo básico é uma estrela com sete flâmulas ou ondas. O anel externo permite a contagem de 63 dias, cujo período é um sexto do sínodo de Saturno. O anel interno tem 15 orifícios, o que se aplica à proporção de 15:16 entre o ano lunar e Saturno.

Esse disco leva diretamente a um conjunto muito completo e simples, embora exato, de relações temporais que podem traçar o movimento de Saturno, da Lua e das épocas dos eclipses, como na Figura 1.11. Um calendário baseado nele emprega a mais simples unidade de medida disponível na Terra, o dia. Ele também emprega unidades baseadas na semana, porque o período de Saturno se divide perfeitamente por sete dias. Assim, *nossa atual semana de sete dias seria a escolha natural para pessoas que usavam o calendário saturnino.*

Isso explica a adoção da semana de sete dias, tanto na prática, como num dispositivo de calendário, e evidentemente, também como uma realidade histórica que antecede a Grécia clássica. Esse calendário teria sido contemporâ-

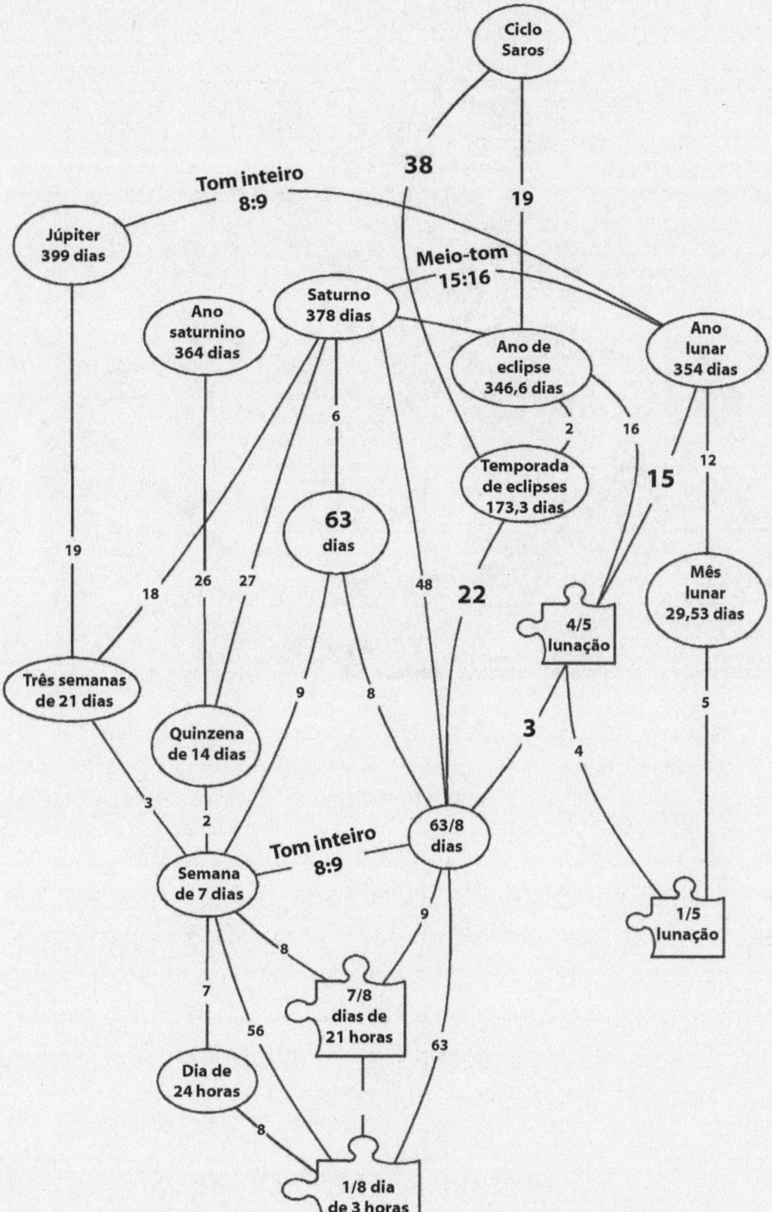

Figura 1.11. O calendário saturnino, baseado no item 2646 de Cnossos (também conhecido como "Disco de Cronos"), Museu Heraklion, Creta. Os ciclos de Saturno mostrados como um mapa, no qual os ciclos menores são multiplicados para criar, exatamente, ciclos significativos mais longos para a Lua, eclipses, Saturno, Júpiter etc. Esse teria formado um calendário completo, perdido atualmente exceto pela semana de sete dias.

Figura 1.12. O Disco de Cronos. Item 2646 é um "utensílio perfurado", possivelmente para ser usado com incenso. (Período do Novo Palácio: fases avançada e final da galeria V do Palácio de Cnossos, Museu Heraklion.)

neo do Egito e outras partes da rede de comércio marítimo minoico. Ele pode ter sido a origem da semana de sete dias dos judeus: Moisés, treinado como um sacerdote, e seu irmão Aarão, podem muito bem ter ouvido falar dele no Egito, juntamente com os outros conhecimentos que obtiveram, o que lhes permitiu estabelecer as medidas sagradas judaicas e a linguagem metrológica das construções sagradas (ver capítulos posteriores).

O NASCIMENTO DE ZEUS

Na mitologia de Zeus, Cronos – o pai de Zeus, e deus do tempo – é acusado de engolir os próprios filhos. Talvez possamos ver nisso uma referência a um sistema de tempo que, se seguido, efetivamente nega (engole) todos os outros ciclos celestes e planetas.* De fato, os antigos poderiam ter se fixado

* Por exemplo, um eclipse lunar é simbolicamente uma "deglutição" da Lua.

sobre tal sistema simples de tempo. Zeus é salvo de tal destino por sua mãe e é criado numa caverna em Creta, escondido do seu pai, que poderia ouvir seu choro. Isso sugere que o drama está ocorrendo em Creta, com Cronos logo ali na curva da estrada em vez de em algum céu abstrato.

Mais significativamente, Zeus cresceu para depor seu pai e se tornar deus do mundo clássico, a partir do qual a cultura ocidental se desenvolveu amplamente. O calendário implícito no Disco de Cronos evidentemente caiu em desuso e foi substituído, provavelmente por aqueles para os quais há registros históricos. Portanto, parece provável que a derrocada de Cronos efetuada por Zeus estava relacionada a essas práticas de calendário e que Cronos estava relacionado a algum regime religioso fixo associado com o antigo calendário saturnino. Visto que o calendário é mais simples do que *deveria ser* – ou seja, porque os períodos de tempo não deveriam se adequar tão simplesmente (em dias) aos períodos de Saturno, da Lua e eclipses – assim, nenhum desenvolvimento posterior do tempo era provável entre aqueles que viviam sob tal calendário. O deus do tempo teria dominado o pensamento e os recintos religiosos da Idade do Bronze, até ser deposto e substituído por uma invasão indo-europeia que trouxe seu próprio panteão de deuses, amplamente pré-formado, do norte do Báltico (ver Capítulo 6).

O combate dos Titãs, dos antigos deuses com os novos, marcou um fim no calendário pré-histórico. A estabilidade da pré-história foi logo substituída pelo dinamismo da Idade do Bronze que, dentro de séculos, estabeleceria o projeto das escrituras e história escrita, cunhagem e dinheiro, comércio, pilhagem e taxação.

A pré-história parece, então, ter sido baseada numa compreensão do número que veio muito simplesmente da observação dos períodos de tempo celeste. Isso naturalmente igualou planetas com deuses causais. Os gregos e outros povos adotaram esse simbolismo, mas parece que ao longo do tempo esse conhecimento foi perdido e o papel da semana de sete dias no período sinódico de Saturno se perdeu junto com ele.

O calendário de Saturno nos dá dois tons musicais que pertencem a outra ciência numérica, a da harmonia. Tendo entendido que os números eram os deuses (os planetas sendo apenas a manifestação dos números), os antigos podem naturalmente ter olhado para a natureza do campo do número e da harmonia musical, como vamos fazer no próximo capítulo.

DOIS

A RAIZ DE TODAS AS MEDIDAS

É possível que toda a complexidade que há no mundo tenha surgido justamente das propriedades do número, apesar da aparente natureza dos números como símbolos passivos e inativos. Usados para registrar quantidades, os números passaram a ser associados a atividades rotineiras, tais como fazer registros ou calcular e medir dentro dos mundos físico e financeiro.

Se os números são vistos como o poder de agrupar coisas em diferentes sistemas ou de criar um campo de harmonia, surge outro lado da sua natureza: os números passam a definir como as coisas se dividem entre si, e essa interdivisão revela a compatibilidade de uma coisa com outra. No capítulo anterior, foram mostrados os períodos planetários divididos entre si para revelar relações numéricas precisas desse tipo.

Essa capacidade de um número para se dividir por outro é decisiva para o entendimento das propriedades individuais dos números do seguinte modo: um número que não pode ser dividido por outro número é chamado de *número primo*. Alguns dos números primos iniciais são dois, três, cinco, sete, 11, 13, 17 e 19.

Esse conceito de indivisibilidade, chamado de *incomensurabilidade*, é muito importante e significa que uma medida menor *não pode se dividir* ou encontrar sua medida dentro de uma medida maior um número inteiro de vezes. Hoje, qualquer parte fracionária "restante" é representada como uma fração decimal tal como 0,090909, que se escreve melhor como 1/11. Em metrologia, tais frações são causadas puramente pelas unidades empregadas, por qual unidade é escolhida para ser dividida em outro todo. Para o número pi, um número que nenhum número de decimais pode definir completamente, o um ou a unidade é simplesmente o diâmetro de um círculo e pi é então a circunferência do círculo.

Números que não são primos são, cada um deles, divisíveis por pelo menos dois números primos menores. Por exemplo, seis é divisível por dois e por três. Isso quer dizer que, observando-se o poder dos números, especialmente o modo como eles foram concebidos no mundo antigo, nota-se que é o padrão dos primos e não primos dentro do *continuum* de números inteiros que proporciona tanto um plano mestre quanto o papel de qualquer número individual dentro desse plano.

A TEORIA E A PRÁTICA DOS NÚMEROS

Como já foi mostrado, as relações numéricas provavelmente se revelaram às mentes dos antigos por meio da contagem dos períodos astronômicos. No caso da semana e do calendário de Saturno, é óbvio que o número sete é altamente evidente na estrutura de tempo na Terra. Dado o que agora se conhece sobre a ciência da metrologia que então se desenvolveu no mundo antigo, podemos seguramente dizer que o elo que faltava entre a atual metrologia e a original contagem dos números é a *descoberta do campo do próprio número* e suas propriedades.

Esse estudo do número seria hoje classificado como matemática pura, em um campo chamado "teoria do número", há tempos relegada como um campo especializado conhecido apenas pelos matemáticos. O que provavelmente ocorreu dentro do cenário pré-histórico, no entanto, foi o crescimento de instituições educacionais que ensinaram e desenvolveram o conhecimento de astronomia, harmonia musical e medição da Terra. Nelas, esse assunto central da teoria do número teria sido a linguagem fundamental do modo como as estruturas numéricas vieram a existir.

Construções sagradas sempre foram baseadas em números. Hoje, porém, as estruturas megalíticas são vistas como monumentos cerimoniais e nada mais. Nossos preconceitos modernos nos impedem de procurar o objetivo educacional, embora os pesquisadores modernos, tais como os que têm estudado a metrologia das estruturas, tenham eles próprios *aprendido* muito. Isso implica, *ipso facto*, que até mesmo não havendo instrutores megalíticos disponíveis, essas estruturas perduram e *têm sido* instrutivas nos tempos atuais.

As matérias ensinadas em uma universidade megalítica devem ter mantido uma relação estreita com as artes tradicionais que eram ensinadas nas universidades medievais. O estudante medieval precisava dominar sete disciplinas para ser considerado culto (Figura 2.1). O primeiro grupo de três – Gramática, Lógica e Retórica – preparava o estudante para o pensamento racional. Elas

Figura 2.1. *Septem Artes Liberals* (as Sete Artes Liberais), do *Hortus deliciarium* de Herald von Landsberg (por volta de 1180).

eram chamadas de *Trivium* em latim, visto que eram consideradas "triviais" comparadas com as quatro artes matemáticas da Aritmética (teoria do número), Geometria, Harmonia Musical e Astronomia. Essas últimas matérias, chamadas de *Quadrivium*, eram aquelas necessárias para se construir os monumentos megalíticos.

Enquanto a contagem dos períodos de tempo astronômico revelou que os números têm propriedades e desenvolveu a competência geométrica, o campo numérico forneceu o fundamento para todas essas ciências numéricas. A partir desse fundamento, uma completa visão numérica do mundo teria sido possível, uma visão que encontrou sua mais completa expressão dentro do projeto, da localização e da estrutura dos monumentos antigos.

A Metrologia se tornou o meio de aplicar esse conhecimento do número à Terra em si, seu tamanho e forma, e à localização e desenho arquitetônico dos monumentos construídos nela. A Metrologia parece ter sido o produto mais sofisticado do mundo antigo, a quinta-essência das outras quatro artes matemáticas, inserindo-se nelas por meio dos alinhamentos, geometria, proporções e harmonia embutidos nos monumentos antigos.

OS NÚMEROS FUNDAMENTAIS E A HARMONIA MUSICAL

Sócrates e Lao-Tsé parafrasearam um ao outro ao dizerem que o todo da criação está baseado no um (o todo), no dois (a divisão dele) e no três (a inter-relação das partes). De algum modo, tudo o mais que foi dito deriva desses três números. Na verdade, o número seguinte que não se divide por dois ou três é também um número primo (quatro não se qualifica, visto que ele é o primeiro número quadrado, duas vezes dois).

O campo dos números começa com o número um. Na verdade, seu *caráter* é criado pelo número um, visto que todo número inteiro como dois ou três é inteiro como o um, ainda que divisível em um número de uns. Mesmo a ideia de um Deus pode ter brotado dessa propriedade do campo do número. Hoje, os números inteiros são considerados primitivos irrelevantes em comparação às frações complexas envolvidas nos cálculos de dinâmica e estatística sistêmicas, mas da perspectiva antiga isso é apenas a cegueira de não ter tido um fundamento matemático adequado.

A harmonia musical surge entre os mais fundamentais dos números: um a seis (Figura 2.2). O dois é a relação de oitava de 1:2 (isto é, "duplicando") com respeito ao um, e o três forma a quinta perfeita de 2:3 (isto é, "dois para três") com o dois. Então, o quatro se torna outra relação de oitava para dois, que é a mesma que em 1:2, porque 2:4 pode ser dividido por um fator comum, dois. Este é um princípio importante: proporções musicais são os elementos irredutíveis com quaisquer fatores comuns extraídos. O quatro também conduz ao protótipo da quarta perfeita, 3:4, a próxima proporção musical mais harmoniosa. Combinado com a quinta (2:3), a quarta transpõe uma oitava total de dois para quatro, visto que (2 vezes 3): (3 vezes 4) é simplificado para 1:2.

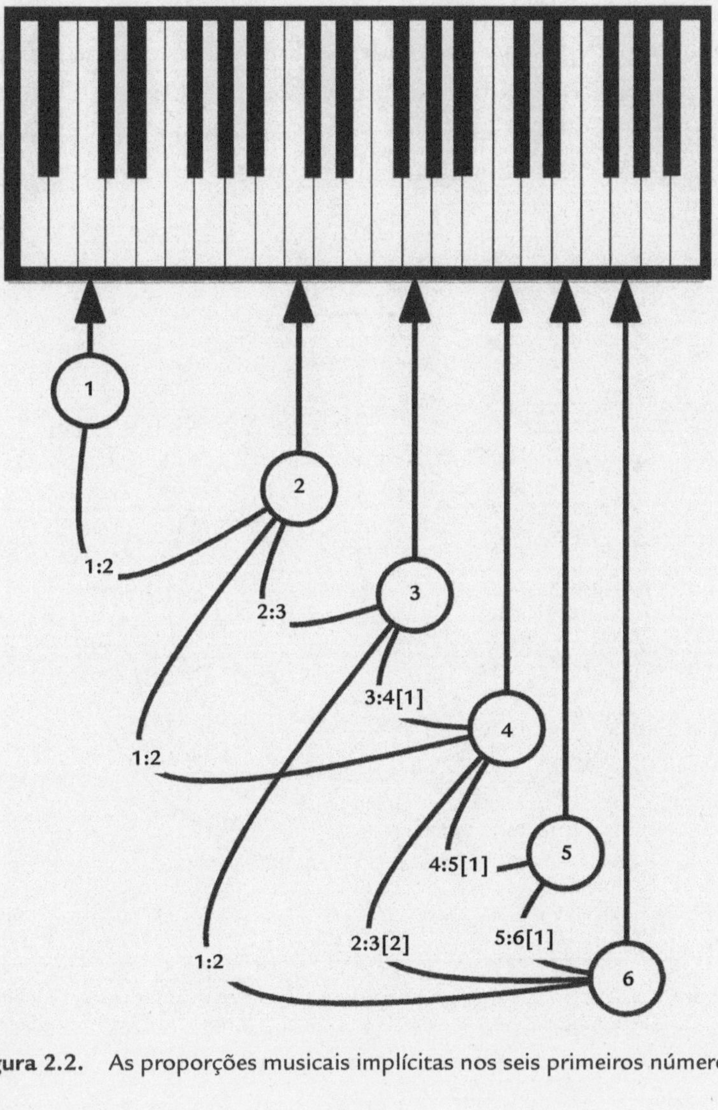

Figura 2.2. As proporções musicais implícitas nos seis primeiros números.

Cinco é a soma de dois e três, mas não pode ser dividido por eles e então é um número primo. Ele introduz pela primeira vez uma relação (4:5) chamada de terça principal na harmonia musical. Vamos examinar rapidamente a estrutura da harmonia musical, mas com a terça maior se torna possível o começo da expressão musical. A oitava está sendo firmemente povoada internamente, criando mais estrutura interna dentro de si. Por intermédio dessas notas internas, a melodia e a harmonia musical se tornam possíveis.

Depois do cinco, e pela primeira vez, os números dois e três se juntam no seis, que é o produto de dois vezes três. Isso forma outra oitava, mas desta vez para o três, como 3:6 é a proporção de 1:2. Uma nova terça menor destinada a nos tornar sóbrios é formada com cinco, na proporção 5:6. As novas terças maior e menor podem ser consideradas se dividindo na quinta perfeita.

Essa propriedade das últimas proporções musicais se subdividirem em proporções iniciais, aos pares, vale para todo o campo numérico (Figura 2.3). As próprias terças são subdivididas por proporções (*ratios*) criadas pela proxi-

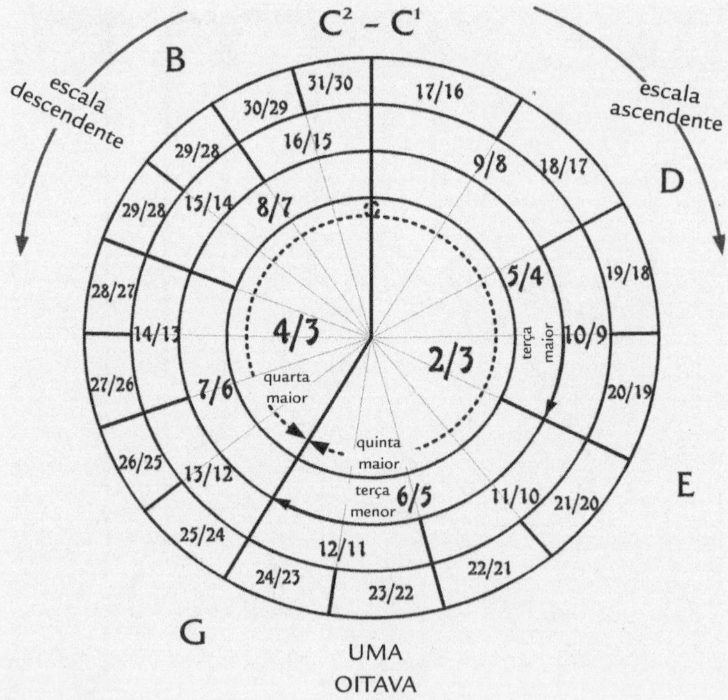

Figura 2.3. A Roda da Geração, na qual as últimas proporções preenchem as proporções iniciais, a roda sendo logarítmica onde o círculo completo representa uma oitava se duplicando.

midade dos números oito, nove e dez, e, em seguida dez, 11 e 12. John Michell sugeriu que foram apenas esses 12 primeiros números que os antigos identificaram como sendo os deuses primários da criação.

A oitava seguinte, entre seis e 12, é a responsável por criar dois tons inteiros chamados maior (8:9) e menor (9:10) (Figura 2.4). Os teclados modernos não estão afinados para evidenciar a diferença entre esses porque a escala bem-temperada difundida, usada atualmente, adota uma proporção constante para

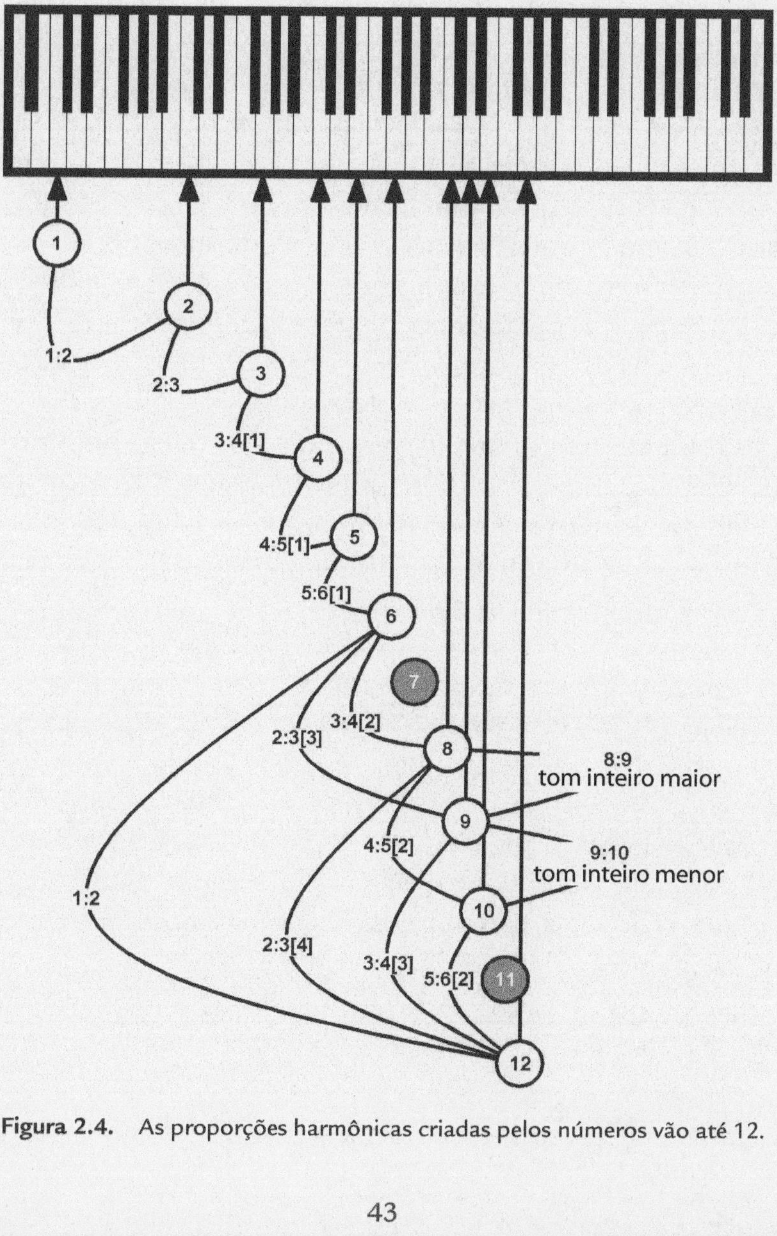

Figura 2.4. As proporções harmônicas criadas pelos números vão até 12.

o semitom, uma duodécima logarítmica da oitava. A cada um dos 12 semitons é dada uma proporção irracional (1,0595), a décima segunda raiz de dois (1:2), forçando todos os tons inteiros a serem duas vezes essa proporção, sempre a mesma, e nunca um tom puro ou de 8:9 ou de 9:10.

Há também dois novos números primos entre seis e 12, isto é, sete e 11. Esses números têm usos muito importantes na metrologia antiga, não apenas porque eles representam a melhor aproximação simples do pi (o comprimento do perímetro de um círculo quando o diâmetro é um) como 22/7. Mas no mundo da harmonia sete e 11 parecem ser transpostos, como na Figura 2.4, visto que, *por definição*[1], a própria harmonia é baseada em proporções envolvendo somente dois, três e cinco. Sete e 11 podem ter suas próprias proporções musicais, mas essas são evitadas na música mais convencional e elas ficam fora da harmonia musical normal. A propósito, sete leva ao terceiro septenário (6:7), que é "menor" que o terceiro menor de 5:6, e também ao tom inteiro septenário (7:8) que é "maior" do que o tom maior inteiro de 8:9.

Assim, sete forma um golfo de harmonia menor até 6:8 produzir 3:4, uma quarta perfeita, para chegar ao campo dos tons inteiros, 8:9 e 9:10. O número primo 11 então cria outra desarmonia no sistema em desenvolvimento, a qual é ligada pelo terceiro menor (5:6) para alcançar 12.

Um princípio muito importante surge dentro do campo numérico à medida que ele evolui no que é, para nós, harmonia. Como dissemos, os números primos dois, três e cinco são responsáveis pelo princípio da harmonia; isso quer dizer que todos os primos mais elevados estão destinados a ocupar os vácuos deixados pelo campo da harmonia.

No entanto, os primos sete e 11 também são parte da criação primária. Como veremos no próximo capítulo, a proporção entre o raio médio da Terra e seu meridiano é 22/7 (duas vezes 11/7). Esses números, portanto, têm um lugar muito especial no sistema dos antigos. Como veremos, ele eram preferidos e empregados como essenciais na *relação entre medida linear e medida circular*. Os antigos usavam 22/7 como pi,* o que os permitia evitar sua natureza irracional e enraizava seus ideais com os dois primos menores do que 12, mas não empregados na harmonia. Isso maximizava a racionalidade e simplicidade de trabalho deles.

A Figura 2.5 deixa de lado a visão do teclado e adota uma geometria circular para mostrar todas as harmonias que ocorrem entre um e 24. A única

---

* A diferença entre 22/7 e pi é que ele é 0,001265 maior, uma exatidão de 99.96%.

nova proporção harmônica que surge é aquela do meio-tom 15:16. Os "vácuos" entre os intervalos harmônicos estabelecidos são preenchidos pelos próximos primos, 13, 17, 19 e 23, mais números que, embora não sejam primos, são produtos dos primos não harmônicos "iniciais" dentro da oitava 6:12: sete e 11.

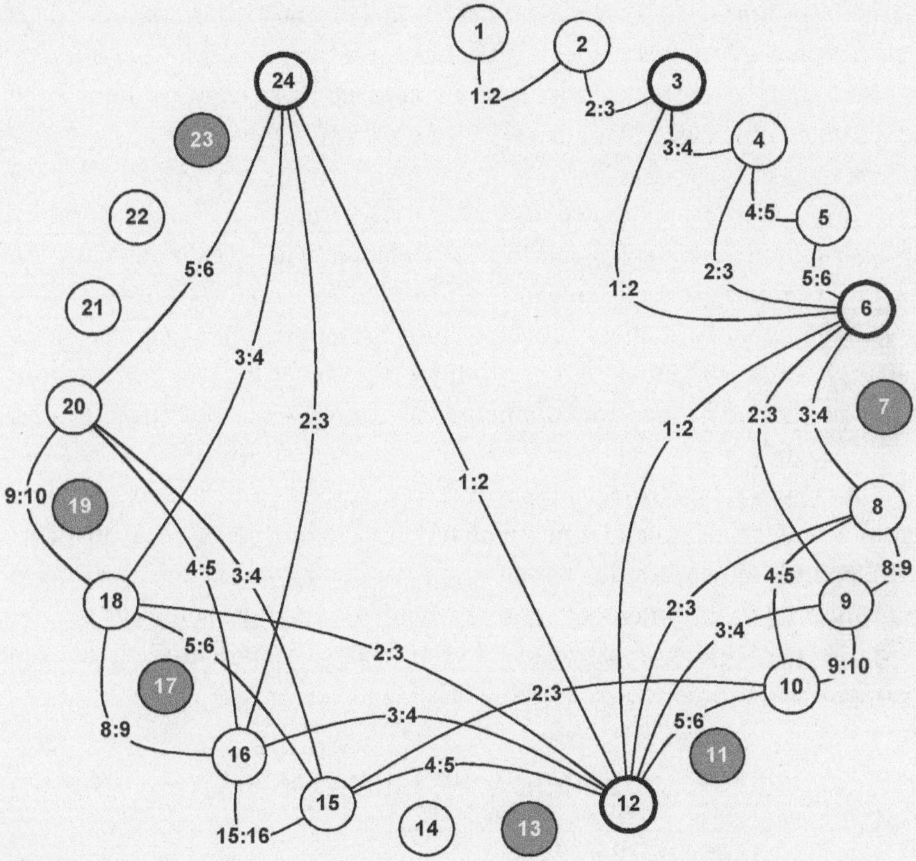

Figura 2.5. Os primeiros 24 números e sua interação harmônica construindo o mundo da própria harmonia.

O meio-tom 15:16 surge depois de uma terça maior dominante de 4:5 (16:20) e os dois tons juntos então completam a quarta perfeita, 3:4 (12:16). Esse novo modo de dividir a quarta perfeita detém a chave para a música modal, como veremos. O primo 13, dentro desse intervalo, está acompanhado pelo dobro de sete, 14. Os primos 17 e 19 aparecem nos hiatos de dois tipos de tom inteiro. Finalmente, múltiplos de sete e em seguida 11 (21 e 22) precedem o primo 23 dentro do intervalo complementar da terça menor ou 5:6.

Isso pode parecer, a princípio, simplesmente um resultado das regras de multiplicação, mas na realidade é uma demonstração de que o campo numérico é a fonte da harmonia. Qualquer número que não se encaixe dentro "do sistema", por definição, não contém dois, três e cinco. Obviamente, os últimos números primos se encaixam nessa descrição. Portanto, a harmonia é "criada" pelos números dois, três e cinco. Pode-se garantir que onde quer que exista um perfeito intervalo entre duas vibrações ou *duas medições*, então os números inteiros dois, três e cinco têm que ser empregados para preencher as sequências 1:2:3:4:5:6 e 8:9:10 e 15:16!

O que surpreende nesta oitava 12:24 é que, embora a *articulação* musical seja bastante restrita dentro dela, muita harmonia tem surgido basicamente a partir do campo numérico"apenas", dentro dos 24 primeiros números. É impressionante também que os novos primos brotem *naturalmente* dentro dos vácuos harmônicos, junto com os produtos dos vácuos iniciais. Nesse sentido, o campo do número foi provavelmente visto como uma construção primordial em si mesma.

A ciência da metrologia é estruturada de modo parecido para possibilitar a descoberta de unidades que mantenham a simplicidade relacional entre as diferentes dimensões dos círculos construídos ou implícitos. O modo de transmitir tal conhecimento, e consequentemente aprender sobre ele, ocorreu, portanto, por meio da construção e do estudo dos monumentos e templos de paisagens construídos de acordo com ele.

DE MODOS E MEDIDAS

Para completar a jornada nas oitavas musicais reconhecíveis, o território entre 24 e 48 cria uma sucessão de harmonias que correspondem a um dos modos gregos (Figura 2.6). Poderíamos chamá-lo de modo jônico, porque a *escala* se inicia com dois tons e um meio-tom. Se uma escala é iniciada por um número mais amplo, os outros modos, tais como o dórico, podem ser construídos, neste caso entre 27 e 54, usando-se os mesmos "nodos" numéricos intermediários.

Entretanto, neste ponto a discussão precisa focalizar o impacto dessas ideias de harmonia e número no modelo antigo da Terra, que se tornaram sua *aplicação metrológica*. Se dois, três e cinco são "os deuses" do mundo numérico,

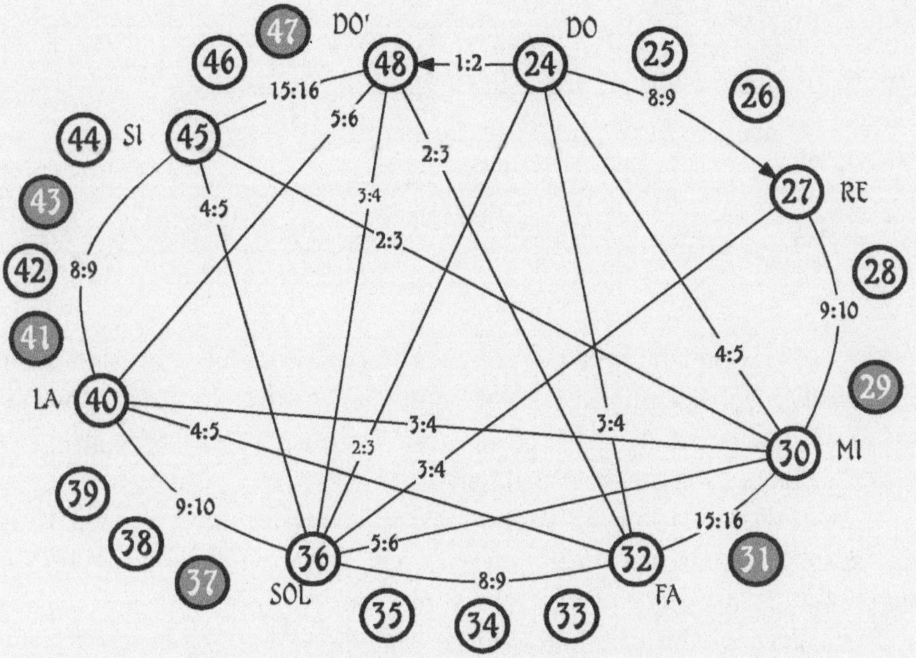

Figura 2.6. A oitava 24 para 48 que introduz a possibilidade da música modal baseada na sequência de tons e semitons dentro da oitava.

e os primos maiores são "os demônios", então tradicionalmente há um cabo de guerra entre eles no processo essencial da criação do mundo. A terra de ninguém que existe no intervalo parece ser os dois primos sete e 11, ocorrendo antes do número 12, considerado o "limite do mundo divino".

O entendimento da relação harmônica para permitir os tons septenários tais como 7/6 e 8/7 corresponde às verdadeiras unidades de medição do mundo antigo, conhecidas como "pé russo" e "pé (egípcio) real", respectivamente. Quando se permite o 11 em razões e proporções, então 11/10 e 12/11 podem ser reconhecidos como os "pés saxões" e "pés sumérios". Essas medidas são puras frações do que hoje é nomeado um "pé inglês", que foi tomado como unidade dentro do sistema de medidas desenvolvidas a partir dessas ideias da harmonia proporcional, um sistema aparentemente global em sua aplicação. Embora todas as medidas antigas fossem parte de um único sistema unificado, elas foram redescobertas separadamente; assim, cada tipo de pé foi nomeado de acordo com o lugar onde ele foi primeiramente identificado. (Favor consultar referência ao Apêndice 2 para elaborações adicionais.)

MEDIDA	FRAÇÃO	DECIMAL
Russo	7/6	1,166666
Real	8/7	1,142857
Saxão	11/10	1,1
Sumério	12/11	1,090909
Inglês	1/1	1,0

Nessas proporções, todas as adjacências na série de um a 12 estão sendo reconhecidas como significativas. As proporções envolvendo sete são intervalos reconhecidos em alguns tipos de música, tais como o gamelão balinês e outras músicas étnicas e experimentais.

Além do 12, há um companheiro para o meio-tom de 16/15 em 15/14 que existe em forma metrológica na raiz do pé belga. Há também um tipo de semínima abaixo de 24 na proporção do pé persa de 21/20 pés.

A Figura 2.7 ilustra o que acontece quando as proporções sete e 11 tomam parte numa criação harmônica. Um novo meio-tom chega como 14:15 (também conhecido como 15:14); uma quinta adicional de 2:3 chega a 21 e o quarto de tom, encontrado no gamelão, de 20:21 (também conhecido como 21/20, o pé persa). O outro quarto de tom definido apenas pelo dois, três e cinco é 24:25; 24/25 é o valor de raiz para o pé romano (0,96 pé).

Ignorando o primo mais elevado 23, há cinco números interessantes na região do quarto de tom, a saber, vinte, 21, 22, depois 24 e 25. Em ambas as pontas existem os primos 19 e 26 (2 vezes 13) e 23 dentro; essa é a gama total de números geradores do quarto de tom usando apenas esses números baixos.

O trabalho em metrologia antiga empreendido por John Neal e John Michell revelou que os antigos não apenas definiram tipos de pés nas proporções harmônicas para o pé inglês, mas também variaram esses pés por duas proporções: 441/440 e 176/175. Ambas as proporções incorporam sete e 11, visto que suas fórmulas são:

$$441/440 = (3^2 \text{ x } 7^2)/(2^3 \text{ x } 5 \text{ x } 11) = 1{,}\overline{002272}$$

$$176/175 = (2^4 \text{ x } 11)/(5^2 \text{ x } 7) = 1{,}00\overline{571428}$$

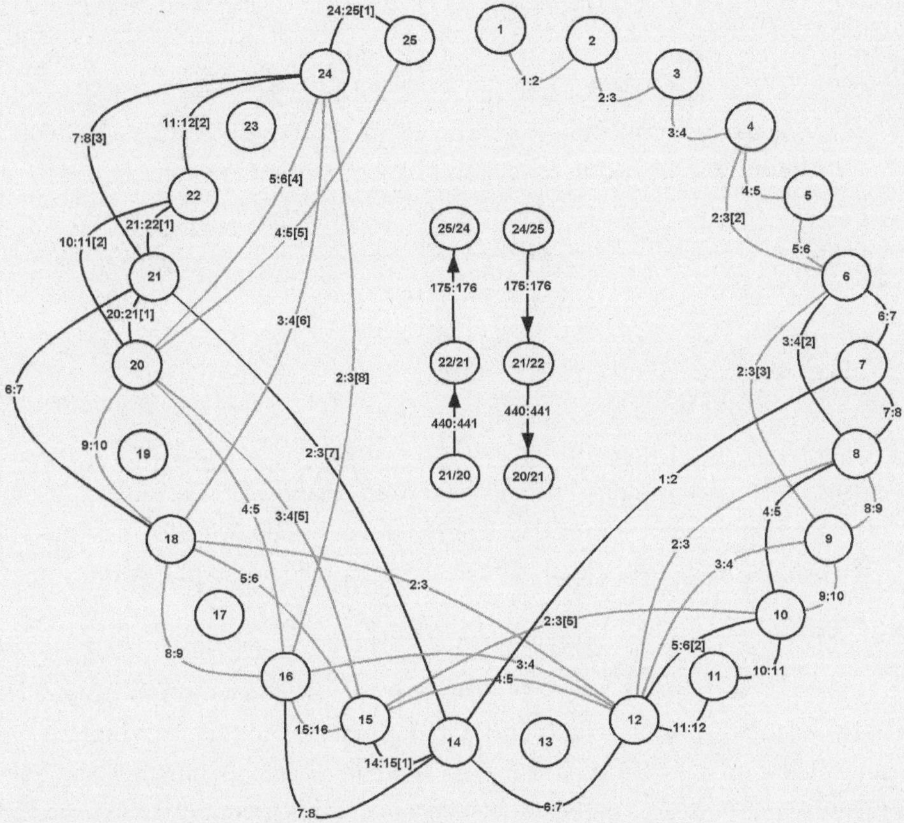

Figura 2.7. Somando as relações harmônicas envolvendo sete e 11 para encontrar seus poderes criativos abaixo de 25.

Essas proporções, junto com suas recíprocas e produtos, formam uma matriz (ver Apêndice 2 para os detalhes essenciais).

É um desafio deduzir, por essas proporções, por que as medidas de pé variavam. Contudo, sabemos que os comprimentos dos graus-chave de latitude variam de acordo com essas proporções, especificamente as latitudes 10º, 31º, 51º e 66º. Também, como veremos no próximo capítulo, a proporção do raio médio da Terra para o raio polar é 441/440.

Mais dois fatores são relevantes quando consideramos essas proporções.

1. As duas matrizes de proporção são, elas mesmas, o cancelamento imperfeito de dois diferentes valores aproximados de 2 x pi (que calcula a circunferência a partir do raio ou semidiâmetro):

441/440 = 63/10 x 7/44 e
176/175 = 4/25 x 44/7

2. Mais significativamente quanto às proporções 21/20 e 25/24, a matriz de proporções pode ser decomposta mais uma vez como:

441/440 = 21/20 x 21/22 e
176/175 = 24/25 x 22/21

Para resumir, há uma relação entre:

- a matriz usada para variar medidas antigas,
- as aproximações de pi usadas pelo mundo antigo, e
- as proporções encontradas no final das séries de um a 25, nas quais os primos dois, três, cinco, sete e 11 são considerados harmonicamente geradores.

Mais importante, os valores dessas matrizes de constantes indicam a extensão de graus específicos do meridiano da Terra, uma linha imaginária sobre a superfície do Polo Norte para o Polo Sul cuja forma é elíptica. O que eles revelam é que *a forma da Terra está relacionada aos produtos harmônicos dos primeiros 25 números*, vista da perspectiva da harmonia e empregando apenas esses números primos abaixo de 12.

Uma elipse, sendo uma função rotacional, tem que envolver pi, a constante rotacional. Contudo, combinando uma mistura das mais simples aproximações de pi – a partir de três, até 63/10 e 25/4, para 22/7 (a mais exata) –, a forma irracional de pi e a elipse são ambas evitadas no *esquema numerológico* que propiciou o modelo antigo da Terra.

Isso é ilustrado na Figura 2.8, em que as proporções envolvendo 20, 21, 22, 24 e 25 estão integradas com valores racionais de pi e as duas matrizes de constantes.

A Figura 2.9 mostra como quartos de tom e meios-tons podem ser usados para "completar" a divisão de tons pelos primos mais elevados. Outro pseudo meio-tom, 27/25, é necessário, o que em metrologia pode ser identificado como um pé druso! Dessa maneira, o infinito crescimento das proporções harmônicas mostrado na Figura 2.3 tem sido "recoberto" por meios tons e semínimas que apenas empregam dois, três, cinco e sete.

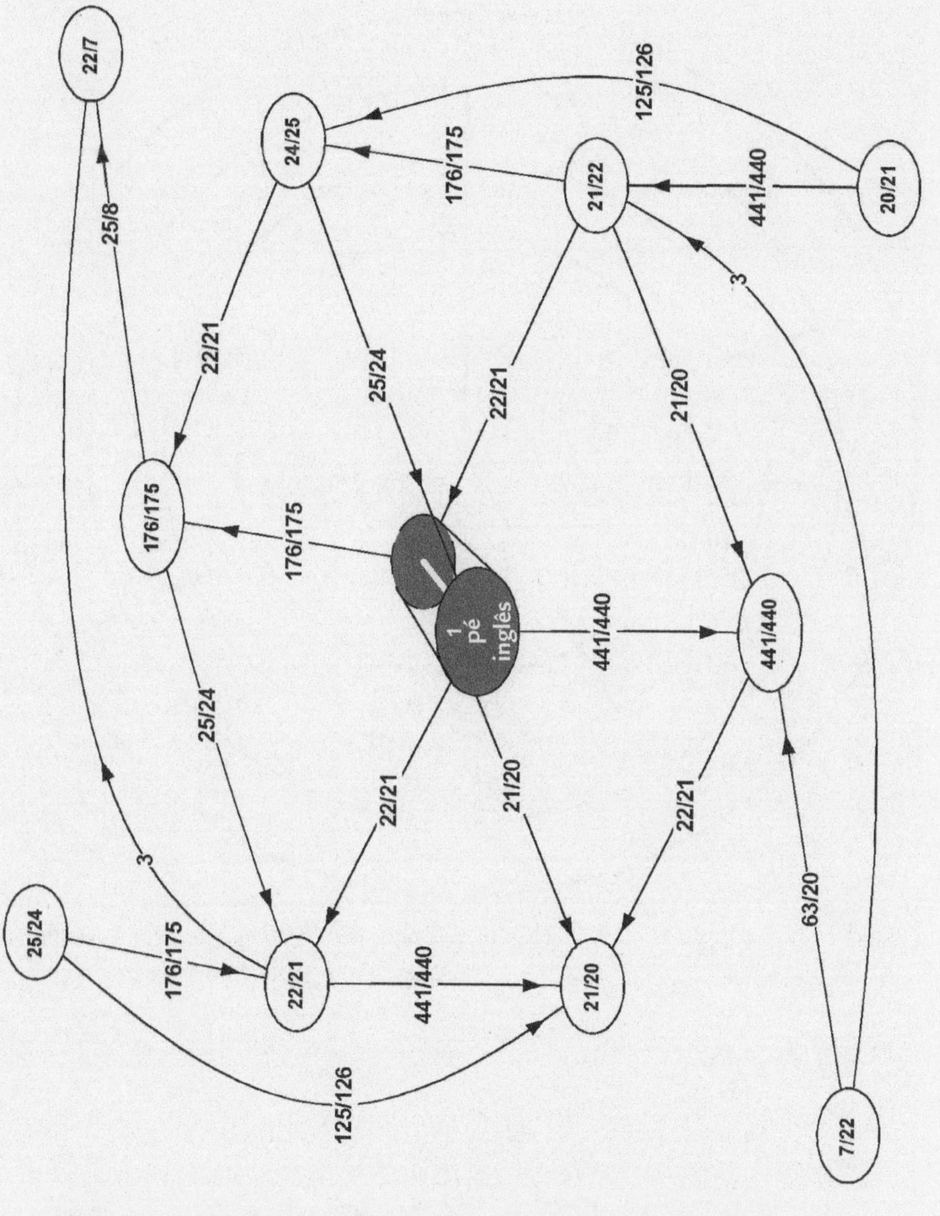

Figura 2.8. A relação da Matriz das Constantes de Neal e Michell definindo a forma da Terra usando proporções de 20, 21, 22, 24 e 25, proporções da grade metrológica 175:176 e 440:441 (ver Figura 3.1 e texto associado), e as aproximações racionais de pi: três, 63/20, 25/8 e 22/7.

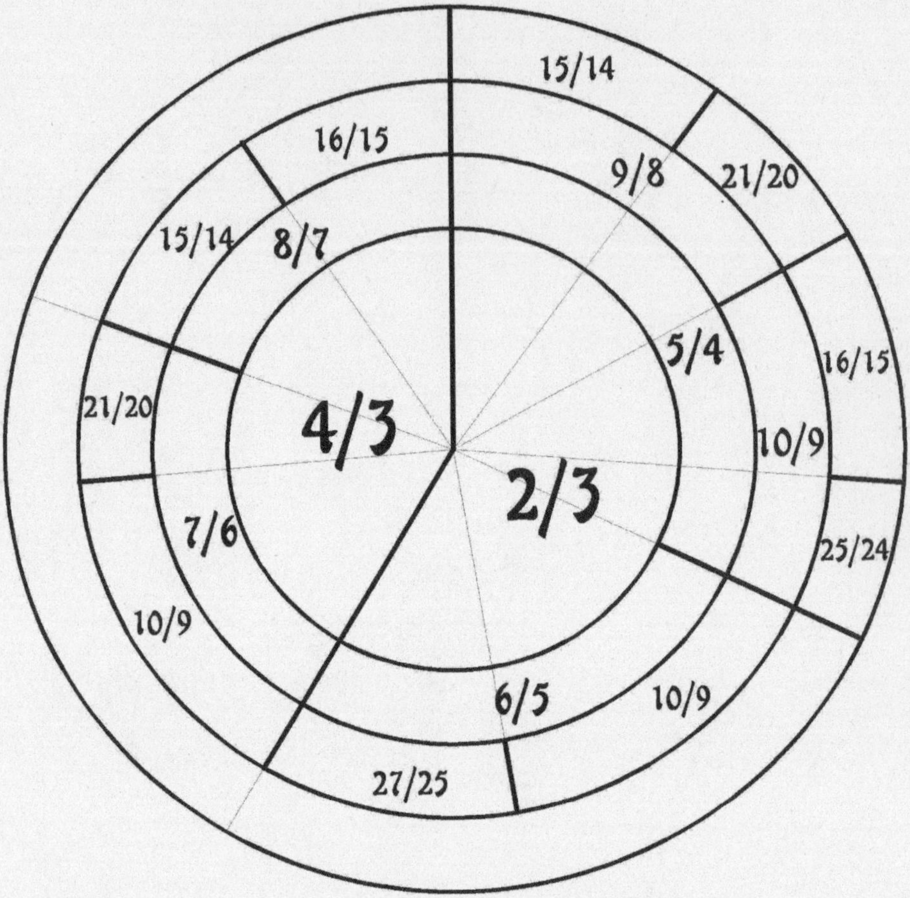

Figura 2.9. A Roda da Geração (Figura 2.3) pode ser abarcada por meio de apenas semitons e semínimas, uma vez que o primo sete é empregado dentro das proporções.

TRÊS

O MODELO DA TERRA

As unidades de medida na antiga ciência da metrologia dizem respeito especificamente ao tamanho e à forma da Terra. A metrologia começou com a derivação do que hoje chamamos de pé inglês a partir da circunferência equatorial, assim como do reconhecimento que o raio médio da Terra pode ser perfeitamente expresso como 12^6 x 7 pés. Esse modelo é quase idêntico aos modelos internacionais usados hoje para a navegação e mapeamento do planeta. Todavia, a ciência moderna mede as coisas como encontradas e não dentro de um esquema ou ordem criada, como era a abordagem antiga.

Hoje, esse sistema seria chamado um *modelo de realidade*. Tal modelo tem validade tanto como um *plano* a partir do qual algo é construído quanto como uma *aproximação* de algo real, que pode ser usado como uma representação para a coisa real, dentro dos cálculos. Partindo do ponto de vista do *criacionismo numérico*, os antigos podem ter visto seu modelo da Terra como o plano real de acordo com o qual a rotação da Terra e sua consequente elipticidade eram organizadas, ou ela pode ter representado *suas descobertas de ordem* na forma do planeta, em si mesma uma impressionante revisão das suas supostas capacidades e interesses. O ponto principal é que esse modelo[1] antigo, empregando rigorosas ideias de harmonia numérica, indica uma necessidade de modelar a forma da Terra.

A MÉDIA E O PI

Um modelo verdadeiro da Terra precisa expressar o grau de achatamento polar causado na Terra real por sua rotação. As dimensões médias da Terra expressam como seria o tamanho da Terra se ela não tivesse sido deformada por sua rotação. Tanto a circunferência média quanto o raio médio da Terra (a distância do seu centro até sua circunferência no equador) têm relações significativas para o raio polar (a distância do centro da Terra até cada polo) (Figura 3.1). Para a circunferência média, esta envolve outra aproximação de pi, a saber 63/10 ou 6,3 (isto é, considerando pi aproximado igual a 3,15). Enquanto 63/10 não é um pi muito exato, a consequência de 63/10 é que se o raio polar tem comprimento de dez unidades, então a circunferência média tem 63 unidades de comprimento. Essa é uma relação bastante simples ainda que surpreendentemente exata, que possibilita que o modelo seja facilmente lembrado e executado por cálculos simples. Essa simplicidade também faz com que seja fácil usar em representações monumentais da Terra, como na verdade era nos monumentos antigos e templos de paisagens.

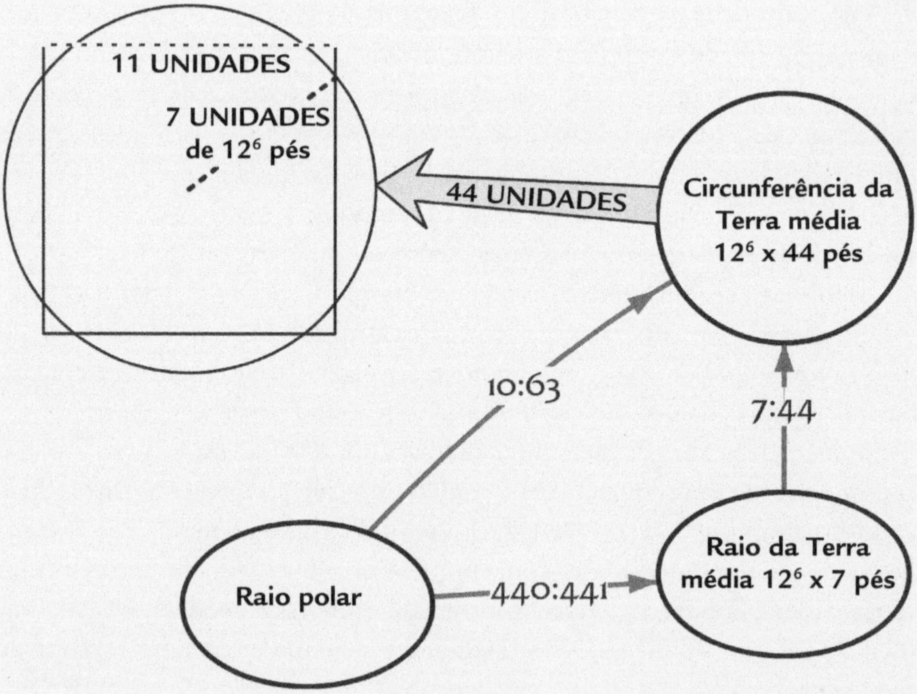

Figura 3.1. As relações internas simples entre o raio polar e a Terra média.

Contudo, é a relação entre o raio polar e o raio médio que dá o parâmetro-chave na forma da Terra, porque se o raio polar é dividido por 440, então a unidade criada multiplicada por 441 gera o raio médio. Esse fato, descoberto por John Michell, desvenda o modelo antigo da Terra.

A relação-chave 440:441 se origina da operação da harmonia numérica. O capítulo anterior demonstrou que, dentro dos primeiros 24 números, a proporção 441/440 pode ser encontrada entre duas proporções, 21/20 e 21/22.* Quando multiplicadas, essas duas proporções produzem 441, que é 21^2, e 440, que é 22 vezes 20. Assim, embora a proporção 441/440 pareça uma obscura proporção formada a partir de números maiores, ela é na verdade um produto direto dos primeiros 24 números. A divisão do raio polar por 440, multiplicada por 21/20, produz um comprimento de 21 x 22. Isso multiplicado por 21/22 cria 21^2 ou 441. Essa proporção entre 22 (2 x 11) e 21 (3 x 7) está totalmente relacionada a 22/7.

Nesse modelo antigo, o raio médio da Terra divide-se por sete, deixando como resto uma unidade de 12^6 pés. Relembrando que 22/7 é a mais simples aproximação acurada de pi, e um raio é nada mais que a metade do diâmetro, então a circunferência média da Terra é cerca de 12^6 x 44 pés. Isso é o mesmo que o perímetro de um quadrado cujo lado tem 11 vezes 12^6 pés de comprimento.

A Terra média (raio médio da Terra que gera o seu tamanho médio) foi considerada simbolicamente como a essência da Terra, e como tal ela é também retratada como a cidade quadrada dos quatro portões. Mandalas quadradas, a cidade de Sião, Jerusalém e outras estruturas quadradas representam a Terra redonda como uma *construção* material quadrada. Por outro lado, representações circulares dizem respeito à eternidade, visto que ideias sobre *eternidade* surgem da natureza dos ciclos planetários de órbita e rotação, que se repetem *infinitamente.*

É de se esperar que tais ideias tenham sido representadas como deuses por culturas que descobriram que números são *demonstrativamente criativos*, como são os deuses, por definição. O deus das medidas no Egito era Thoth, e sua iconografia expressa o ato de medir, sendo que seu nariz é retratado como um instrumento da escrita e seus braços, abarcando o setor de um círculo (Figura 3.2). Os braços de Thoth estão "medindo a profundidade" de uma borda

---

* No mundo em desenvolvimento dos números, 21 e 22 são os *primeiros na adjacência* de sete e 11 (os primos não primários para o sistema de harmonia); tal "adjacência" é um princípio encontrado no mundo das frações superparticulares que dá forma ao surgimento de ideias harmônicas. Frações superparticulares são constituídas de um denominador e um numerador separados apenas por um e são de forma n : n + 1, na qual n é um número, por exemplo, 3/2 ou 5/4.

de um hexágono entre seus polegares, que estão separados 21 comprimentos de grade implícita. Isso cria o raio de um círculo contendo 21 unidades de hexágono também e, em seguida, usando pi como 22/7, a circunferência é 2 x 21 x 22/7; os setes se eliminam para produzir uma circunferência de 132 (6 x 22). Assim, o setor acima do cânon de Thoth de comprimento 21 é 22, de modo que *ele mesmo* é a aproximação racional de pi. Essa proporção de 21/22 e sua recíproca – que eu chamo de proporção Thoth – estão implícitas na proporção 441/440 dos raios médio e polar. Desse modo Thoth representa perfeitamente antigas preocupações relacionadas com medida, a forma da Terra e a racionalização de pi para conectar com a raiz numérica da própria criação.

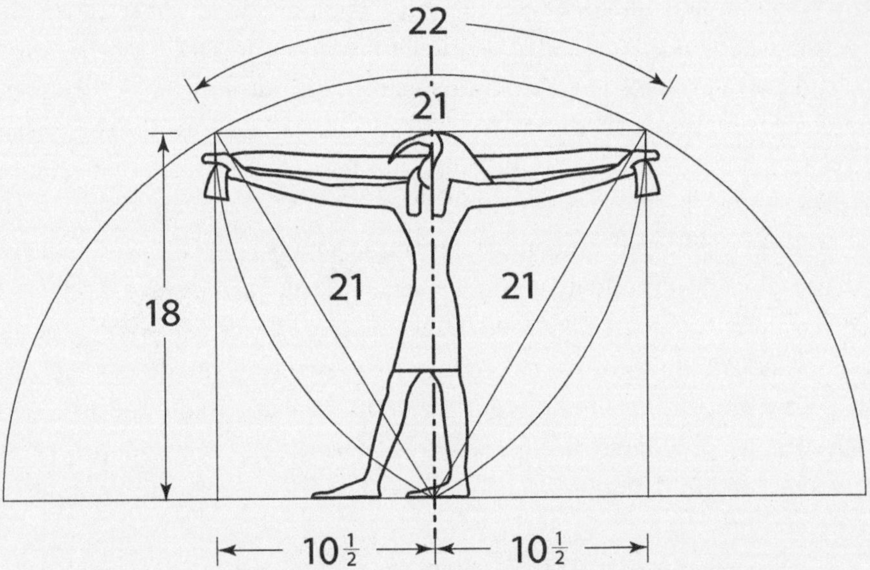

Figura 3.2. A iconografia de Thoth diretamente relacionada ao setor de um círculo e à proporção 22 para 21. (Desenho de R. A. Schwaller de Lubicz, *O Templo do Homem* [Rochester, Vt.: Inner Traditions, 1998].)

Vale notar também que a iconografia de Thoth contém o conceito da divisão em 12, no sentido de que os ângulos gerados estão baseados em estágios de trinta graus que dividem em 12 setores o círculo inteiro de 360 graus. Dessa maneira, o mundo divino é representado como o zodíaco de 12, embora tais ideias pareçam surgir apenas mais tarde, com a evolução de uma divindade solar.

Uma famosa fórmula liga a Proporção Áurea (ϕ), a terça menor (6/5) e o pi (π), a saber $\phi^2 \times 6/5 = \pi$ onde $\pi = 3{,}1416408$, que dá um pi bastante preciso, exato para 0,00153 de um percentual. Como pi é o comprimento do perímetro de um círculo quando o diâmetro é um, se o diâmetro é a Proporção Áurea quadrada ou ϕ^2, então o perímetro é 6 $\phi^2/5$ (8,2247).

A Proporção Áurea foi considerada uma constante fundamental pelos egípcios e *a* divisão fundamental do todo em duas partes. As seis partes da circunferência são exatamente o hexágono de Thoth, metade do qual é mostrado na figura. O uso do 22/7 como π revela um resultado prático de

$$\phi^2 = (22 \times 5) / (7 \times 6) = 55/21 = 2{,}6190476$$

Nesse caso a proporção Thoth de 22/21 é simplesmente $\pi/3$. O que faz $\pi = 22/7$ uma jarda de pés com o comprimento de 22/21, que é 440/441 do pé persa (21/20 pés). Isso indica até que ponto o sistema metrológico é um sistema completo, íntegro com o modelo antigo da Terra e, como veremos, com monumentos pré-históricos que descrevem esse modelo.

A BUSCA PELO PÉ QUE SE ENCAIXA

Embora o número de pés no raio médio da Terra tenha sido mencionado, até hoje se pergunta como se chegou a tal pé. Para entender como esse passo crucial foi dado na metrologia, é importante ver que as *proporções são desprovidas de unidades* e que elas se referem apenas a proporções abstratas.

Em comparação, quando consideramos o que é dividido, por exemplo, o raio polar, 1/440 parte dele é um comprimento de fato. Essa é uma unidade de medida que pode então ser considerada como "cósmica", visto que ela também divide 441 vezes o raio médio da Terra. Na prática, uma unidade que diz respeito à escala humana foi necessária, por essa razão o nome pé, mas de onde ela deriva?

O pé inglês pode de fato ter derivado do equador assim como o raio médio da Terra. Baseado na própria Terra, esse pé se tornou a unidade base um para todo o sistema de medida que foi derivado dele. Esse sistema incluía:

- um conjunto de pés "raiz" harmonicamente relacionados que eram simples proporções da base do pé e
- variações geodesicamente válidas desses pés como "módulos".[2]

A rotação da Terra "recorta" o ano solar, que é o seu período orbital, 365,242 vezes em unidade de dias. Se o equador é dividido em 365,242 porções, que poderiam ser chamados de "dias angulares" (sendo de fato o ângulo percorrido pelo Sol em um dia), então a unidade de comprimento é novamente mensurável. Considerou-se que o pé inglês seria 1/1000 de 1/360 de um ângulo de dia no equador (e não uma fração de um grau de longitude).

A divisão por 360 graus acontece por duas razões: ela possibilita que os graus de *latitude* sejam medidos de modo a produzir um número de pés que se assemelhe numericamente ao ano; e ela converte o meridiano norte-sul em 360 unidades mensuráveis chamadas graus. Trezentos e sessenta é formado por apenas dois, três e cinco, pois sua fórmula é $2^3 \times 3^2 \times 5$, e assim 360 é um número harmônico que foi introduzido na definição do pé para remover os 365 não harmônicos ou 365,242 dias no ano solar. De modo similar, o dia se divide em 24 horas, o céu no mesmo número de horas da "ascensão reta" (com referência ao tempo rotacional da Terra que diz respeito ao ponto equinocial da primavera) e o equador em 360 graus de longitude, todos para introduzir racionalidade harmônica.

Simultaneamente, o raio médio da Terra é $12^6 \times 7$ da medida do mesmo pé do modelo antigo.[3] Assim, o pé representa uma solução magistral ao problema de encontrar a *régua perfeita*, no sentido de uma raiz *metrológica* para o desenho da Terra e, portanto, também uma *régua divina da criação* em si e do seu plano. Se a duração do dia é medida sobre o Equador, então a primeira tarefa é ver como o *tempo se traduz em comprimento* no equador. Isso confere a necessária objetividade a uma unidade de comprimento cuja intenção é relacionar a esfera celeste à Terra.

Um pé que não houvesse derivado de uma dimensão cósmica teria sido arbitrário e sem fundamento. Contudo, uma vez estabelecido dessa maneira, o pé relacionou ao cosmos todo monumento construído com base nessa medida, e tornou o processo de construção uma recapitulação do ato cósmico.

DERIVANDO UM MODELO EXATO

Duas habilidades eram necessárias para se descobrir a derivação do modelo antigo da Terra:

1. a capacidade de medir uma extensa porção da superfície da Terra, entre dois pontos medidos com exatidão no tempo e no espaço;

2. a compreensão da geometria da elipse, encontrada nas órbitas planetárias, e a das esferas naturalmente deformadas dos planetas em rotação.

A primeira habilidade é chamada levantamento de dados de campo e envolve medições apuradas das estrelas e da Terra, as mesmas técnicas usadas para mapear o mundo em tempos mais recentes. O conhecimento exato de um comprimento sobre a Terra pode ser ampliado encontrando-se a posição, a partir de cada uma de suas extremidades, de um terceiro ponto – por isso o nome triangulação para essa técnica. A Grã-Bretanha, por exemplo, foi *triangulada* sobre seu comprimento territorial nos tempos atuais, sem a necessidade de nenhuma remedição de um comprimento verdadeiro. O resultado foi surpreendentemente exato, uma vez que cada ângulo foi medido repetidamente para garantir uma média exata.

A medição do ângulo das estrelas no céu usa a mesma tecnologia. Os levantamentos do equador, dos graus dos meridianos norte-sul e dos ângulos entre os objetos celestes envolvem, todos eles, a medição dos ângulos "na Terra assim como no Céu".

O desenvolvimento da geometria sagrada (como uma das artes tradicionais) ocorreu naturalmente a partir da resolução dos problemas geodésicos, assim como a capacidade de entender a elipse como uma manifestação prática do círculo na natureza. No modelo antigo:

- A proporção entre a medida do raio polar e a medida do raio médio cria uma elipse na qual o grande círculo do meridiano norte-sul está próximo ao comprimento médio da circunferência da Terra (calculado pelos raios médios).
- O equador tem um raio em um ângulo a 90 graus do Polo, e sua circunferência é usada para definir o comprimento do pé, como uma unidade que se divide na circunferência (como o produto do ano solar em dias vezes 360.000), enquanto também se divide em raio médio como 12^6 x 7.

Em outras palavras, *o pé é a solução para uma equação simultânea* tanto da deformação como do tamanho médio. Combinado com o polo para a proporção média, a derivação do pé, de uma só vez, define a Terra de uma maneira que leva em conta a realidade do tempo celeste, a forma da Terra, seu tamanho médio e o desenvolvimento da harmonia a partir dos números iniciais.

Tendo desenvolvido um paradigma do universo como uma criação numérica por meio da contagem dos períodos de tempo celeste, os antigos elaboraram posteriormente sua visão de mundo encontrando unidades adequadas para o plano "dos deuses" para a criação da Terra, usando a miraculosa simplicidade das relações numéricas.

É importante que o pé seja simultaneamente comensurável com as dimensões-chave da Terra, pois ele então pode ser usado para cálculos envolvendo tanto o Polo quanto a circunferência do meridiano. O meridiano é 12^6 x 44 pés no modelo; o 11 pode ser removido usando-se uma medida com unidades de 11 pés em sua fórmula. A milha inglesa mede 5.280 pés e tem a fórmula 2^5 x 3 x 5 x 11 = 5280. Quando o meridiano ideal é dividido pela milha para medi-lo em milhas, o 11 na fórmula da milha elimina o 11 no 44 de 12^6 x 44 pés. O resultado é, como afirmado por Michell, 12^5/10 ou 24.883,2 milhas de comprimento.

Por essa razão, qualquer medida de meridiano em pés requer uma fórmula (X/Y) vezes 11, onde X e Y estão na série de números composta apenas de dois, três e cinco. Isto é, uma medida de meridiano traz dentro de si seu "prefixo" (X/Y), os primos harmônicos dois, três e cinco, com o adicional 11 no numerador. O pé saxão de 11/10 é uma dessas medidas, levando a um comprimento de meridiano de 12^6 x quarenta pés saxões.

Como mencionado anteriormente, esse meridiano pode ser dividido por 63 e multiplicado por dez para dar, por um critério de cálculo, o comprimento do Polo. Esse procedimento não irá remover o 11 do numerador e, além disso, vai adicionar um sete ao denominador do comprimento do raio polar. Portanto, a fórmula para uma unidade polar de comprimento, em pés, deve ser (X/Y), o componente harmônico, vezes (11/7), a parte composta por aqueles primos abaixo de 12, mas acima de seis (em contraste ao componente harmônico que consiste dos primos abaixo de seis).

Para gerar uma medida polar primeiro é preciso que o sete seja removido do raio polar, ou então haverá uma fração repetida produzida pelo 1/7.*

Em segundo lugar, o 11 no numerador poderia ser removido, mas a única consequência de não se fazer isso é que o resultado será um número envolvendo 11, um primo não harmônico. De fato, as melhores medidas polares sempre têm (11/7) na sua fórmula em pés.

---

* Sendo sete aquele número mais incompatível com os outros números abaixo de dez, um fato bem notado e frequente no mundo antigo.

A mais famosa medida polar é o *cúbito sagrado*, associado com os judeus e o Templo de Salomão. O mais longo cúbito sagrado é (2^8 x $3^4/5^6$) vezes (11/7) = 2,08544914 pés. O Polo medido nesses termos é então dez milhões de cúbitos sagrados; a partir disso também se pode ver que, no modelo antigo, o meridiano tinha que ser 63/10 deste ou 63 milhões de cúbitos sagrados. Esse conhecimento era comum na comunidade de marinheiros portugueses, como registrado por Edward Wright:

> E embora o Globo de terra e água, comparado com as esferas das estrelas, seja como que um centro ou ponto; contudo sendo considerado por si próprio, ele continha dentro do círculo maior 6300 léguas espanholas comuns.[4]

Dividindo-se 63 milhões por 6.300 se obtém 10.000 cúbitos sagrados como uma légua espanhola, mantendo a proporção 10:63, Polo para meridiano, usando-se uma medida polar – o cúbito sagrado.

Esse cúbito foi pesquisado por Isaac Newton, que precisava saber a forma do perfil elíptico da Terra a fim de estimar a massa da Terra e testar sua teoria da gravitação, por meio de um cálculo da órbita da Lua. Ele também conhecia o comprimento do equador com bastante exatidão, dando-lhe o eixo maior da elipse. O Polo não poderia ser medido com facilidade, mas havia rumores de que estava implícito na unidade antiga do cúbito sagrado e podia ser encontrado nos monumentos do Egito.* Ele enviou seu amigo John Greaves para estudar a Grande Pirâmide; embora esse estudo tenha sido valioso, no final Newton teve que usar uma medição de graus de um meridiano francês para estimar o perfil do meridiano.

A existência de tal conhecimento tradicional e unidades de medida indica que os antigos já conheciam o raio polar. No passado, alguns grupos devem ter medido o alongamento dos graus meridionais no meridiano; a partir disso a forma da Terra foi extrapolada como uma elipse, e o modelo antigo, desenvolvido a partir daí. Qualquer cultura conhecedora da navegação global ou desejando medir a Terra por qualquer outro motivo teria feito o mesmo que nossa cultura moderna fez novamente. Os antigos, todavia, também localizaram os parâmetros básicos de seu modelo dentro de uma estrutura baseada em sua teoria da harmonia e dos números abaixo de 12.

---

* Textos remanescentes informavam que ele era a décima milionésima parte do Polo em comprimento.

A medida polar relativa ao pé é perfeitamente retratada em um dos temas da Grande Pirâmide, a saber, sua altura de sete unidades (representando o Polo) e sua base de 11 unidades (representando o meridiano).

A tabela a seguir mostra os elementos definidos do modelo e o tipo de dimensões encontradas na era científica[5] como as tenho apresentado, todas em milhas de 5.280 pés.

Se dividíssemos a circunferência equatorial moderna por 360.000, obteríamos 365,2223 em vez de 365,242. Isso quer dizer que o modelo antigo chegou a um número bem próximo ao ano solar em dias, o que teria sido uma pista natural para derivar o pé a partir do equador por meio do número do ano e 360.000. Seria uma enorme coincidência que o equador dividido pelo ano solar resultasse em 360.000 pés.

O restante do modelo antigo proporciona resultados notavelmente exatos por aderir a princípios "puristas" similares, a saber, o uso de aproximações racionais de pi. O efeito final é possibilitar uma estrutura numérica bastante simples, fácil de lembrar e transmitir, que praticamente não perdeu a exatidão e considerável consistência simbólica até os dias de hoje. O polo dividido pelo número sagrado sete e o meridiano médio da Terra naturalmente tem 11 como seu mais elevado número primo.

DIMENSÃO	ANTIGA	MODERNA	DIFERENÇA	EXATIDÃO
Raio Equatorial	3.963,414	3.963,207	- 0,207	99,995%
Circunferência Equatorial	24.902,864	24.901,566	- 1,298	99,995%
Raio Médio	3.958,691	3.958,775	0,084	99,998%
Circunferência Média	24.883,200	24.873,714	- 9,486	99,962%
Circunferência do Meridiano	24.883,200	24.859,868	- 23,332	99,906%
Raio Polar	3.949,714	3.949,919	0,205	99,995%

O Polo e a média se tornaram o núcleo do simbolismo monumental antigo empregando apropriadamente medidas antigas estruturadas, proporcionais ao pé. O Polo, por exemplo, é 288 vezes 1.152 vezes 440 vezes 1/7 pés de comprimento. Isso nos proporciona certos números, usando diferentes unidades, para modelar o Polo dentro de um monumento. Para isso basta combinar as unidades usadas em um monumento e a escala resultante de um monumento com relação ao Polo. Veremos no próximo capítulo que a Grande Pirâmide usa os números 440/441 em altura e que os triângulos geodesicamente alinhados descobertos na Grã-Bretanha, dispostos na paisagem, mostram os números 288 e 1152.

Muito do monumentalismo remanescente do mundo antigo parece derivar de um sistema comum de medição baseado em um modelo numérico simples da forma da Terra. Uma função dos monumentos antigos tem sido permitir que tal informação viaje através do tempo. Essa informação pode ser recuperada por intermédio do estudo dos monumentos construídos que a utilizaram. Ficará óbvio no próximo capítulo que tais medidas de referência, como a "milha real" ou pé sumério, estão sempre embutidas nos monumentos como pistas do modo como eles incorporam uma proporção entre o monumento e as medidas de referência dentro do modelo antigo da Terra.

QUATRO

PARQUES TEMÁTICOS ANTIGOS

O modelo antigo descrito no Capítulo 3 nos deixa com cinco comprimentos-chave, todos com componentes numéricos contendo os números primos dois, três, cinco, sete e 11, quando expressos em pé inglês. São estes os comprimentos:

- o raio polar
- o raio médio
- o raio equatorial
- a circunferência média da Terra
- a circunferência no equador.

Os construtores de monumentos antigos, quase sem exceção, codificaram as relações entre duas ou mais dessas dimensões da Terra dentro das dimensões de um monumento.

Exemplos megalíticos são encontrados na Grande Pirâmide, no Templo Perdido de Salomão, em vários triângulos na paisagem britânica que dizem respeito a Stonehenge e às dimensões encontradas dentro do próprio Stonehenge. É muito difícil imaginar que essa ocorrência difundida das mesmas proporções e sistema metrológico poderiam ser uma característica acidental das construções megalíticas.

Além disso, o mesmo acontece em *brochs* da Idade do Ferro (estruturas em forma de torres redondas de *drystone* na Escócia), em templos gregos e em construções medievais, tais como as catedrais góticas, exceto pelo fato de que o *tamanho da Terra* não era mais o foco principal. Em vez disso, a metrologia era usada dentro de uma nova tradição da geometria sagrada na qual o resultado era simbólico e totêmico, em vez de cosmicamente objetivo. Nos últimos trezentos anos, porém, há exemplos de construções metrológicas que empregam essa nova tradição em segredo, notadamente em Washington, D. C. (veja Capítulo 10).

Em outras palavras, o legado da Atlântida, isto é, o conhecimento atlante, é visível por meio do estudo das construções monumentais ao longo das eras. Neste capítulo, são fornecidas algumas análises, envolvendo exemplares de monumentos bem conhecidos, para demonstrar exatamente como esse conhecimento foi empregado na prática.

UMA INTRODUÇÃO AOS QUADRADOS E CÍRCULOS

Há dois modos importantes pelos quais se pode fazer com que quadrados e círculos interajam. O primeiro é encerrar um dentro do outro e o segundo é desenhar ambos com o mesmo comprimento de perímetro (ver Figura 4.1). Um quadrado pode envolver um círculo, tocando apenas no meio dos lados do quadrado, ou um círculo pode envolver um quadrado, neste caso os cantos do quadrado tocando o círculo. Quando um quadrado e um círculo têm o mesmo comprimento de perímetro, sua relação é descrita como "quadratura do círculo".

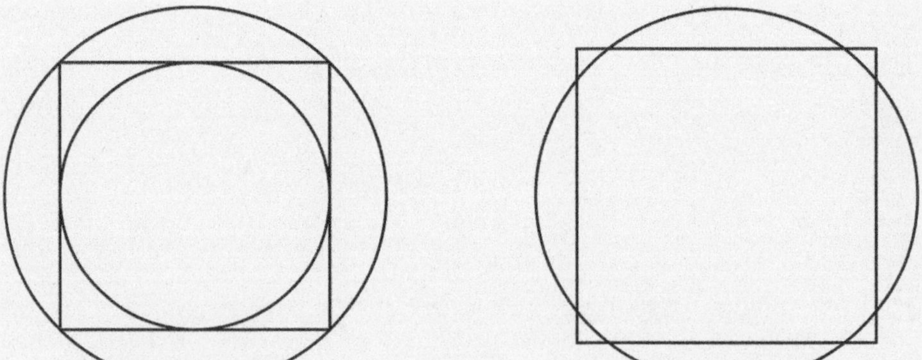

Figura 4.1. Duas importantes maneiras pelas quais quadrados e círculos interagem na geometria sagrada. *À esquerda*: um círculo pode inscrever um quadrado ou um quadrado inscrever um círculo. *À direita*: um quadrado também pode ter o mesmo comprimento de perímetro que a "quadratura" (do círculo).

A construção de um quadrado que "enquadra o círculo" se tornou um símbolo da sabedoria geométrica. Veremos que é o operador pi que governa efetivamente tal relação, pois pi é a constante cósmica da translação entre dimensões lineares ("em uma linha") e medida radial ("rotação em volta de um ponto") ou medida *angular*. A questão que está por trás de tais fatos da geometria sagrada é que o mundo eterno aparece como órbita e rotação, em contraste com a vida dentro do espaço da Terra, que opera em medida linear. Esses dois tipos de medidas são extensivo e intensivo: a medida linear estende uma dimensão enquanto a medida angular divide o todo que já existe, fazendo o todo mais intenso ou significativo. Desse modo, o significado do círculo e do quadrado dentro da mente do especialista em geometria sagrada muito provavelmente vem com todo o conhecimento de eternidade *versus* existência – um dualismo que oferece um caminho de conhecimento por intermédio do estudo do comportamento geométrico.

Se um círculo de diâmetro um está inscrito dentro de um quadrado, então o quadrado terá o comprimento igual a quatro, enquanto o círculo terá a circunferência de pi (Figura 4.2).

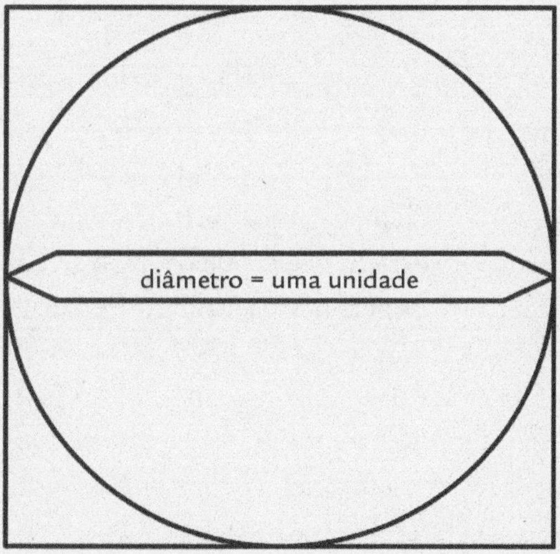

Figura 4.2. Um círculo inscrito de comprimento unitário.

A diferença entre quatro e pi é mais fácil de ver usando-se a aproximação de pi convenientemente usada antigamente de 22/7 ($3,\overline{142857}$ é 99,96% exato).

$$4 - 22/7 = (28 - 22)/7 = 6/7.$$

Essa diferença no perímetro pode ser expressa como um círculo com um diâmetro 6/7 vezes 7/22. Os setes se eliminam para restar 6/22 como seu diâmetro, o que simplifica para 3/11 do círculo inscrito original (Figura 4.3).

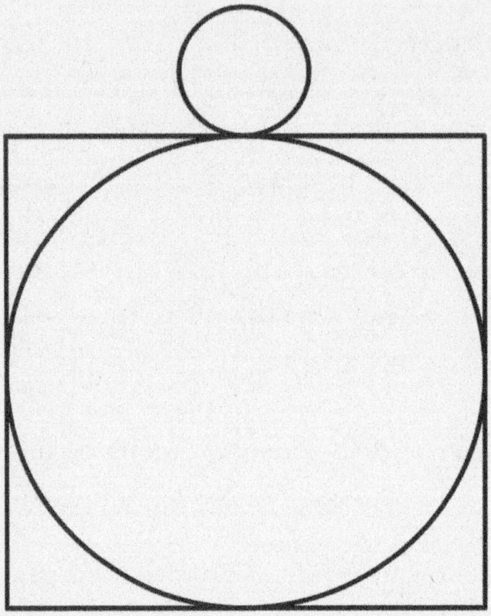

Figura 4.3. A diferença entre os perímetros do círculo e do quadrado pode ser expressa como um círculo com um diâmetro que mede 3/11 do diâmetro do círculo maior. A Lua está exatamente nesta proporção para a Terra média.

Essa proporção de 3:11 é exatamente a proporção entre o diâmetro da Lua (1.080 milhas ou 1.738 quilômetros) e o diâmetro da Terra média (a primeira grande abordagem disso foi em *City of Revelation*, de John Michell, que é responsável por sua redescoberta[1]). A partir daí podemos ver que a Lua representa a diferença entre um círculo inscrito e o quadrado que o envolve, tendo uma circunferência que é a diferença entre os perímetros do círculo inscrito e do quadrado que o inscreve.

A bagagem cultural associada a esse simples porém cósmico fato geométrico é que a Terra representa uma esfera de materialidade, e coisas materiais são simbolizadas no formato quadrado. Portanto, a Lua é simbolicamente aquilo que materializa a Terra, transformando-a de uma forma circular eterna em um lugar. Queira-se ou não entrar nesse significado simbólico, o simples fato de que a Lua, originalmente projetada da Terra, veio a possuir justamente essa relação dimensional de pi implica que havia influências extraordinárias operando em sua criação.

Se esse círculo de 3/11 da Lua for disposto de modo a apenas tocar a Terra média, ele pode "rolar" em volta do círculo maior, na que era chamada "órbita sublunar". Essa órbita demonstra a segunda relação do quadrado com o círculo, chamada "quadratura do círculo". O círculo criado pelo centro da Lua à medida que ela gira em torno da Terra tem o mesmo perímetro que o quadrado que inscreve a Terra média. A Figura 4.4 contém apenas três perímetros, os da Terra e da Lua e o da sua circunferência combinada, igual ao do quadrado que os engloba. Se o diâmetro da Lua é reescalonado para consistir em apenas três unidades, então o diâmetro da Terra média, nas mesmas unidades, deve ser de 11 unidades de comprimento. Entre os centros, a distância entre Terra e Lua é então 11/2 mais 3/2, que é igual a 14/2 ou a apenas sete unidades.

Figura 4.4. O centro da Lua descreve um círculo com o mesmo perímetro que o quadrado inscrito pela Terra média.

A PIRÂMIDE, O PI E A LUA

Essa proporção entre o diâmetro da Terra média como 11 e a distância entre os centros da Terra e da Lua como sete é a proporção exata embutida na Grande Pirâmide de Gizé (Figura 4.5). Onze sobre sete é a relação de um raio para a quarta parte de um círculo, e no caso da Terra, uma quarta parte é simbólica da distância entre o Polo e o equador.

A Pirâmide, de acordo com Neal e Michell, foi construída para ter uma altura, sem cumeeira, de 1/11 de uma milha.* Na Figura 4.6, isso é equacionado com o raio polar da Terra. Visto que uma milha corresponde a 5.280 ou

* 480 pés é 1/11 de 5.280 milhas.

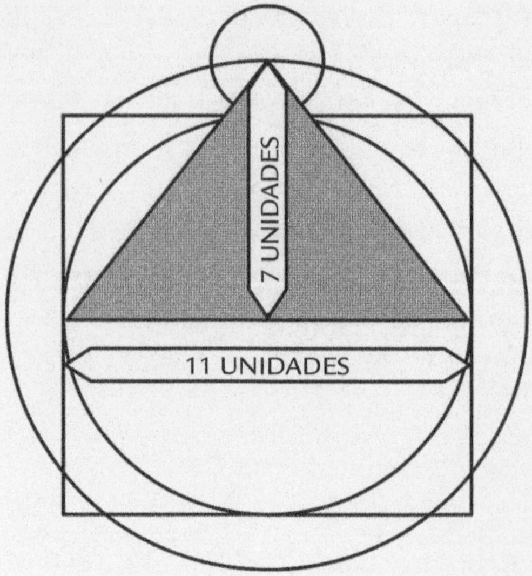

Figura 4.5. A Grande Pirâmide de Gizé tem a forma exata para demonstrar a relação de proporcionalidade igual a 3:11 da Lua para a Terra (segundo John Michell).

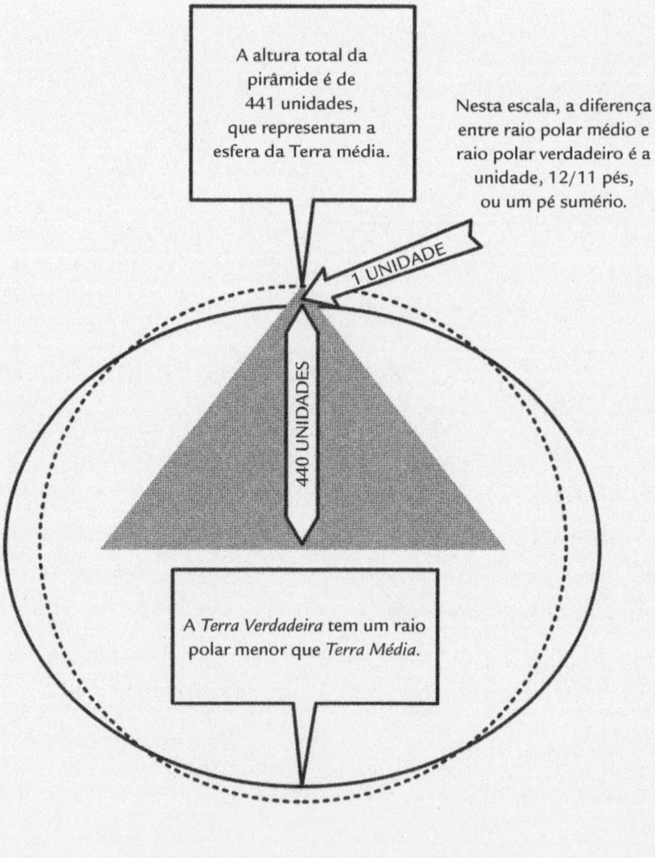

Figura 4.6. O uso de unidades para definir os raios polar e médio da Terra na altura sem cumeeira e na altura total da Grande Pirâmide.

2^5 x 3 x 5 x 11 pés, então, se dividimos por 11, obtemos 480 pés (2^5 x 3 x 5). O modelo antigo propõe uma proporção de 440:441 do polo para os raios médios. Dividindo-se 480 (4 x 12 x 10) por 440 (4 x 11 x 10) se obtém a unidade básica para a construção da Pirâmide: apenas 12/11 pés, um tipo de pé agora chamado pé sumério. Deve haver 440 de tais pés (1/11 milha) sem a cumeeira e 441 no total, uma vez que a altura total seja atingida ao adicionar apenas mais um pé sumério de 12/11 pés igual a $1{,}\overline{09}$ pés.

Porém, a mais simples unidade de medida do Polo em si é, sem dúvida, a "milha real", que é uma milha de pés com 8/7 pés de comprimento. Esse pé, chamado de "pé real", foi amplamente empregado no Egito, tornando-se a forma da raiz do "cúbito sagrado" de 12/7 pés, um cúbito de um pé e meio em vez de dois pés. O raio polar medido em milhas reais tem 3.456 milhas reais de comprimento.

A escala da Grande Pirâmide, com respeito a sua altura e ao modelo antigo da Terra, pode então ser calculada pelo polo ou pela média. A escala escolhida transforma cinco pés do monumento equivalente a 36 milhas reais – 7,2 milhas reais por pé inglês.*

Usando a Terra média como 12^6 x 7 pés no modelo antigo, então se dividindo por 441 (3^2 x 7^2) resta 2^{12} x 3^4/7 ou 47.396,571 pés do raio polar por pé sumério. O sete pode ser removido, dividindo-se pelo pé real 8/7, e a unidade "por pé sumério" pode ser convertida multiplicando-se como 12/11, para restar novamente 7,2 milhas reais por pé. A milha, contendo 11 em sua fórmula (2^5 x 3 x 5 x 11) e o pé real, contendo sete (8/7), cria essa unidade polar perfeita, a milha real, que tem 11/7 implícito relativo ao pé inglês sobre o qual o modelo antigo da Terra se baseou.

No diagrama simples composto dos dois círculos da Terra e da Lua (Figura 4.5), a Terra média não foi mostrada como a altura da pirâmide, mas sim como a sua base. Se a base for também uma referência para a Terra média, então ela teria uma escala diferente para a Terra, que não seria o modelo de altura da pirâmide.

John Neal mostrou que se confundiu o comprimento do lado da pirâmide por causa dos cálculos baseados na média dos comprimentos dos quatro lados. Isso decorreu da noção equivocada de que eles foram projetados para serem idênticos em comprimento, e de que a média proporcionaria, portanto, um aumento na exatidão. Porém, os lados tinham comprimentos diferentes, e

* 3,456 milhas reais divididas por 7,2 milhas reais é igual a 480 unidades.

por uma boa razão, como Neal mostrou. O lado sul da pirâmide foi construído para ter exatamente 756 pés de comprimento, que são 441 cúbitos sagrados de 12/7 pés. Isso se compara com a escala do *modelo de altura* de 441 pés de 12/11, mostrando a relação onipresente de sete e 11 dentro da estrutura.

Todavia, desejamos dividir a base não apenas por sete, mas por 11, visto que o diagrama mostra o diâmetro médio da Terra como 11 unidades – mas quais são essas unidades? Novas unidades podem ser desenvolvidas para traduzir algo com sete em sua fórmula para algo com 11 em sua fórmula, como faz 22/7 como pi. A proporção adequada é o polo para a proporção média de 440:441. Ela foi aplicada ao cúbito sagrado para aumentar seu comprimento de modo que a medida mais longa pudesse então ser aplicada ao monumento para tornar o lado sul apenas 440 dos cúbitos mais longos. A unidade é revelada com a divisão por 11 para dar quarenta "cúbitos sagrados padrão" (SSC), como são chamados por Neal. Sete vezes quarenta desses cúbitos são $481{,}\overline{09}$ pés, altura total pressuposta para a Grande Pirâmide. Os dois diferentes modelos são relacionados como 5,5:7 ou 11:14, e essa proporção provém diretamente do fato de que:

- a Terra média é o círculo original dentro do diagrama 3:11
- o raio combinado da Lua–Terra define a proporção de 7:11 da pirâmide
- a pirâmide tem o modelo antigo de Polo para a altura média codificada em sua altura.

Os construtores egípcios então jogam mais uma bomba, revelada por Neal, de que a altura vezes o comprimento da base, em pés ingleses, é o comprimento do grau da latitude para Gizé, a 30° Norte (Figura 4.7). Isso é visto melhor como a área, em pés quadrados, do retângulo que engloba a pirâmide de altura sete e base 11. Nas nossas unidades comuns de cúbitos sagrados padrão, a altura é 280 e a base 440, e o resultado é 123.200 SSC, que não dá o comprimento do grau.

Faz parte da natureza de tal cálculo retangular que o produto englobe suas unidades como um quadrado. Por conseguinte, toda unidade diferente daria um *resultado numérico* diferente; é apenas quando o pé inglês é aplicado que a pirâmide desvela o comprimento necessário para a latitude 30° (29,5° a 30,5°) naqueles pés.

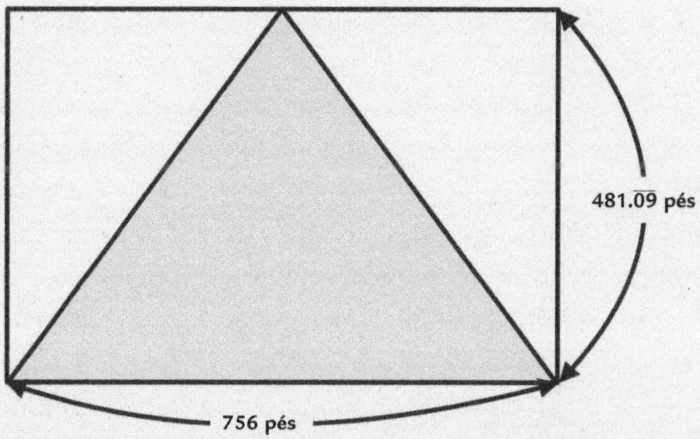

Figura 4.7. Como a Grande Pirâmide codifica o grau de latitude (segundo John Neal). Cada lado da pirâmide tem um comprimento diferente e cada comprimento vezes a altura da pirâmide corresponde (em pés quadrados) ao comprimento de um grau diferente de latitude dentro do Egito, em pé linear. O lado sul é o número exato de pés para gerar (em pés quadrados) o número de pés entre as latitudes 29,5° e 30° Norte.

$$\text{Altura} = 441 \times 12/11 = 481{,}\overline{09} = 2^2 \times 3^3 \times 7^2/11 \text{ pés}$$
$$\text{Latitude } (30^\circ \text{ N}) = 363704{,}\overline{72} = 2^4 \times 3^6 \times 7^3/11 \text{ pés}$$
$$\text{Lado Sul} = 756 = 2^2 \times 3^3 \times 7 \text{ pés}$$
$$\therefore \text{ Escala do Lado Sul (latitude dividida pelo comprimento do Lado Sul)} =$$
$$1^\circ{}_{30}/756 = \text{altura da Pirâmide}$$

As implicações vêm muito rapidamente, uma delas a de que os egípcios mediram com precisão o grau de latitude, provando que tinham conhecimento da tecnologia de triangulação necessária para tal tarefa. Isso também prova *a posição preeminente do pé inglês como uma unidade* no sistema de outros pés empregados pela antiga metrologia.

A maior das verdades reveladas por isso tem de ser que a escala usada para os modelos gêmeos da altura e comprimento da base da pirâmide, relativos ao modelo antigo da Terra, é definida pela exigência de criar um retângulo que expresse a latitude do monumento. A pirâmide foi definida pela Terra (seus raios polar e médio) e o pé inglês. (Talvez seja por isso que o amigo de Newton, John Greaves, quando visitou essa pirâmide para medir suas unidades, inscreveu seu padrão de pé inglês dentro da Câmara do Rei com o lema "Para ser observado por todas as nações".) Fica, então, relativamente óbvio que os três lados remanescentes podem definir outros graus de latitude dentro do

Egito por terem comprimentos menores que o lado sul, e descobriu-se que é exatamente isso o que ocorre.

A Grande Pirâmide é, portanto, *muito maior* do que geralmente se pensa. Embora seu tamanho tenha lhe proporcionado uma grande tenacidade tanto face aos vândalos quanto às forças naturais, ela permanece em um campo de absoluta simplicidade quando vista com olhos treinados nas artes tradicionais. Mas sua simplicidade, mesmo quando revelada, é difícil de ser comunicada, visto que suas mensagens são multidimensionais e requerem a apreensão do tipo de pensamento envolvido.

É notável que a Lua tenha o tamanho necessário para enquadrar a Terra, e que a pirâmide fale diretamente dessa construção, demonstrando até sua localização na Terra em relação ao modelo antigo. Mas nossa cultura moderna somente será capaz de processar esse fato mudando importantes partes de si mesma, a começar pelo *status quo* canhestro, no qual os acadêmicos pelejam enquanto os turistas só aumentam. Ter ancestrais capazes de prodígios pode ser um pouco embaraçoso, porque nós não saberíamos como situá-los dentro do contexto moderno. O mais embaraçoso é o fato de que eles estavam obviamente almejando algo a respeito do qual temos poucas pistas hoje, e que eles agiram com um extraordinário senso de propósito para demonstrar, talvez para nós, que não estavam praticando nenhuma religião vazia, mas que eram capazes de provar que o mundo foi construído de acordo com medições.

Do ponto de vista simbólico, a localização da pirâmide na base do Delta do Nilo relaciona o delta à iconografia de Thoth (Figura 4.8). Piazzi Smyth faz essa interessante observação, que tem relevância direta com o papel da pirâmide dentro do projeto de medir o grau de latitude dentro do próprio delta. Se o grau de 30–31° é a altura da Pirâmide, então o topo da Pirâmide atinge o Thoth a 31° Norte, em volta de sua coroa, enquanto o sítio da Pirâmide vela, sobre o delta, como o deus. As circunstâncias geográficas dos egípcios parecem surpreendentemente favoráveis às suas práticas e crenças numéricas. Ou elas foram "escolhidas" justamente por essa razão? Localizados na longitude que corresponde à maior parte da Terra, situados no centro das extensões territoriais da Terra, vivendo em um vale de rio norte-sul que fornecia águas ao deserto ao mesmo tempo que possibilitava fáceis triangulações ao longo do meridiano, não surpreende que os egípcios tenham realizado grandes tarefas geodésicas enquanto acreditavam que era seu destino cumpri-las.

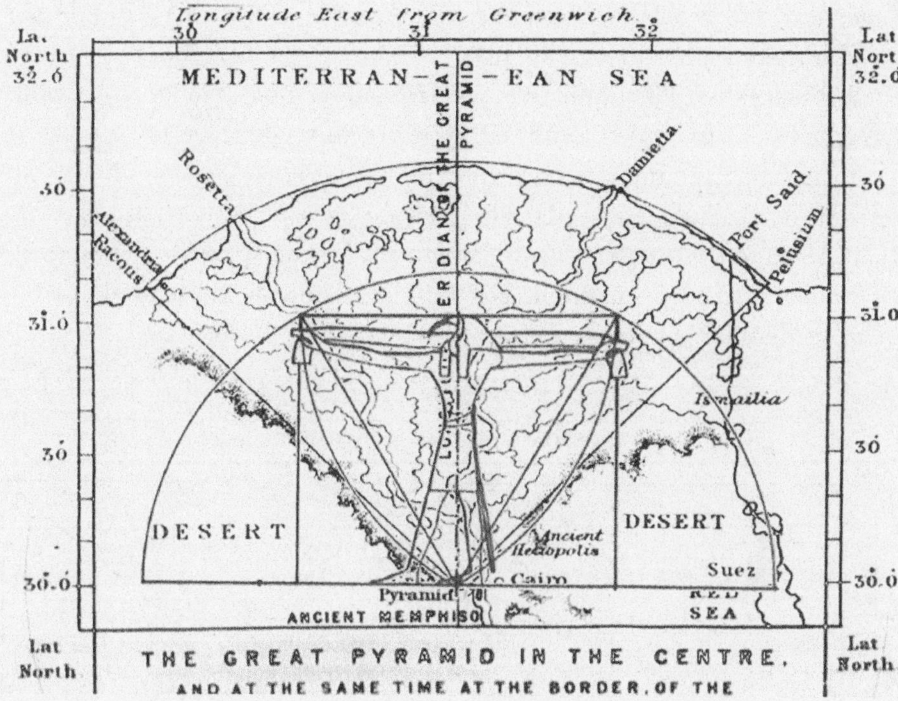

Figura 4.8. A iconografia de Thoth sobreposta sobre o Delta do Nilo e as latitudes 30° e 31°.

JERUSALÉM E O NORTE

Vizinha à Grande Pirâmide está a cidade de Jerusalém, mais recente. Não é de surpreender que a metrologia presente no Egito tenha encontrado seu caminho para o esquema dessa cidade sagrada arquetípica, por meio da figura de Moisés que, por tudo o que se sabe, foi treinado no conhecimento sacerdotal egípcio. O desenho urbanístico de Jerusalém é muito antigo e também tem ressonâncias com Stonehenge e a Grã-Bretanha megalítica.

Foi o Templo de Salomão que condensou o conhecimento secreto sagrado dos judeus. Destruído pelos babilônios e novamente pelos romanos, depois de reconstruído, o sítio se tornou um templo para Júpiter antes de sua transformação no Domo da Rocha (ou Cúpula da Rocha) pelos muçulmanos. Os Cavaleiros Templários (uma ordem cristã de “monges guerreiros” que lutaram nas últimas Cruzadas) acamparam lá para criar um mistério medieval, supostamente encontrando os segredos sagrados do templo. Em tempos mais recentes, John Michell identificou o templo como presente no *layout da própria cidade,*[2] um padrão seis vezes maior que o provável templo, mas com dimensões idênticas ao seu provável desenho.

A Bíblia é muito incomum na maneira como muitas vezes descreve explicitamente essas dimensões como se fossem recebidas de Deus. O padrão é de um retângulo de 12 unidades por cinco unidades. O maior retângulo de Jerusalém tem, em cada unidade, 144 cúbitos sagrados egípcios do *padrão canônico do cúbito sagrado*, 1,728 pés de comprimento. A fórmula para esse cúbito é 2^3 x $3^3/5^3$, enquanto o próprio templo teria tido uma unidade um sexto do padrão da cidade, ou seja, 24 cúbitos por unidade (Figura 4.9).

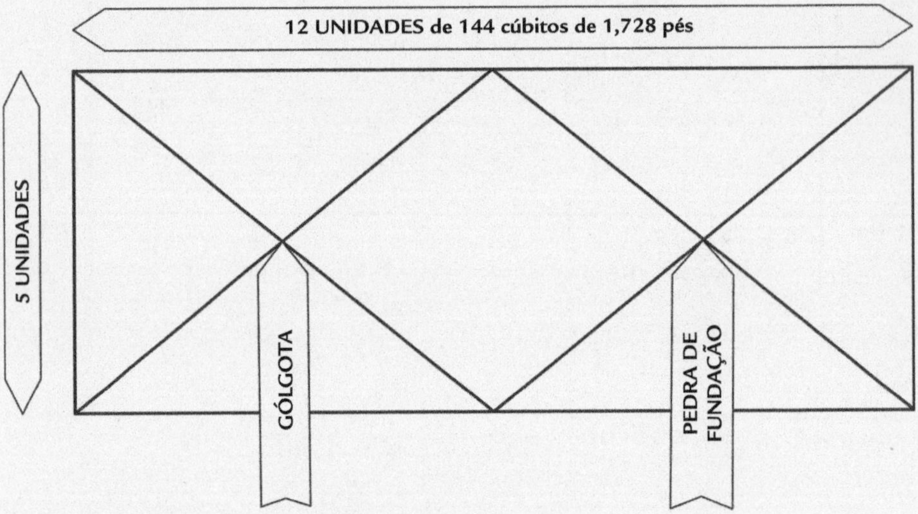

Figura 4.9. O plano da cidade de Jerusalém, seis vezes maior que o Templo de Salomão e ancorado entre o Gólgota e a Pedra de Fundação (segundo John Michell).

O simbolismo de Jerusalém é complexo, por isso apenas algumas características relevantes são destacadas aqui. Como o retângulo está em um tipo de pé sem sete ou 11 na sua fórmula, a própria estrutura diz respeito ao raio médio da Terra. A três unidades a partir do oeste está o Gólgota, onde, segundo a tradição, foi depositado o crânio de Adão, e a três unidades a partir do leste está a Pedra de Fundação. Entre eles há uma distância de exatamente 1/14000 do raio médio da Terra ($1/(2^4 \times 5^3 \times 7)$). Assim como a base da Pirâmide, portanto, o lado de 12 unidades representa o diâmetro médio da Terra.

O retângulo, porém, é conhecido tanto da Grã-Bretanha megalítica quanto como um receptáculo para o segundo triângulo de ângulo reto "pitagórico", com lados iguais a 12:13:5.* Vale notar que cada unidade do plano de Jerusalém é 144 cúbitos e por essa razão o lado 12 é 12^3 cúbitos de comprimento ou 1,728 cúbitos de 1,728 pés. Apenas isso já comprova a metrologia.

O mesmo retângulo e, portanto, triângulo é encontrado em Stonehenge entre quatro pedras chamadas "pedras das estações". O conhecido Círculo de Sarsen está inscrito nele, o lado 12 sendo justamente 96 jardas megalíticas de 1,728 vezes 11/7 pés de comprimento. Essa "jarda megalítica astronômica" ou JMA, redescoberta como unidade por Robin Heath, é obviamente uma unidade polar, visto que ela contém 11/7 na sua fórmula. A JMA tem 19008/7000 pés de comprimento, o que é também o cúbito sagrado de 1,728, mas multiplicado por 11/7 para criar uma medida polar. O componente harmônico é idêntico ao cúbito sagrado egípcio como $2^3 \times 3^3/5^3 = 1,728$, mas essa não é a única estranha similaridade.

Há 7.680.000 JMA no raio polar. Metade do lado 12 em Stonehenge, que é 48 JMA, divide-se no Polo 160.000 vezes, que se compara aos 14.000 com os quais Jerusalém divide o raio médio da Terra de $12^6 \times 7$ pés.

A jarda megalítica astronômica surge de uma relação direta entre a Lua e o Sol, demonstrada com mais precisão dentro desse "triângulo de lunação" 12:13:5, cujo pioneiro foi Robin Heath, que mostrou que a hipotenusa intermediária formada pelo ponto 3:2 do lado cinco gera um comprimento que representa exatamente o número dos meses lunares dentro de um ano solar.[3] Considerando que um mês lunar seja uma jarda megalítica, seu comprimento é de 12,369 jardas; o 0,369 é a incompatibilidade entre os anos solar e lunar, que, se a JMA é usada, acontece de ter *exatamente um pé de comprimento* (Figura 4.10). Portanto, a JMA em relação ao pé é a proporção do mês para a diferença entre os dois tipos de ano, o solar e o lunar. Isso cria uma ligação direta entre a metrologia e a cosmologia.

No seu último livro, *Powerpoints*, Robin Heath mostra como o triângulo da lunação opera dentro do Templo de Salomão, onde a hipotenusa intermediária cruza a linha central no "Santo dos Santos" e termina no Trono de Salomão (Figura 4.11), que de outro modo teria uma estranha localização. Era nessa linha central que o casamento sagrado do Senhor e da deusa Shekhina era o objetivo básico do ritual anual. A implicação é que a harmonização do Sol e da Lua supostamente seguia diretamente a geometria desse triângulo e

* O quadrado de 12 é 144; somando o quadrado de cinco, ou seja, 25, se obtém 169, que é o quadrado de 13, um número com a fama de dar azar.

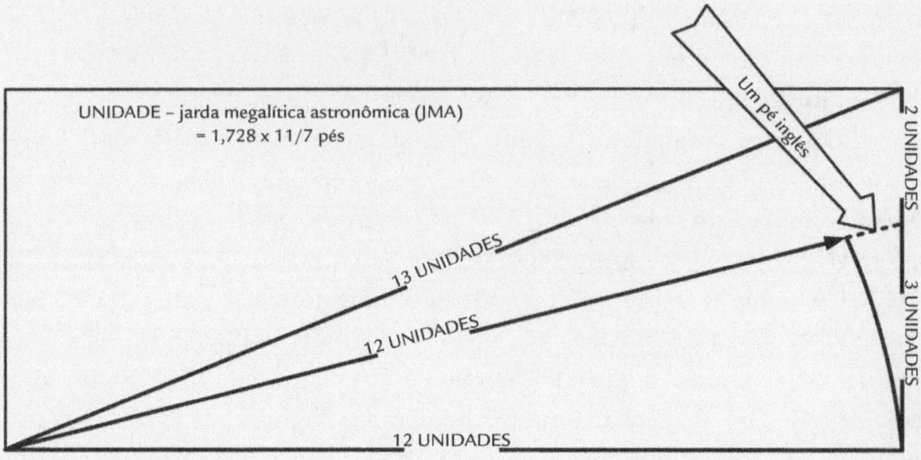

Figura 4.10. O modo como os dois triângulos 12:13:5 se ajustam ao templo e o ponto 3:2 resulta em 12,369, o número de meses lunares num ano solar, enquanto a JMA gera o pé inglês quando uma JMA é equacionada com um mês lunar.

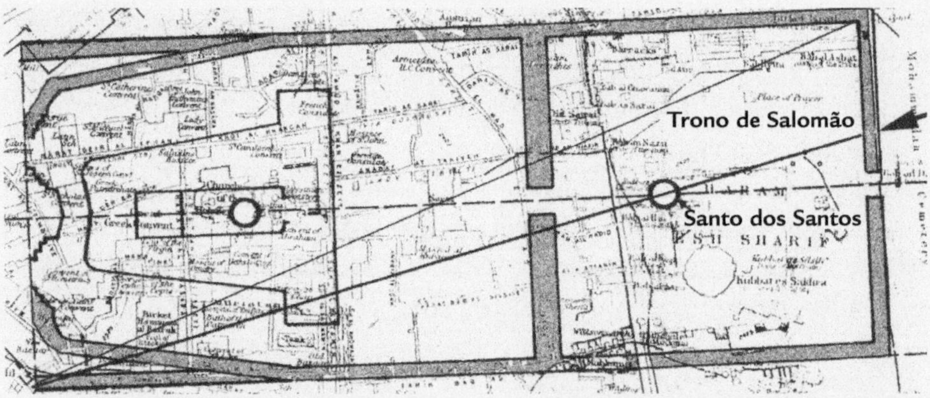

Figura 4.11. Plano do Templo de Kaufman sobreposto sobre o plano da cidade de Jerusalém, com o triângulo de lunação revelando o Santo dos Santos na junção da hipotenusa linha central-intermediária e o Trono de Salomão no ponto 3:2 (extraído de *Powerpoints*, de Robin Heath, cortesia de Bluestone Press).

retângulo, e que os elementos rituais ligados aos ciclos de tempo objetivo foram naturalmente expressos no desenho da própria geometria.

O fato de dois monumentos tão distantes um do outro na época da construção e localização no planeta terem um plano geométrico comum, em unidades apropriadas, para dois elementos primais do mesmo modelo antigo da

Terra indica que uma antiga tradição global estava em jogo, representada exatamente de acordo com as linhas reconstruídas por John Michell e John Neal.

A conexão entre Jerusalém e a Grã-Bretanha está misticamente presente em histórias como a visita de José de Arimateia ao norte ou até mesmo de Jesus, que poderia indicar a existência, milhares de anos atrás, de uma conexão entre o Mediterrâneo oriental e Hyperborea. Conhecida dos egípcios, Hyperborea era a terra setentrional perto do Ártico em que Apolo nasceu e onde os astrônomos arcaicos, os Titãs, foram banidos pelos Olímpicos (Figura 4.12). Em Hyperborea, o pilar do mundo estava fincado numa ilha (compare com Atlântida, cujo nome deriva de Atlas, o sustentáculo do céu), o que sugere que a Grã-Bretanha e o Báltico são a legendária terra hiperbórea (adaptado de Jurgen Spanuth[4]).

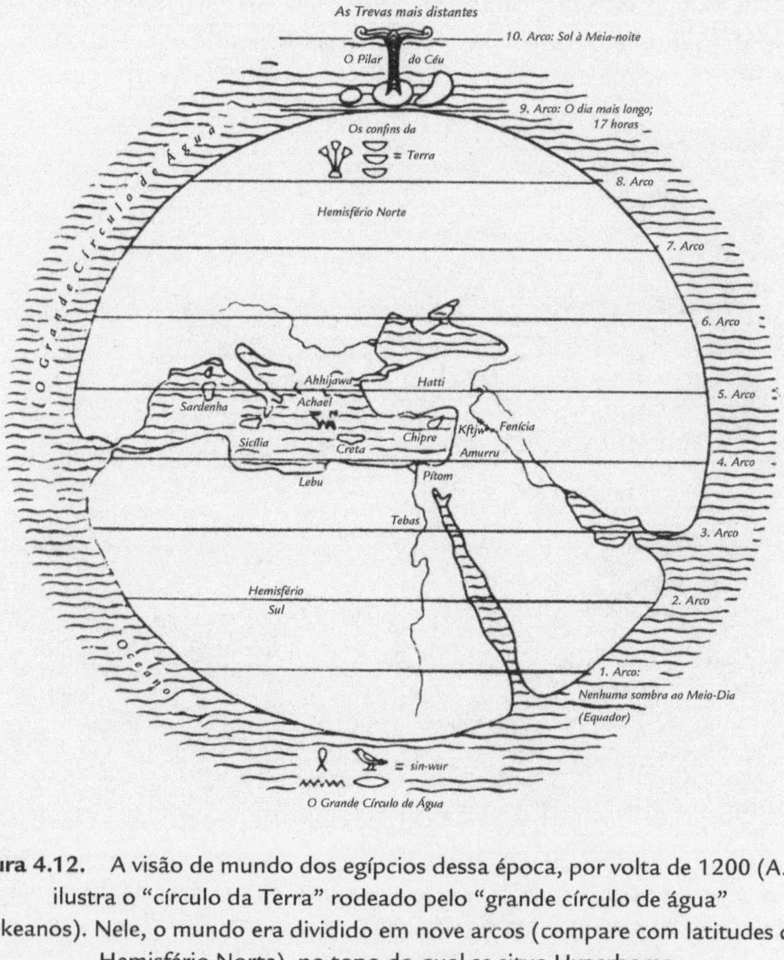

Figura 4.12. A visão de mundo dos egípcios dessa época, por volta de 1200 (A.C.) ilustra o "círculo da Terra" rodeado pelo "grande círculo de água" (Okeanos). Nele, o mundo era dividido em nove arcos (compare com latitudes do Hemisfério Norte), no topo do qual se situa Hyperborea.

Há uma conexão mais simples, porém, em que o *grau de latitude em Stonehenge é o comprimento que cada grau teria sobre a Terra média (perfeitamente esférica)*, uma Terra que é o protótipo do ideal dentro da metrologia, o que também vale para Jerusalém, a Grande Pirâmide e a cidade de Sião.

O COMPLEXO STONEHENGE-AVEBURY

Há um complexo megalítico nas proximidades de Stonehenge que, em tempos mais recentes, revelou um amplo corpo de informações metrológicas que inclui muitos exemplos do próprio modelo antigo. Primeiro, há o monumento em si, um conjunto de anéis e pedras onde se entrelaçam vários raios, circunferências, e sua inter-relação dentro de um evidente modelo da Terra e ponto de referência de padrões metrológicos.[5] Ao mesmo tempo, o monumento é alinhado de múltiplas formas com o horizonte e o calendário do Sol

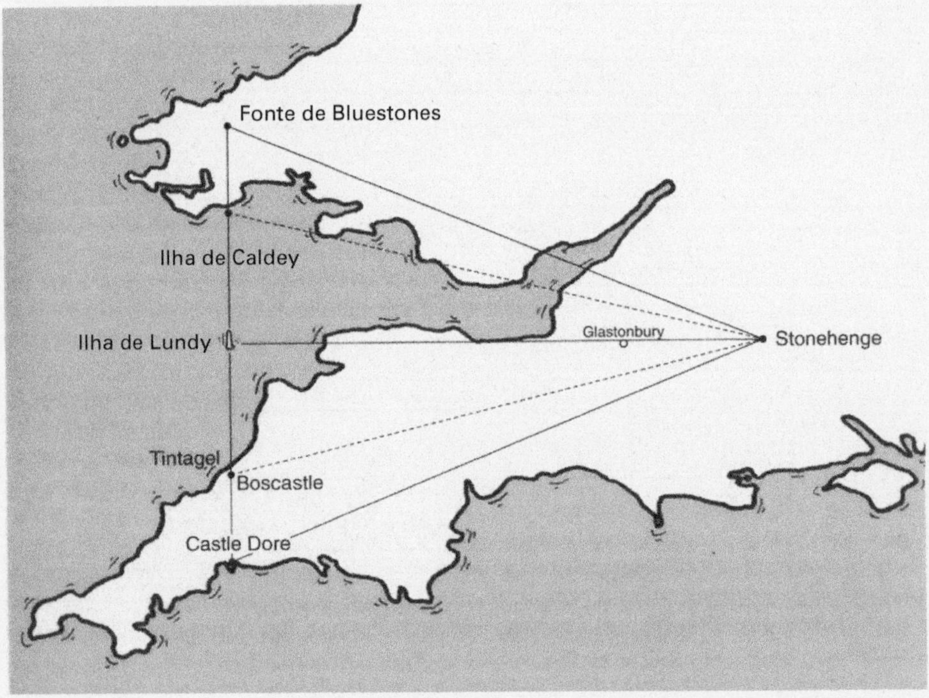

Figura 4.13. Desenho de Robin Heath da paisagem dos Triângulos de Lunação com Stonehenge no seu vértice, conectando Lundy e a fonte de *bluestones* de Stonehenge numa estrutura 2.500 vezes maior que o Retângulo da Pedra da Estação em Stonehenge. De Lundy a Stonehenge são exatamente 108 milhas reais. Veja também a Figura 4.18.

e da Lua.[6] Esses fatos só podem ser relatados aqui de maneira seletiva, para se adequar ao nosso propósito de fornecer um panorama integrativo.

Diretamente ao norte de Stonehenge está Avebury, o maior círculo de pedras pré-histórico na Grã-Bretanha. Está situado sobre a Linha Michael (uma linha que liga vários santuários dedicados a São Miguel, descoberta por John Michell, veja no próximo capítulo). Recentemente se descobriu que Stonehenge e Avebury estão conectadas pelo modelo geodésico triangular dos raios polar, médio e equatorial.[7] A hipotenusa equatorial desse triângulo passa diretamente por Silbury Hill, enquanto a própria Avebury marca o raio médio da Terra. O modo como isso foi alcançado ilustra o processo metrológico antigo (Figura 4.14).

Em pés ingleses, a pedra fundamental do sistema metrológico, o raio polar, mede numericamente 440 vezes 1.152 vezes 288/7 pés. Esses são números com os quais se pode trabalhar dentro de monumentos modelando o Polo, mas, na Grã-Bretanha, os monumentos se manifestaram como grandes triângulos dentro da paisagem, exigindo menos construção e apenas técnicas de levantamento à longa distância, essenciais para a medição da Terra. Os próprios monumentos são predominantemente círculos planos de pedras em pé, buracos para estacas ou os bancos e valas que circundam tais círculos de pedra para formar monumentos circulares pré-históricos. As grandes distâncias entre os monumentos, bem como as grandes linhas de visão para os alinhamentos do ângulo do céu, permitem grande exatidão ao modelar a Terra.

Na pirâmide, uma relação de 440 para 441 foi usada na sua altura; o 441 poderia ter sido inclinado desde a base até nivelar com a altura "polar" de 440 para formar um triângulo. Ela pode ter sido desenhada sobre o solo para evitar a construção de uma grande pirâmide e esse, parece, era o pensamento na Grã-Bretanha megalítica. Isso significa que temos sorte por ter descoberto esses triângulos, visto que geralmente são apenas os monumentos que chamam nossa atenção. A Grande Pirâmide agora se parece menos com um trabalho experimental em curso e mais com um *tour-de-force* para a cultura metrológica.

A chave metrológica para a Grande Pirâmide é o pé sumério, um dos quais proporciona a relação 440:441 do Polo à Terra média. Um triângulo 288:289 com ápice em Stonehenge dá um valor bastante exato para o raio equatorial no lado 289 se a base 288 norte-sul for o raio polar.[8] Várias medidas podem ser usadas para produzir resultados interessantes, mas aqui propomos o pé romano de 24/25 pés porque:

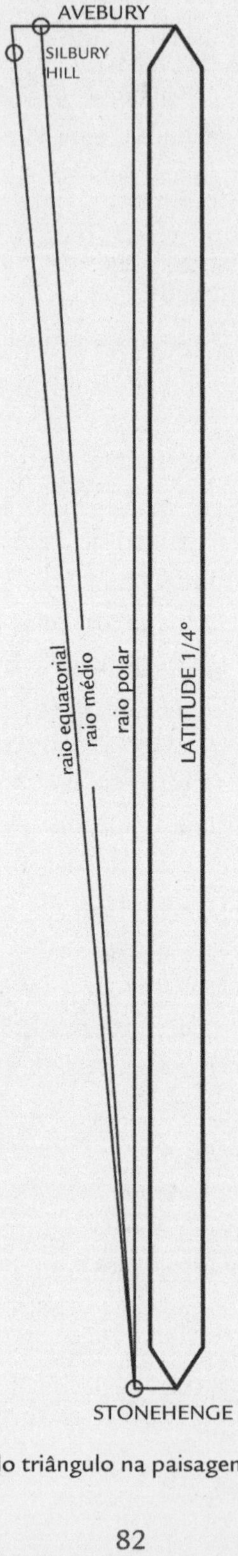

Figura 4.14. Esboço do triângulo na paisagem de Stonehenge–Avebury.

- A unidade comum dos lados do triângulo é de 330 pés romanos.
- A circunferência externa do Círculo de Sarsen em Stonehenge é de 330 pés romanos.
- Silbury Hill tem 288 pés romanos no raio.

O pé romano é 5:6 do pé sagrado egípcio canônico de 144/125 pés, cujo cúbito é o agora conhecido 1,728 pés. O monumento no seu ápice, Stonehenge, dá a chave quanto ao pé sumério na pirâmide, mas aqui há um comprimento composto maior. O monumento (Silbury Hill) na hipotenusa "equatorial" de 289 tem um raio de 288, indicando a natureza do triângulo sendo usada, um triângulo 288:289.

Obviamente, tal solução exigiria outro triângulo, diferente, para relacionar o Polo à Terra média, visto que o principal monumento circular pré-histórico de Avebury carrega essa relação relativa ao meridiano de Stonehenge indo para norte. Um triângulo 440:441 é indicado pelo modelo antigo, e ele pode ser dobrado para 880:882, permitindo uma hipotenusa adicional de 883 para então modelar o raio equatorial. Porém, a exatidão não é tão boa, ou seja, as propriedades numéricas de 883 são inadequadas, visto que 883 é um número primo maior não relacionado aos números iniciais usados dentro do sistema megalítico. Além disso, o raio equatorial assinalado seria, então, demasiadamente pequeno. A solução final de John Michell para esse monumento foi adotar um triângulo 264:265 para mapear a proporção do raio polar para o raio equatorial, mas expandindo isso por cinco e permitindo a formação de um triângulo 1320:1323:1325. Isso *assentou melhor os monumentos ao solo* e deu um modelo exato dos três raios-chave da Terra. Michell proporciona a unidade-chave como quarenta cúbitos reais de 1,728 pés, que corresponde a 72 pés romanos, um quarto do raio de Silbury Hill.

Como isso funciona: 1.320 é três vezes 440, enquanto 1.323 é três vezes 441, o que significa que 1320:1323 é exatamente 440:441. Dividindo-se 1.325 por três obtém-se 441 mais 2/3, que é maior que 441,5 (883/2) e proporciona a melhor estimativa para o raio equatorial. A solução encontrada por Michell e provavelmente pelos projetistas megalíticos foi a de que 264:440, sendo uma proporção de 3:5, fornece um método para se gerar um terceiro raio para o raio equatorial, usando-se um triângulo alternativo de 264:265. O comprimento resultante vezes 1600/7 dá um raio equatorial de 3.964,6753 milhas.

DIMENSÃO	ANTIGA	MODERNA	DIFERENÇA	ERRO
Raio Equatorial	3.964,6753	3.963,207	- 1,468	99,923%

Surgem alguns resultados estranhos quando olhamos para o quarto de grau da latitude. O grau médio tem 69,12 milhas de comprimento, que dividido por quatro dá 17,28 milhas (note a semelhança com 1,728 pé cúbito), que é 52.800 cúbitos. Dividindo-se esse número por 440 se obtém unidades de 120 cúbitos cada. Dividindo-o por 264 se obtém unidades de duzentos cúbitos cada, de modo que cada triângulo permite a divisão, utilizando-se esses cúbitos, da quarta parte do grau. A relação 440:441 dá uma coordenada para o modelo do raio médio da Terra de 52800:52920. O triângulo 264:265 fornece uma coordenada para o modelo de raio equatorial de 52800:53000. Ambos os triângulos estão operando na mesma escala de 1600/7.

O METRO: UMA ANTIGA MEDIDA PERDIDA

Embora o modelo da Terra seja uma demonstração clara de metrologia, não é a única aplicação antiga dela. Visto que as unidades metrológicas chegaram até nós apenas em partes, é possível que existam unidades que nunca tenhamos identificado. Descobri uma delas aplicando procedimentos metrológicos a um complexo megalítico em cuja análise o metro moderno foi empregado como uma unidade.

O metro tem um legado peculiar dentro da França. Na Grã-Bretanha, o significado de Carnac – talvez o maior complexo megalítico do mundo – tem sido estudado por um grupo não acadêmico, a Associação Arqueológica Kergal (AAK). Usando o metro nas suas medições, eles descobriram um simbolismo numérico que indica que o metro foi a medida empregada pelos construtores. O metro, em análise, parece ser uma versão sistematicamente modificada de uma antiga medida demonstrável que esteve perdida até agora, em parte por causa do uso do metro.

O metro tem uma relação com o pé persa de 21/20 pés, na qual, ao ser multiplicado por 25/24, o resultado fica notavelmente próximo ao metro, sistematicamente diferente por um fator de 8,001 a 8,000. O número anterior é 63 vezes 127, assim pode-se supor que o metro francês tenha sido talvez relacionado "deliberadamente" a uma medida antiga de 105/32 (da qual não há registro hoje), que chamei de "jarda ibérica inversa". O pé ibérico de 32/35 pode ser transformado com 21/20 em 24/25, o pé romano, que, por sua vez, é transformado no pé inglês usando-se 25/24 e no persa, a partir do inglês, usando-se 21/20.

Uma "ibérica inversa" é então gerada com um 25/24 adicional, para criar um conjunto completamente simétrico de cinco medidas em cujo centro fica o pé inglês. Mas não há registro disso historicamente. Todavia, pode ter havido, *caso o metro francês não tivesse sido inventado*. Após sua introdução, qualquer sítio antigo que utilizasse na sua metrologia algo parecido com o metro dava a impressão de estar empregando justamente essa medida, antes mesmo de ela ser estabelecida – um *anacronismo*!

Quem suspeitaria que a nova medida do metro, projetada para substituir todas as medidas do mundo antigo, tivesse sido baseada numa medida antiga verdadeira, usada na França durante os tempos megalíticos? Mas isso não é tão surpreendente, considerando que a corte de Napoleão estava profundamente envolvida em sociedades secretas e a França era e continuou sendo um grande centro para conhecimentos secretos e grupos tais como os Cavaleiros Templários, os beneditinos, os cistercienses e os construtores das catedrais góticas.

Com essa "nova" medida antiga, quase idêntica ao metro, os megálitos de Carnac podem talvez ser compreendidos de uma nova maneira. Embora os modelos da Terra ainda não tenham sido aceitos pela arqueologia moderna, a metrologia e o propósito de toda a área adjacente a Carnac foram estudados por volta de 1970, pelo pesquisador independente Alexander Thom, um dos principais engenheiros de sua época.[9]

Thom detectou a jarda megalítica na Grã-Bretanha seguindo seus apurados levantamentos de sítios de círculos de pedras megalíticas, que revelaram um aparente *quantum* de medidas.[10] Ele usou estatísticas para provar que unidades próximas de 2,72 pés foram amplamente usadas na Grã-Bretanha durante a cultura megalítica. A geração dessa medida é vista de maneira mais simples como uma jarda dos pés ibéricos, que é três vezes 32/35 de um pé.*

Embora o sítio de Carnac seja bastante complexo, ele é basicamente ligado à medição de uma série angular de nasceres e pores de sol durante o ano. Nos equinócios de primavera e outono, o Sol nasce e se põe diretamente a leste

* Note que o pé ibérico leva à jarda megalítica, embora a jarda megalítica astronômica, JMA, seja de comprimento semelhante, mas relacionado ao pé drúsio (raiz 27/25 pés) como uma "passada" de 5/2 de tais pés (2,7 pés) multiplicado por 176/175 e seja então uma medida polar com 11/7 na sua fórmula. O ibérico, como o pé real, tem apenas 1/7 na sua fórmula.

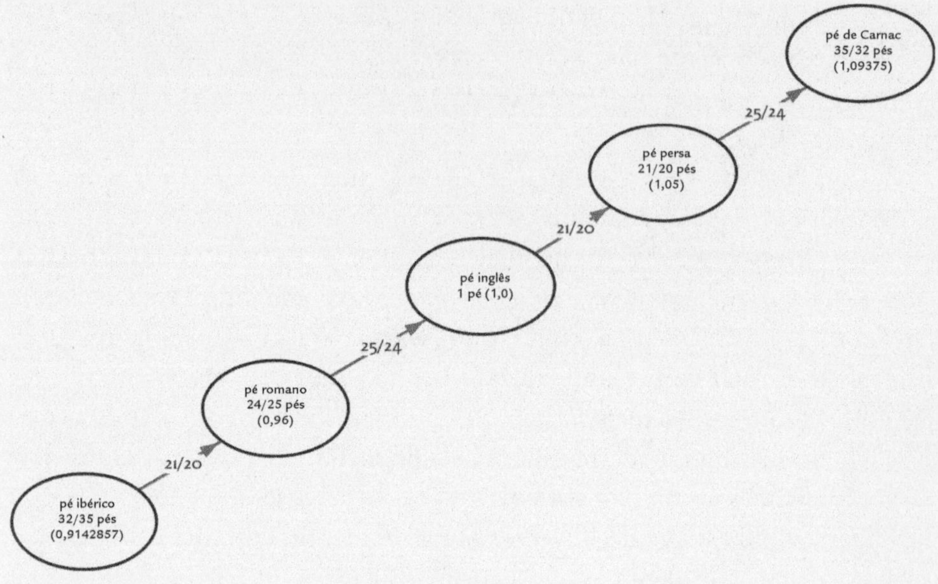

Figura 4.15. A progressão a partir do pé ibérico para aquele encontrado em Carnac (o ibérico inverso), por meio de outras medidas antigas. A medida de Carnac tem sido personificada pelo metro dividido por três (isto é, seu pé) sendo apenas uma parte em oito mil diferentes, e tem a fórmula inversa do ibérico.

e oeste, enquanto nos solstícios de inverno e verão o Sol se move para o sul ou norte para formar um ângulo relativo à linha leste-oeste dos equinócios.

Com relação ao leste e oeste, nessa latitude, a localização solsticial do Sol no horizonte forma um triângulo 3:4:5. Isso é especial porque ele é o primeiro triângulo no campo numérico a ter três lados de números inteiros. A baía de Quiberon parece estar perfeitamente adaptada para formar as linhas de visão necessárias para estudar tanto o Sol quanto a máxima lunar, baseada em triângulos 3:4:5, ao se empregar um único menir avistável em Lochmariaquer (Figura 4.16). Por exemplo, na península Quiberon, há um alinhamento específico no qual esse Grande Menir agora caído poderia, desde que o clima permitisse, ter tido sua silhueta recortada antes do raiar do Sol no inverno.

A Associação Arqueológica Kergal tinha uma medida para o lado de cinco unidades do triângulo, para Quiberon: 16,8 quilômetros. Isso faz o lado de três unidades ter 10,08 quilômetros. A fórmula dentro da matriz de Neal para uma variação canônica padrão dentro de qualquer módulo de medida é 126/125, que é 1,008 em decimais. Se uma medida é aumentada dessa maneira por 1,008, então a medida adotada é reduzida na mesma proporção. Dividin-

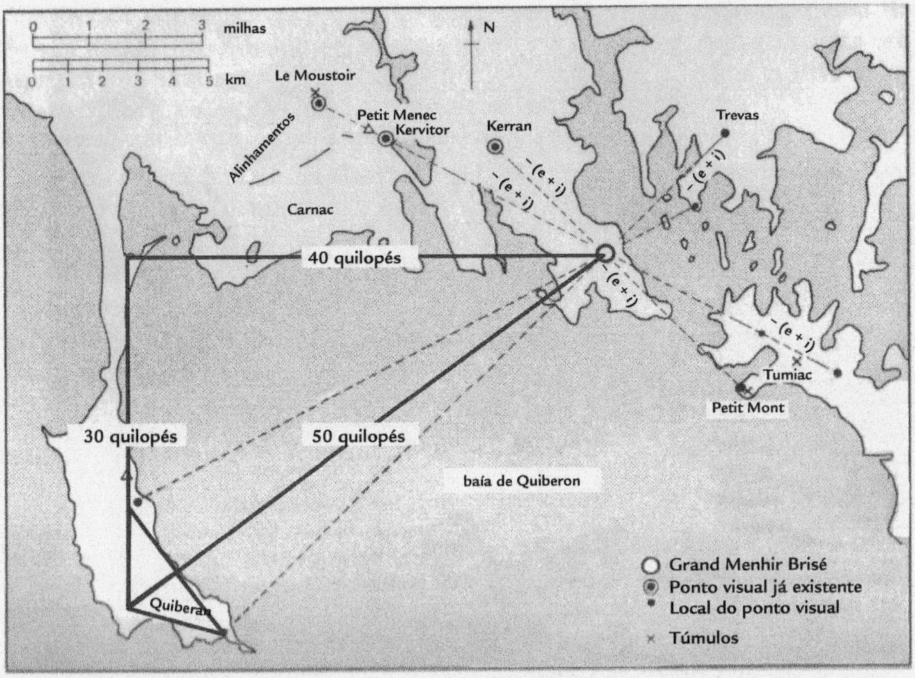

Figura 4.16. A baía de Quiberon e o complexo megalítico de Carnac corporificam o ângulo de um triângulo 3:4:5 nos alinhamentos solares de solstício a equinócio, justamente naquela latitude. A topografia é estranhamente adequada para a tarefa.[11]

do-se 10,08 quilômetros por 1,008 resta o lado três do triângulo como sendo de dez quilojardas, se o metro é de fato três pés de 35/32 (o pé ibérico inverso).

Isso significa que, depois de aplicar a variação canônica padrão, o lado três tem exatamente trinta *quilopés* de comprimento. Por conseguinte, essa parte do monumental complexo foi construída para exatamente dez quilopés, igual às unidades pitagóricas do triângulo em questão. Do ponto de vista astronômico, a chance de isso ocorrer por acaso é pequena. Isso confirma ambas:

- A hipótese básica de Thom a respeito do sítio considerando seu uso para alinhamentos solsticiais via o singular alinhamento triangular 3:4:5 apenas nesta latitude.
- A existência de uma antiga medida, de 35/32 pés de comprimento, que evidentemente foi empregada em Carnac.

O pé ibérico inverso (jarda = 3,28125 pés) pode ser confundido/intercambiado com o metro, que é uma fração de 1/8000 de desvio entre esses valores (metro = 3,28084 = 10000/3048 pés).*

Essa aplicação da metrologia em Carnac** ilustra o quanto ainda resta para se descobrir usando-se esses princípios na arqueologia de sítios antigos. Dadas as medidas e alinhamentos exatos, em breve será possível detectar elementos pertencentes às artes numéricas, mas provavelmente presentes de maneiras novas e inusitadas. Os custos de tais análises são bem menores que análises científicas de túmulos e escavações em geral, algo comprovado pelo fato de que a metrologia se desenvolveu até agora sem recursos monetários de qualquer corporação tradicional, geralmente sem nenhum estímulo e, às vezes, com desdém. O que será preciso ainda para que o paradigma metrológico ganhe atenção da comunidade científica?

UM EIXO DO MEGALÍTICO

A Bretanha, região da França, é um caso especial bem estranho. Por exemplo, no século IV d.C. monges galeses e sua comitiva viajaram de barco para repovoar a Bretanha, dando origem à população p-celta e a costumes (semelhantes às tradições galesas no vestuário e na mitologia) que existem ali até os dias de hoje. Foi a localização retirada da região que protegeu parcialmente as pedras de Carnac. Elas só ficaram mais acessíveis, mesmo assim por trilhas sinuosas, no recente século XIX.

O primeiro povo megalítico, no entanto, chegou ali antes da fase mais antiga da construção de Stonehenge. Naquele tempo eles construíram estranhos túmulos de quartzo, tais como o Túmulo de São Miguel, de acordo com uma grade de quatro quilômetros (matriz ortogonal com linhas espaçadas de quatro quilômetros entre si).[12] Eles também construíram câmaras mortuárias como as de New Grange, sendo um exemplo delas encontrado na ilha de Gavrinis, quatro quilômetros a leste do Grande Menir. O monumento de Gavrinis tem uma disposição sofisticada na qual o eixo do túnel de entrada está alinhado

* 3.048 órbitas lunares levam exatamente 12 vezes 19 anos para se completar e 19 anos é o período (conhecido como o "metônico") em que o Sol e a Lua estão na mesma posição com relação às estrelas.

** Outro exemplo é o retângulo de pedra de Crucuno, cujas dimensões são três e quatro em unidades de dez jardas megalíticas, fazendo a diagonal de cinco unidades, remanescente do retângulo da pedra da estação que encapsula o segundo em vez do primeiro triângulo pitagórico, 12, 13, cinco.

com o nascer do sol do solstício, enquanto a Lua, no máximo de sua elevação, era visível apenas ao longo da diagonal mais longa do túnel, vista a partir da câmara principal (Figura 4.17). Uma pedra no umbral de Gavrinis é parte de uma pedra similar em New Grange, enquanto o teto de pedra é uma parte de uma pedra entalhada usada em duas outras localizações dentro do complexo.

Figura 4.17. Interior do corredor do Dólmen de Gavrinis, esculpido de modo espetacular.

Por volta de 3400–3200 a.C., uma catástrofe pode ter forçado as pessoas a deter o desenvolvimento em volta de Carnac. O dólmen de Gavrinis foi preenchido com areia fina e parece que o povo megalítico se retirou da área por séculos. Quando outra fase megalítica começou, construíram-se os monumentos mais conhecidos do Grande Menir e as fileiras de pedra ou alinhamentos, cuja função está ligada aos movimentos do Sol e da Lua. Há evidências de que as fileiras de pedra traçavam múltiplos calendários, um deles inusitado, com períodos de quarenta dias que dão origem a um calendário anual baseado em nove de tais períodos dentro de 360 dias.

A julgar pelas gravações nas paredes de Gavrinis, a primeira fase de atividade megalítica parece ter sido geodésica, dedicada a estabelecer algum tipo de grade metrológica e preocupada com os mistérios das energias da Terra. As conexões entre vários complexos megalíticos confirmam isso. Orkney, por exemplo, está na mesma longitude de Carnac, assim como Edimburgo e Cardiff. Isto é, esses locais estão *no mesmo meridiano norte-sul*. A Capela Rosslyn, objeto de muita especulação, também se encontra nesse meridiano.

É como se a linha norte-sul de Carnac para Orkney representasse para o mundo megalítico algo parecido com o que o meridiano de Greenwich representa para nós atualmente. Por exemplo, o meridiano que cruza a Grã-Bretanha leva a uma estranha relação entre a lunação triangular – um artifício da sociedade megalítica na Grã-Bretanha – e uma das teorias de catástrofe envolvendo o deslocamento do polo da Terra. Como mencionado anteriormente, o triângulo de lunação existe dentro da divisão diagonal do retângulo da pedra da estação em Stonehenge e, igualmente, no desenho arquitetônico do Templo de Salomão.

Ao tentar decifrar essa conexão, meu irmão Robin Heath primeiro notou que o transporte de *bluestones* para Stonehenge, a partir de sua origem, no País de Gales, definiu um triângulo geodésico maior com a ilha de Lundy como seu ângulo reto. As distâncias envolvidas nesse triângulo são 2.500 vezes maiores do que a versão do retângulo da pedra da estação.[13] Na figura 4.18, o ponto A mostra a própria Stonehenge e B, o afloramento geológico onde se originaram as *bluestones*. Diretamente a oeste de Stonehenge está a ilha de Lundy, de modo que o triângulo de lunação relativo às *bluestones* tem uma distância de Stonehenge a Lundy de 108 milhas reais ou 240.000 jardas megalíticas.

Robin então notou que Edimburgo–Londres–Cardiff formam um triângulo de lunação adicional exato 2,5 vezes maior que o triângulo de "bluestone". Calculei a distância de Edimburgo a Cardiff como sendo de 270 milhas reais. Ademais, a famosa "Royal Mile" em Edimburgo tem o comprimento de uma milha real, baseado em pontos plausíveis dentro do complexo do Castelo e Abadia/Palácio. A Royal Mile é, na verdade, uma estrutura natural "penhasco e cauda", de uma recente idade do gelo, na qual eram depositados detritos no penhasco por uma geleira que passava por ali. Ela deve ter formado um caminho natural de procissão para a Rocha do Castelo a partir do norte do trono de Arthur, nos tempos megalíticos, para o que é hoje o local do castelo. Assim, deveria ser visto como um poderoso templo natural. Os outros triângulos maiores encontrados entre Stonehenge e Avebury evidenciam a localização de medidas de referência como o comprimento, raio ou perímetros de monumentos.

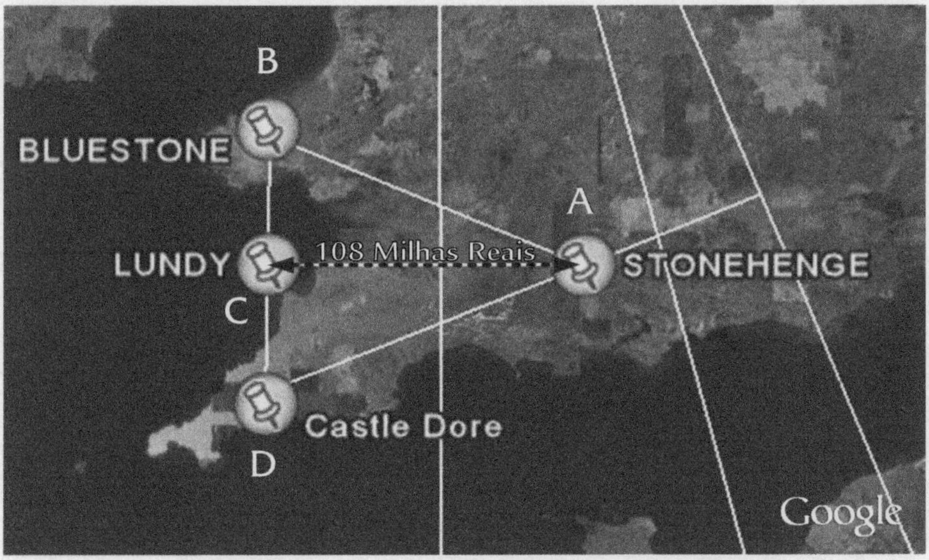

Figura 4.18. Triângulos de lunação na Grã-Bretanha.

O outro fato interessante é que Edimburgo e Cardiff estão no mesmo meridiano norte-sul. Ambos os triângulos de lunação estavam, portanto, orientados no sentido leste-oeste e norte-sul. Para fazer uma conexão entre eles é necessário formar uma imagem espelhada do triângulo de *bluestone*, com uma linha partindo de Land's End, Cornwall (Cornualha), passando por Stonehenge até o norte de Londres (algum lugar próximo de Hampstead Heath) (Figura 4.19). A linha partindo de Edimburgo para Londres se torna o lado de unidade 12 de um novo triângulo de lunação, com 288 milhas reais de comprimento.

Esse comprimento de 288 milhas reais é, no modelo antigo, exatamente 1/12 do raio polar da Terra. Além disso, 288 dividido por 12 resulta na unidade comum de comprimento dos lados desse triângulo como sendo 24 milhas reais. O triângulo está numa proporção 3:8 com o triângulo de *bluestones*, enquanto o novo triângulo é 270:288 relativo ao triângulo de Cardiff, uma proporção de 15:16, que é um meio-tom na harmonia musical e a proporção do ano lunar para o sínodo de Saturno.*

---

* Percorrendo-se mais 288 milhas reais ao longo dessa linha chega-se à catedral de Borges, na França central, pela qual a Linha de Apolo também passa. Peter Dawkins traçou a linha desde a Escócia até o Golfo dos Leões, no seu *The Grail Kingdom of Europe*.

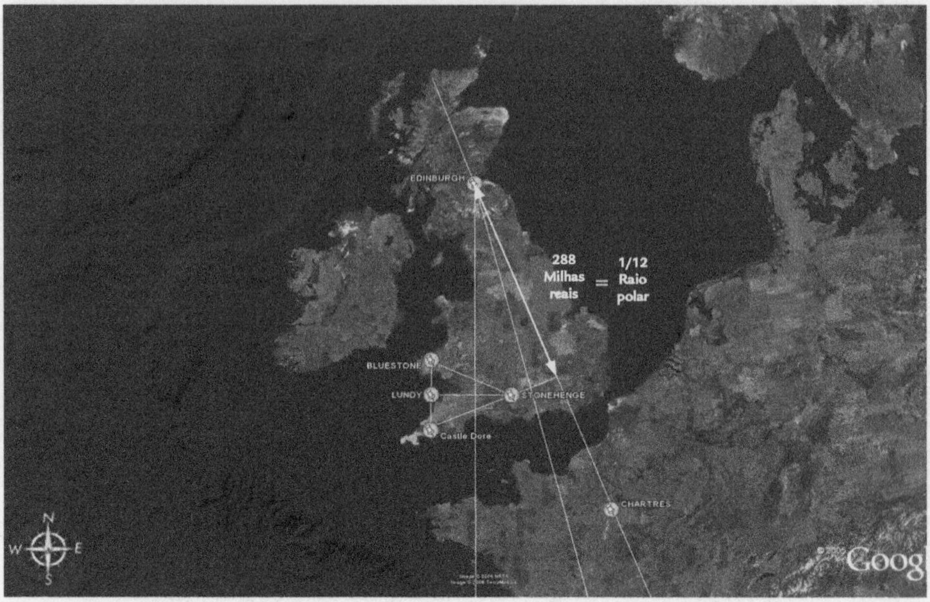

Figura 4.19. Alinhando Stonehenge ao meridiano Edimburgo-Carnac.

Surgem dois interessantes indicadores: o primeiro é que a assinatura angular de cerca de 23 graus norte para leste é considerada a média das fileiras de pedra de Carnac. O segundo é que a linha de Londres a Edimburgo, como um grande círculo, cruza o Yukon – a suposta localização de um antigo Polo Norte da Terra, de aproximadamente 100.000 anos atrás, de acordo com a contestada teoria do deslocamento polar. A localização do comprimento polar de 288 milhas reais, 1/12 do raio polar, indicando uma direção polar prévia poderia sustentar a teoria e ajudar a interpretar a enigmática presença dessas grandes paisagens triangulares na Grã-Bretanha.

No próximo capítulo, revemos a conexão entre o mito, como um repositório de conhecimento pré-histórico, e linhas geomânticas sobre a paisagem, pois elementos desses procedimentos também chegaram até nós no modo como centros sagrados são estabelecidos e conectados um com o outro.

CINCO

HERÓIS MÍTICOS E TECNOLOGIAS GEOMÂNTICAS

É preciso um esforço especial para ver que o mundo é reconstruído dentro do nosso cérebro. Ainda que não esteja diretamente em contato com o "exterior" da Terra e o cosmos, o nosso cérebro gera a necessária ilusão para que pensemos que estamos. Nesse sentido, o significado não nos é fornecido, mas sim *construído* por influências, tais como as nossas expectativas e visão de mundo. No passado, essa construção do significado tomou muitas formas, tais como a geomancia e os oráculos que, por sua vez, contavam com uma imensa estrutura mítica que era, ela própria, um universo de significados. Tais mitos foram, ao menos parcialmente, enraizados no caráter numérico do universo.

A visão numérica tem a vantagem de poder decorrer da observação direta por meio dos sentidos humanos; não requer instrumentos tecnológicos de mensuração. Embora a ciência tenha analisado o mundo com tais instrumentos, ela nos deixou com a clara impressão de insignificância pelo fato de não termos *recebido* um papel dentro do universo. A morte do Deus Criador é a morte de suas criaturas, no que diz respeito aos seus supostos papéis dentro da criação terrena.

Alguns podem argumentar que a perda desse papel é apenas a extinção de crenças supersticiosas, que levavam a injustiças, sofrimentos e destruição desnecessária a outros humanos. No entanto, a visão científica não tem se provado melhor, pois está diretamente envolvida com um estado contínuo de guerra, competição, má administração e erosão dos sistemas básicos do clima, da biodiversidade e da própria evolução da Terra.

A principal vantagem, então, de adotarmos uma visão numérica do mundo é o fato de que o papel humano é significativo dentro dele. Essa visão possibilita que a Terra se conecte ao céu, isto é, ao cosmos. Ela também foi associada com ideias difundidas sobre a vida após a morte. Somente uma investigação prática dessa visão de mundo pode revelar qual foi o resultado em termos da maneira como isso fez os povos antigos se sentirem. A visão numérica poderia ter formado um portal natural para inteligências, conhecimentos e consciências mais elevadas. Poderia ter sido satisfatório em si mesmo e totalmente não *supersticioso*.

Para ampliar o argumento, é salutar considerar todas as visões de mundo como uma forma de *encantamento*. As nações de hoje, as normas de educação, a ideia de globalização, até mesmo os conceitos de disposição de produtos: todas essas são formas de encantamento também, e estão efetivamente nas mãos de uma classe sacerdotal. A partir dessa perspectiva, o encantamento sugere a influência hipnótica de outras pessoas, e não o efeito de um ambiente enaltecedor.

O encantamento do mundo antigo foi uma visão de mundo articulada dentro de uma tradição oral enciclopédica, uma construção que sobreviveu até mesmo nos últimos séculos por causa do apelo de tais histórias. Resquícios delas podem ser encontrados em muitos lugares, mas o subcontinente indiano tem a mais pura interpretação dos períodos mais antigos do desenvolvimento indo-europeu, porque a classe dos sacerdotes, os brâmanes, passou para a escrita o material reproduzido oralmente de maneira escrupulosa.

No Ocidente, a história do rei Arthur, que se estendeu por mais de mil anos, incorporou muitos elementos dessas histórias. Embora as outras histórias pareçam beber da fonte da cristianização, em seu cerne se encontram estruturas mais antigas, tais como as celtas. Um olhar mais atento irá revelar a base cosmológica e numérica de muitos aspectos do mito.

ARTHUR: UM MITO POLAR E PRECESSIONAL

Todo mundo já ouviu falar do rei Arthur e seus 12 cavaleiros. Como um mito duradouro, essa história nos conta episódios que na verdade pertencem a eras distintas: versões pré-históricas, pós-romanas, do início da Idade Média, medieval recente e “modernas” da “Matéria da Bretanha” [*Matter of Britain*], como tem sido chamado esse *corpus*.

A descoberta dos aspectos pré-históricos da história requer algum estudo de etimologia e também de arquétipos poderosos que pré-existiram dentro do próprio mito, porque ele se relaciona ao céu estrelado.[1]

Arthur está ligado aos ursos, o galês *Arth* significando "forte como um urso". Ele também está associado com uma constelação, uma vez conhecida como Arthur's Wain ["Arthur's Way" = Caminho de Arthur], e agora chamada de Ursa Maior [*Ursa Major*, em latim] (ver Figura 5.1).

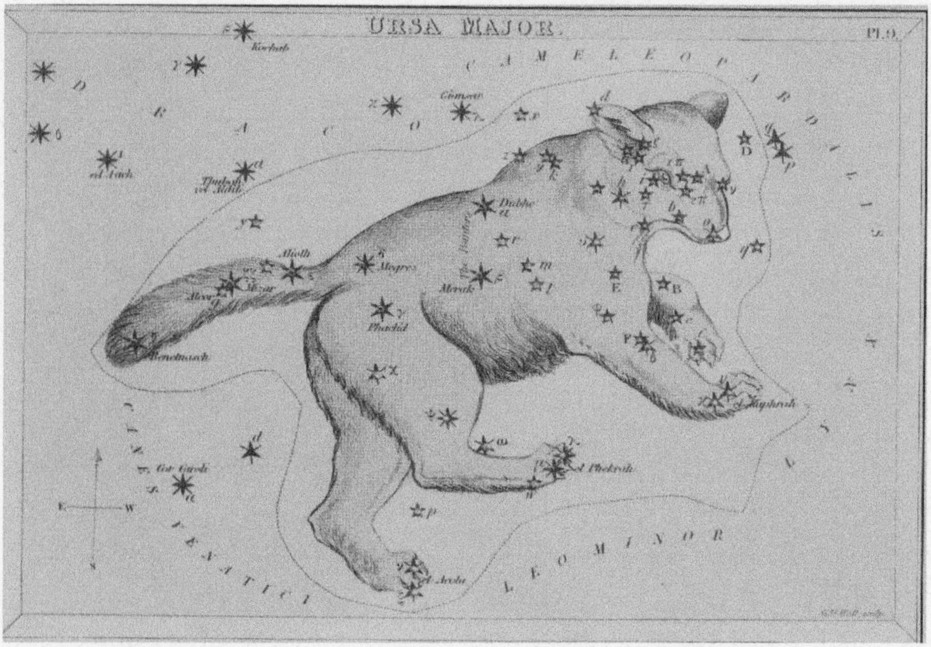

Figura 5.1. A constelação da Ursa Maior, cujas sete primeiras estrelas formam uma cauda e o traseiro de um urso. Até tempos recentes ela era também chamada de Caminho de Arthur, visto que circunda o polo norte celeste.

Outro nome para essa constelação é O Arado, porque as sete estrelas bem visíveis giram* (na nossa época) em torno do polo norte celeste (da nossa época). Os hindus chamavam-na de Sete Rishis**, que a liga com uma ideia

---

* No País de Gales, "girar" é *troi*, o que levou a símbolos tais como um Arado do Céu e os labirintos de "padrão troy". (Troy, sistema de pesos usado especialmente pelos joalheiros). (N. T.)

** Rishi, antigo sábio vidente da Índia. (N.T.)

muito antiga de que "as montanhas do céu" tinham sete camadas, levando naturalmente ao conceito de uma pirâmide em degraus, tais como os zigurates da antiga Mesopotâmia. A partir do modelo da Terra descrito no Capítulo 3, fica claro que o significado simbólico do sete com relação ao Polo é profundo.

A Ursa Maior está sendo caçada pelo vaqueiro da constelação do Boiadeiro, que segue atrás dela. A estrela principal dessa constelação é chamada Arcturus, da qual se acredita às vezes que o nome Arthur possa derivar. Uma derivação mais clara pode ser o Arctic, que no céu é a região das estrelas circumpolares. Essas estrelas são "imortais": elas nunca se põem, embora fiquem invisíveis durante o dia. Elas giram sem parar no norte para habitantes em latitudes norte. Na verdade, na região ártica, a maioria das estrelas é circumpolar e as montanhas do céu se tornam uma verdade literal.

Nesse mundo mítico de ressonância fonética e motivos similares, existem variantes da mesma história em muitas regiões. Os mitos vão além da história oficial porque suas estruturas pertencem ao nosso subconsciente pré-histórico de categorias primordiais, embora eles sejam aparentemente inconsequentes e geralmente considerados meras "histórias infantis".

Um entendimento básico do conceito de *precessão* vai ajudar a esclarecer as referências míticas. Em geral, a precessão se refere a uma mudança na direção do eixo de um objeto que gira. O eixo da Terra sofre essa mudança devido à combinação da forma não esférica da Terra e das forças gravitacionais do Sol e da Lua, que produzem um torque à medida que tentam puxar o bojo equatorial da Terra para dentro do plano da eclíptica.

Em resultado da precessão, o polo norte celeste se move no seu próprio ciclo de (tradicionalmente) 25.920 anos ($2^6 \times 3^4 \times 5$). Portanto, é uma localização – em vez de uma estrela polar – em volta da qual todas as estrelas giram uma vez por dia sideral (medido pelas estrelas e não pelo Sol) (Figura 5.2). Umas poucas estrelas polares, como a atual Polaris, pontuam esse progresso circular do polo no céu. O centro desse movimento polar é um ponto invisível chamado "o polo da eclíptica"; esse é o polo do próprio sistema solar visto da Terra, que se encontra em um ângulo de noventa graus da rota do Sol, ou eclíptica.

À medida que isso acontece, o polo da eclíptica é marcado pela nebulosa incomum Olho de Gato NGC 6543 (Figura 5.3). Esse número de NGC é fácil de lembrar, visto que equivale ao tamanho do raio polar de 3.456 milhas reais ao inverso.

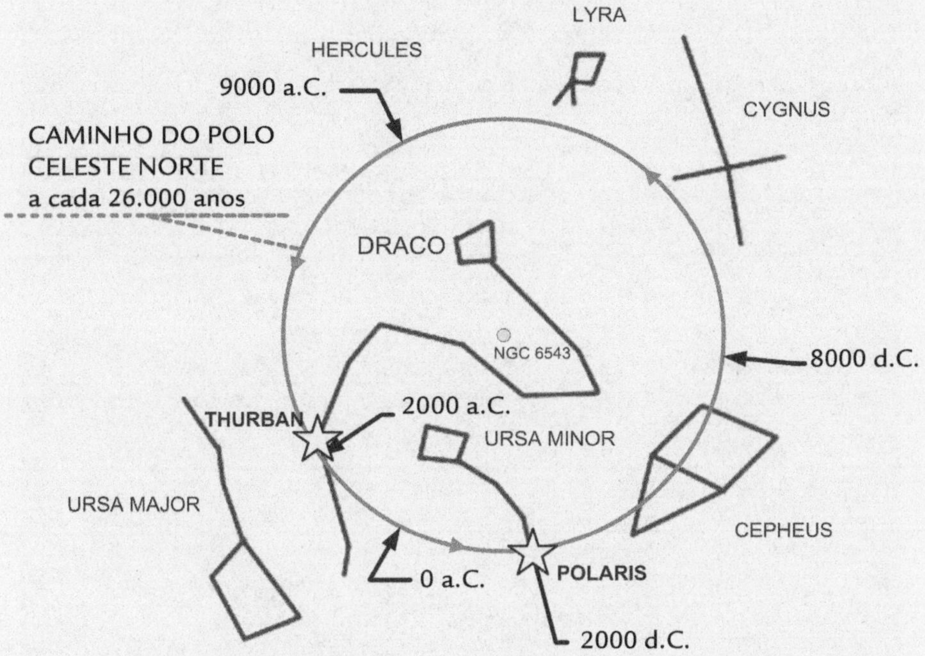

Figura 5.2. A rota da órbita do polo norte celeste devido à precessão.

A nebulosa do Olho de Gato é rodeada pela constelação Draco, o Dragão. O polo eclíptico literalmente perfura o corpo do dragão, uma ilustração da nossa hipótese de que o mito de Arthur – no qual o dragão é o motivo central – tem raízes profundas, tanto no céu quanto na Terra.

A posição da estrela polar geralmente fica vaga por milhares de anos, deixando apenas um ponto invisível para *sustentar* o céu. No *equador* celeste – equador da Terra projetado no espaço infinito – localizamos hoje 12 regiões dentro do movimento anual do Sol pelas estrelas, o chamado zodíaco.

O polo da Terra está inclinado, porém, de modo que o círculo do zodíaco e o círculo do equador celeste estão separados e se tocam apenas nos dois pontos chamados "nodos". Esses nodos são os nossos equinócios de primavera e outono. A inclinação do eixo da Terra leva a excursões solares acima e abaixo do equador celeste e, por essa razão, ao calor do verão e ao frio do inverno.

A precessão do polo sobre 26.000 anos significa que também há uma precessão desses pontos equinociais dentro do zodíaco. A precessão como um todo é chamada "Grande Ano", visto que o movimento dos pontos equinociais

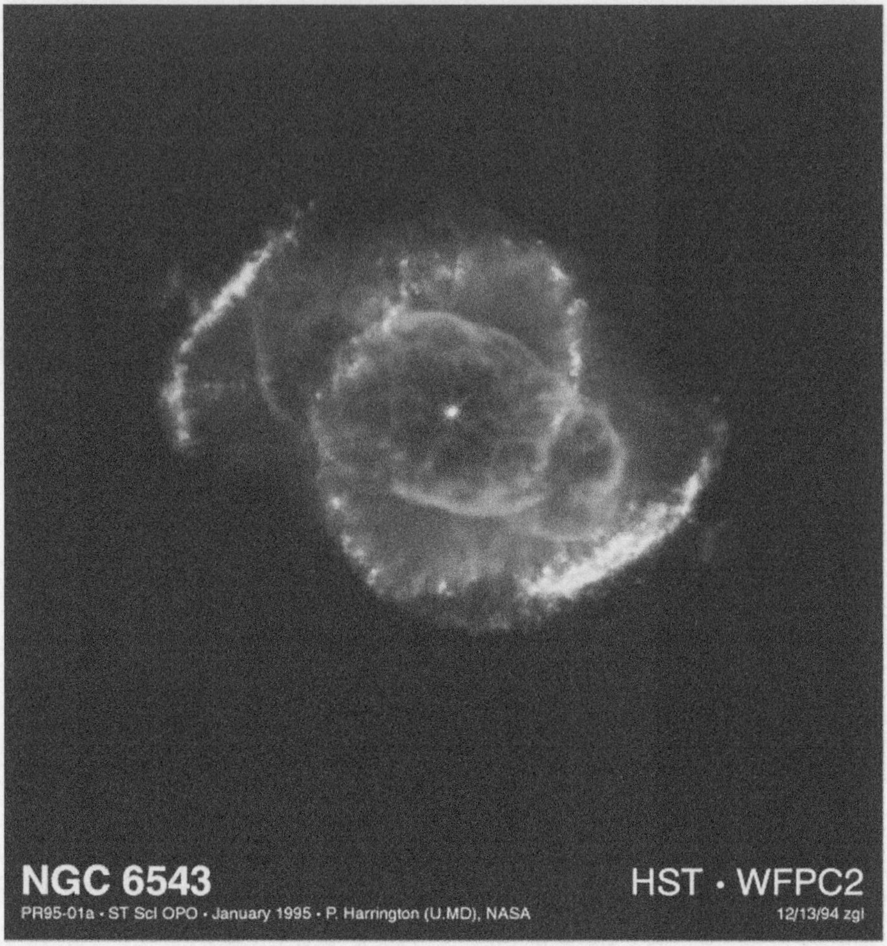

Figura 5.3. A nebulosa do Olho de Gato, que está próxima do polo eclíptico.

em relação ao Sol se assemelha muito ao movimento do Sol, dia após dia, dentro de um ano comum.

O movimento dos nodos pelo zodíaco divide a precessão em "eras precessionais" de 26.000/12 anos de duração ou cerca de 2.160 anos. Essas eras são identificadas pela parte do zodíaco onde cai o equinócio vernal. Com isso em mente podemos dizer que Moisés viveu na era de Áries, o Carneiro; Jesus nasceu na Era de Peixes e nós estamos nos aproximando atualmente da Era de Aquário.

A precessão das eras dentro do Grande Ano criou o conceito de que a vida na Terra mudava de acordo com as diferentes eras, um conceito mitológico da história expresso em termos da eternidade, ou seja, de puros padrões recorrentes. Embora a história seja tipicamente dirigida pelo conceito rotineiro e linear de progresso, a eternidade diz "não há nada novo sob o Sol". A partir dessa perspectiva eterna do grande tempo, no qual a mudança de um grau no ponto equinocial do Sol equivale a uma existência humana inteira de 72 anos, o que acontece na Terra é visto como uma trágica inevitabilidade e que os heróis míticos têm que morrer, os idôneos são usurpados de seus lugares de direito e uma busca por redenção se inicia enquanto a terra é devastada. Todos esses temas são desenvolvidos no mito de Arthur.

Há boas evidências de que o mito precessional se tornou o mais amplo e resistente mito da humanidade. Ele pode ser identificado em muitas culturas, no Pacífico, nos Andes, na China, na África, assim como no norte da Europa. Como uma forma maior de astrologia, vários recintos de templo poderiam tê-lo traçado e medido. Coube ao livro seminal *Hamlet's Mill* identificar esse protótipo mítico, que amplia o horizonte de significado para a humanidade até as profundezas da nossa pré-história.

A academia, porém, tinha com *Hamlet's Mill* o mesmo problema que teve com a metrologia e o modelo da Terra: se alguns dos nossos símbolos mais antigos são derivados das precessões, então quem mediu a precessão na pré-história?*

Na verdade, a história da própria Atlântida é parcialmente um mito precessional, pois seu final envolveu uma das catástrofes geradas pela grande roda do tempo precessional. O rei que governava Atlântida era Poseidon, que veio a se tornar o deus do mar para os gregos. Embora ele então tenha se tornado o irmão de Zeus, era na verdade uma figura precursora – como o saturnino Kronos/Cronos –, sempre inserido em mitos posteriores e que passa uma estrutura de poder antes de se retirar. Como expressa Peter Stewart: "Há muitas histórias de 'primeiros imperadores' que se retiram de seus mundos para descansar 'nas profundezas'; rei Arthur é apenas um deles".[2]

A queda de deuses, reis e sonhos está ligada ao mito precessional da submersão de certas estrelas no espaço abaixo do equador celeste. Nesses mitos, as estrelas são como um reino de ação e significado potencial para uma era. A

---

* Hiparco foi a primeira personagem histórica a quem se atribuiu uma menção ao movimento precessional, devido aos erros sistemáticos causados por esse movimento nas medições mais antigas das estrelas. O mais interessante é que ele foi de uma cidade-satélite a Tarso, onde o culto precessional de Mitra foi desenvolvido e o protótipo de Mitra, Perseu, era adorado. Estes dois representam a mesma constelação, chamada atualmente de Perseu.

esfera estrelada foi dividida em acima e abaixo, em céu e em inferno, Olimpo e Tártaro: reinos que resistem nas ideias teológicas dos dualistas monoteístas.

Considerando que as estrelas equatoriais caem ou se levantam (o significado original da palavra *desastre* é "estrela cadente"), o polo celeste cai perpetuamente porque ele circunda eternamente o Polo Eclíptico assim como uma órbita planetária circunda o Sol. O polo é, portanto, trágico porque sua volta está predestinada, gerando o destino de elevações e quedas na Terra. Ir além do destino, portanto, é ir além dessa criação; tal conceito tem no seu âmago uma forma da crença gnóstica segundo a qual a criação é defeituosa e aprisionante para o espírito humano.

As ideias antigas de ressurreição estavam naturalmente ligadas aos grandes círculos do equador celeste e eclíptico, e às estações. O Sol – o herói e soberano arquetípico – morre no outono, quando mergulha abaixo do equador celeste, e renasce na primavera, à medida que vai mais para o norte. Desse modo, o polo e os pontos equinocial e solsticial pertencem ao mesmo fenômeno e dão ao Sol um *tipo de luz diferente* do calor estimulante normalmente associado com nossa própria estrela.

Se os mortos têm que viajar de volta, "retirando-se" desta criação, eles devem fazê-lo ao longo dos círculos maiores do equador celeste, da eclíptica e, consequentemente, para a grande galáxia; essa foi a teoria simétrica de qualquer crença na astrologia, visto que o nascimento foi inferido como o caminho inverso. Na tradição hindu (relatada no *Shatapatha Brahmana*), a metade escura do ano foi chamada *pitriloka*, o local dos pais (homens) e ancestrais, enquanto a metade iluminada era a *devaloka*, ou local dos deuses. O túmulo no qual o megalítico enterrava seus mortos geralmente apontava para o solstício de inverno. O processo de deixar e retornar à Terra era assunto de narrativas oníricas, tais como o Sonho de Scipio ou de Sócrates observando a Terra a partir do espaço; é possível também que os desenhos labirínticos de sete e 11 níveis fossem uma manifestação dos níveis planetários ou além, fazendo a jornada para dentro e para fora simbolicamente explícita.

O Sol, herói e soberano arquetípico – colocado no contexto de sua era pela realidade precessional – está sujeito a reveses da sorte que então destroem uma visão e requerem que se inicie uma *busca por um novo significado*. Nesse sentido, o crescimento histórico do mito de Arthur, que partiu da história de um senhor da guerra céltico-inglês e evoluiu para a de um rei cristão palaciano com 12 cavaleiros, veio para incluir as armadilhas do mito precessional. Esses elementos pré-históricos *encontraram um céu* dentro do qual eles eram tanto apropriados quanto autênticos. Isso implica que *a criação dos mitos está associada aos arquétipos*, que nunca podem ser conhecidos diretamente, mas devem ser inferidos por meio de padrões identificáveis que os corporificam.

Isso talvez explique a razão por que os mitos surgem: eles pertencem a uma espécie autorreparadora que obtém sua energia da experiência, quando informada de um modo que possa transformar a *imaginação* numa visão do padrão arquetípico. Talvez, os espíritos da época (*zeitgeists*) sejam criações arquetípicas.

CENTROS ORACULARES E A DIVISÃO POR 12

O arquétipo do Polo é tanto uma vara de medida relacionada ao tamanho do raio polar da Terra quanto um polo literal no solo, representando o Polo como o doador de uma estrutura herdada da criação. Tal polo forma um *centro* que é uma representação do Polo e como tal pode receber um zodíaco. Os polos evoluíram transformando-se em gnômons, ou estacas de sombra, instrumentos que proporcionam conhecimento por intermédio da interpretação de suas sombras no Sol, sendo que a sombra mais curta do dia aponta o norte do Polo. Centros eram também usados como marcadores de observação para alinhamentos com marcadores mais distantes.

Já vimos que a rede de sítios sagrados antigos estava conectada à Terra, em posição e tamanho. O significado desses centros chegou até o presente por meio de práticas norueguesas de estabelecimento de centros, que continuaram sendo usadas no período histórico. Felizmente, essa fonte de procedimento antigo foi examinada e reinvestigada por John Michell no seu estudo sobre centrismo.[3] Centrismo é um procedimento geomântico cujo última utilização conhecida ocorreu na Islândia em 875, mas evidências apontam para procedimentos semelhantes em outras paisagens celtas e indo-europeias.

Há também fortes evidências de centrismo no período megalítico, sendo um exemplo Stonehenge, localizada a meio caminho ao longo da Linha Michael, mas nos ângulos retos a ela. Avebury está na Linha Michael, mas a um quarto de um grau norte de Stonehenge. O resultado é uma relação de raiz de três relativa ao centro da linha, visto que a linha segue a 60º leste do norte. Os princípios para se encontrar um centro parecem articular uma ou mais linhas que definem o maior comprimento disponível no solo para uma dada região ou ilha (Figura 5.4). Idealmente essa linha mais longa é exatamente norte-sul, mas em alguns casos, tal como o mostrado em Islay, pode ser a linha mais longa possível em qualquer direção.

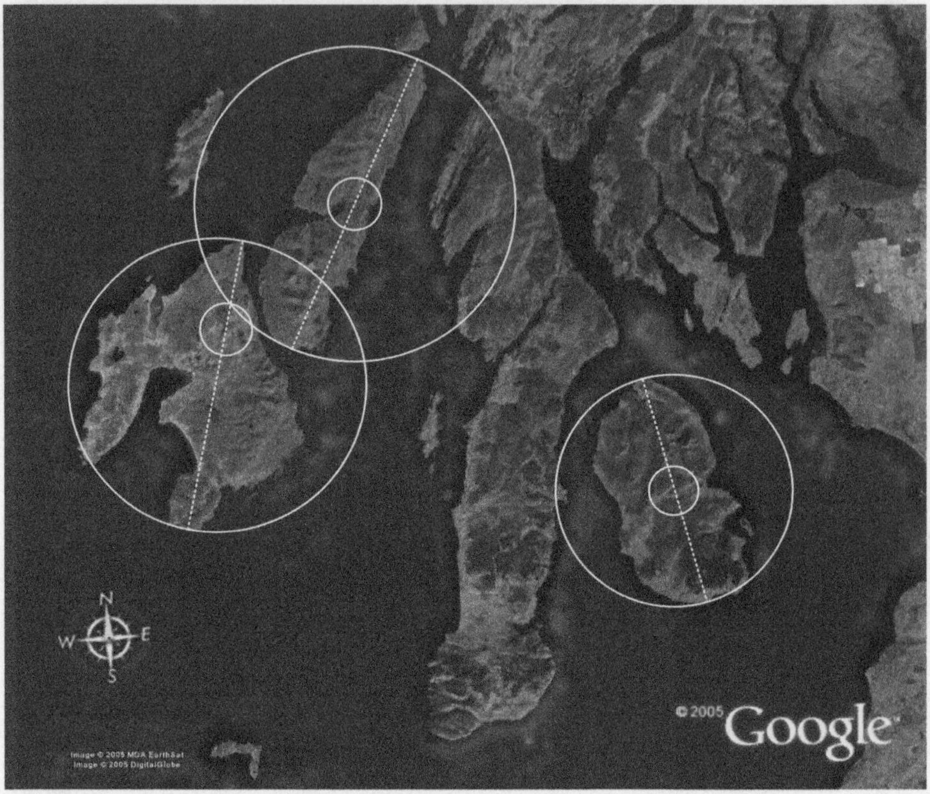

Figura 5.4. O sul das ilhas escocesas de Islay, Jura e Arran (da esquerda para a direita), com a geometria centrista aplicada. Em Islay, John Michell mostra a localização (no círculo) do Conselho da Ilha em Loch Finlaggan, nessa linha de "centro" mais longa. As outras linhas centrais são especulativas.

Observou-se que a Ilha de Man se encontra no centro das ilhas britânicas. Vista de acordo com a linha de centro da Irlanda, essas ilhas irregulares assumem um significado geométrico simples caso se considere que a Ilha de Man está no centro como um "princípio organizador", em vez de apenas por circunstância geológica acidental (Figura 5.5).

Na tradição norueguesa – que foi levada para a Islândia e muitas ilhas britânicas a noroeste –, o objetivo era estabelecer, geralmente no centro de tal

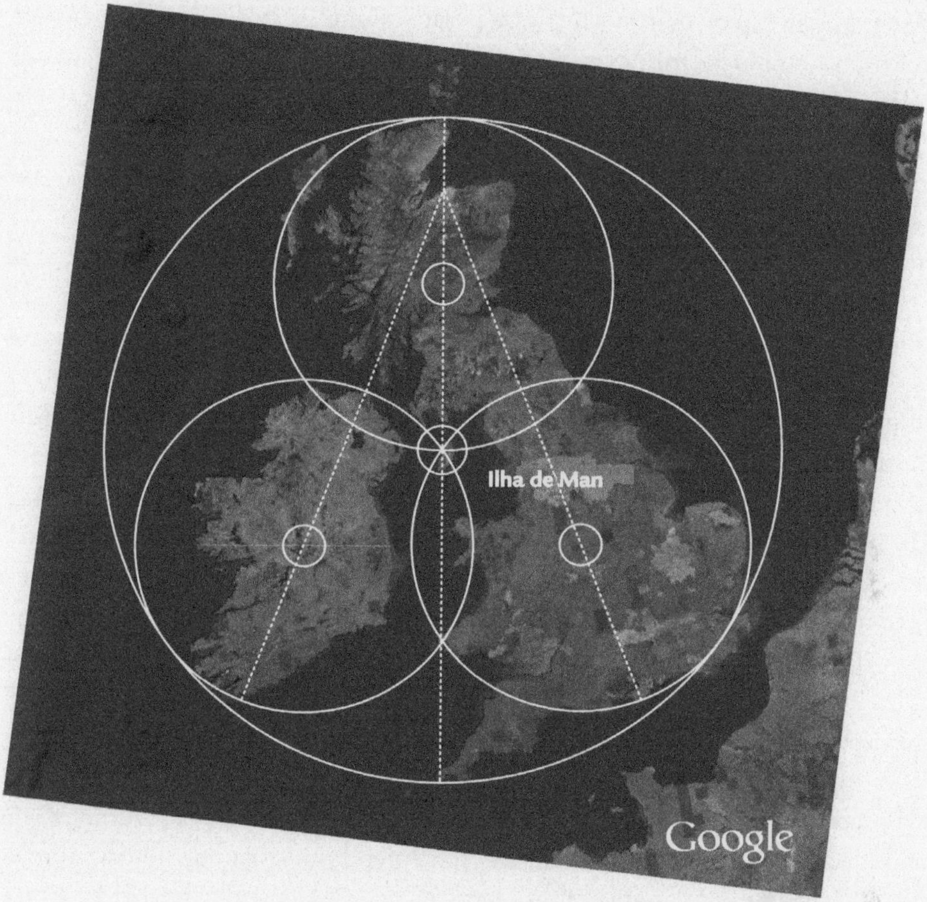

Figura 5.5. Os centros das ilhas da Grã-Bretanha e da Irlanda revelam uma surpreendente simetria com relação à Ilha de Man.

linha, um Thing Place (um lugar onde se encontrava a assembleia popular de uma cultura "setentrional", composta de um conselho comunitário e presidida por oradores da lei, efetivamente um parlamento ou um local onde se falava sobre a lei).

A suposição de que essas técnicas se baseiam em práticas megalíticas é corroborada pela sobrevivência desses procedimentos de encantamento nos tempos mais recentes, em combinação com a prática de dividir o espaço em 12 partes nesses centros, a associação de povos bálticos tanto com a cultura megalítica quanto com a protoclássica grega e o conjunto de sagas e mitos épicos nos seus panteões e motivos. Também é interessante o fato de que a observação a partir de um centro converte a linha do horizonte leste e oeste em um calendário, entre as posições máximas do Sol, que correspondem aos solstícios de verão e inverno (lembrando a Figura 1.3). Tumbas megalíticas são geralmente orientadas na direção de um solstício, para captar a luz do Sol ao amanhecer ou no crepúsculo. Assim, o conceito básico do significado de um centro se torna as associações das características da terra local com o céu, ao qual podem ser acrescidas relações geométricas e metrológicas.

O advento do nosso zodíaco parece se encontrar no início do período clássico. Isso é parcialmente uma tautologia, porque registros históricos são obviamente necessários para que saibamos disso. Bem menos divulgada é a informação de que o zodíaco conhecido de 12 constelações foi usado para dividir o espaço local em 12 direções, com linhas partindo, a intervalos de trinta graus, de um centro oracular, relativo ao horizonte local e não à rota do Sol. Há indícios, no Mediterrâneo, de que existiram centros oraculares antes da invasão dos indo-europeus. Todavia, parece muito provável que a integração geométrica da divisão em 12 partes foi imposta pelos novos que chegaram.*

Temos sorte que a divisão em 12, tanto de pessoas quanto de locais, tenha sobrevivido historicamente e em monumentos. O simbolismo geométrico e numérico do 12 foi extensivamente estudado por John Michell e Christine Rhone em *Twelve Tribe Nations*. Os atenienses eram divididos em 12. Há fortes evidências de 12 tribos dentro do mundo celta. Na Escandinávia, Odin teve 12 seguidores ou discípulos (enquanto estava pendurado na árvore do mundo para salvar o mundo, o que lembra Jesus na cruz). A Islândia, a Irlanda, a Ilha de Man e muitos lugares tiveram 12 regiões. A távola redonda do rei Arthur teve 12 ou 24 lugares e, como afirma John Michell, 12 "cavaleiros, santos, eremitas e missionários é uma imagem recorrente nas velhas lendas britânicas. Como o Graal, essa imagem recorrente está associada a períodos de regeneração e ordem sagrada".

Muitas das correlações acima são elementos recuperados da história e do mito, que complementam as origens das 12 divisões encontradas dentro do número e da astronomia. Os trabalhos de Platão são um raro exemplo de textos históricos sobre o significado dos números. Eles contêm uma alegoria

* É significativo que os filhos de Israel tenham sido organizados em 12 tribos e que os egípcios, embora centrados no seu amado Nilo, também tenham se envolvido na rede de centros dessa região, que continha pedras ônfalos em centros oraculares. Segundo *The Sirius Mystery*, de Robert K. Temple (Rochester, Vt.: Destiny Books, 1998), essas pedras foram geodesicamente organizadas de acordo com o sistema de latitude e longitude que existia na pré-história.

que mostra uma erudição numérica por trás da divisão em 12 de uma suposta sociedade humana chamada Magnesia.[4] Esses textos incluem também procedimentos para a descoberta de um centro adequado, seguido pela divisão das direções por 12 deuses. Há um conselho regente de 360 membros, evidentemente calibrando o próprio círculo em um número conhecido e perfeito por trás do ano, ele mesmo em harmonia perfeita com o 12 (30 vezes 12), diferente do ano prático de cinco vezes 73 dias, isto é, 365.

O relato de Platão complementa a recuperação de outra fonte indo-europeia, os Vedas, com um conhecimento semelhante da harmonia e dos números[5] e derivado de um ramo diferente de suas diásporas do norte. Tudo o que poderia ser conhecido sobre harmonia estava contido nesses trabalhos, inclusive o conhecimento da escala estável, só usada no Ocidente nos últimos quinhentos anos. Embora as organizações com 12 divisões tenham sido descobertas na África (no Egito e na região oeste do continente, por exemplo), em Madagascar e na Ásia e Polinésia, a principal transmissão para a história ocorreu por intermédio dos gregos. Essas origens muito diferentes da divisão em 12 poderiam implicar um fenômeno global com algumas raízes comuns, pelo menos no modelo numérico da Terra, e possivelmente numa cultura global tal como Atlântida, também descrita por Platão.

O trabalho de Jean Richer, em particular, revelou o que deve ter sido um complexo monumental de templos, oráculos e simbolismo astrológico no leste Mediterrâneo. Seu trabalho é complexo, mas o padrão principal, revelado a Richer em um sonho, é o alinhamento de Delfos, Atenas e Delos ao longo da "linha de rumo", uma linha que segue um rumo constante a 60º oeste do norte (Figura 5.6).

Richer descreve seu processo como a seguir:

> Durante um ano não fiz mais do que observar esses alinhamentos significativos. Nas minhas primeiras notas, contudo, eu já tinha escrito:
>
> > "A direção Monte Ida-Delfos simboliza o espírito vital da nação da Grécia. Essa linha cruza paralelos de latitude a um ângulo de 60 graus e pode ser considerada como a projeção sobre parte da superfície da Terra, considerada plana, do eixo cósmico de Leão-Aquário, que define o mesmo ângulo em relação à linha dos equinócios.
> >
> > "Esse eixo é a assinatura cósmica da Grécia, que a torna um espelho da harmonia celeste do zodíaco e dos planetas do sistema solar." (p. 4).

Figura 5.6. O padrão de 12 divisões dos centros próximos de Delfos e da linha de Apolo seguindo para o leste, na direção de Monte Carmel, e para oeste, na direção do sul da Grã-Bretanha. (Segundo Jean Richer, *Sacred, Geography of the Ancient Greeks* [Nova York: SUNY, 1994].)

Viagens periódicas de volta à França, especialmente à Bretanha, abriram meus olhos para uma profunda analogia entre o que eu estava observando na Grécia e a quase desconhecida civilização que erigiu os megálitos.

Os grandes alinhamentos solsticiais de Stonehenge, Carnac, Lagadjar e o ritual solar de morte e ressurreição sugerido pelos desenhos no maravilhoso túmulo de Gavrinis poderiam ajudar a revelar o que pode ter sido um dos segredos de Delfos. Esses templos solares foram alinhados de acordo com uma lei.

A partir de então tudo pareceu se ajustar e rapidamente ficou claro que os gregos, como os antigos mesopotâmios e egípcios, quiseram fazer de seus países a imagem viva dos céus.

Todo um sistema de correspondência simbólica começou a surgir, um sistema ainda um tanto fragmentário, mas já bem expressivo. Ele sugeriu muitas relações que foram confirmadas por certos nomes divinos ou geográficos, por muitas moedas e vasos, e por detalhes pouco compreendidos da história religiosa grega.[6]

A LINHA APOLO/MICHAEL

Apolo, o deus Sol, nasceu na ilha de Delos e por isso a linha que passa por Delfos, Atenas e Delos foi chamada de Linha Apolo,[7] como mostrado na figura. Potencialmente ela forma um padrão de 12 divisões em outros centros pelos quais passa. Isso dá a oportunidade, objetiva ou subjetiva, e possivelmente ambas, a cada centro estabelecido nas linhas que irradiam, de reemitir o padrão original das 12 direções.

A escolha de Apolo para nomear a linha partiu da associação desse deus com esses lugares. Na latitude 36º, entre Creta e a Grécia continental, o Sol nasce no inverno exatamente ao longo da Linha Apolo, a 30º norte do leste. Por conseguinte, quando visto de Atenas e Delfos, o deus Sol nasce literalmente em Delos, sua terra natal, no solstício de inverno. Na realidade, ele está sobre a ilha de Rhodes, um pouco mais a sudeste, que ocorre a 30º exatamente; assim, o deus Sol nasce (começa o novo ano) no Monte Carmel em 21 de dezembro, ainda que seu aniversário oficial seja 25 de dezembro.

A originalidade da Linha Apolo é o fato de que, no zodíaco de Delfos de Richer, ela representa dois signos astrológicos, os de Peixes e Virgem. Esse alinhamento representa os signos equinociais exatos da era precessional do cristianismo: Peixes (no equinócio vernal) e Virgem (no equinócio outonal). A iconografia da Igreja evoluiu em perfeita consonância com esses signos, com respeito ao nascimento da virgem e as letras iniciais de "Jesus Cristo, Filho de Deus, e Salvador", que se soletra Ichthys (ΙΧΘΥΣ) ou "peixe", o símbolo usado pelos primeiros cristãos como um sinal secreto. Esse e muitos outros fatores criaram ligações implícitas entre o símbolo e sinal da Era de Peixes precessional e a religião de Jesus, que iria dominar a cultura da Europa nos milênios seguintes (Figura 5.7).

À medida que a Linha Apolo (definida por Delos, Atenas e Delfos) se estende na direção da Itália, ela atinge o Monte Gargano, o sítio de um im-

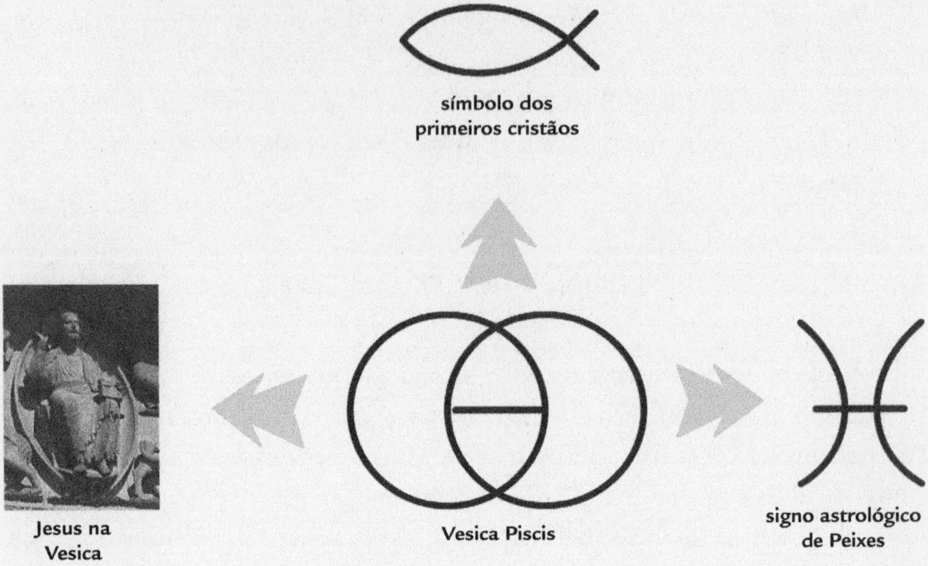

Figura 5.7. Jesus, o Piscis ou Peixe, o símbolo da Vesica Piscis transformado na estrela do signo de Peixes, foi um dos primeiros sinais secretos dos cristãos e muito empregado na Igreja medieval como um símbolo de Jesus, Senhor do Mundo.

portante santuário ao arcanjo Miguel (Michael, em inglês)*, em Monte Sant Angelo (Figura 5.8). Os cumes, os poços e as grutas ao longo da linha foram também associados desde tempos imemoriais com Gargântua, o gigante que simboliza a energia da Terra; eles são também considerados significativos para as crenças dos antigos na deusa, em que a Mãe Terra era expressa dentro da paisagem, a crosta da Terra. Em um sentido não dualístico, tanto luz quanto escuridão, masculino e feminino, seriam vistos dentro da paisagem.

A Linha Apolo se tornou a Linha Michael nos primeiros tempos medievais no Monte Gargano, que se tornou a primeira parada de qualquer peregrinação para Jerusalém. Foi esse lugar que os cavaleiros normandos (anteriormente vikings dinamarqueses) visitaram nos primórdios do século X. Isso levou a dois acontecimentos vitais na história da Europa ocidental:

- Os cavaleiros normandos encontraram a ordem dos monges beneditinos que dirigiam o santuário a São Miguel e os convidaram a reestabe-

* Uma distinção é feita a partir daqui entre a Linha Michael e o santuário/monte chamado Mont Saint-Michel, consagrado ao arcanjo Miguel, como é conhecido em português. (N. T.)

Figura 5.8. A Linha Apolo na bacia leste do Mediterrâneo entra no Monte Carmel e depois passa por Rhodes, Delos, Atenas, Delfos e Corfu. Ela entra na Itália no Monte Gargano, onde uma primeira gruta para o arcanjo Miguel foi estabelecida pela ordem dos beneditinos em virtude dos motivos costumeiros da "matança de um gigante" e da "caída de uma flecha".

lecer o Mont Saint-Michel na margem oeste da Normandia, na própria Linha Apolo. O Mont Saint-Michel se tornou um destino no mundo da peregrinação medieval.

- Esses cavaleiros foram convidados a ajudar a libertar partes do sul da Itália, e em consequência descobriram uma poderosa lacuna que lhes possibilitou conquistar, com suas habilidades de luta e singular sistema de guerreiros afiliados, todas as regiões meridionais, inclusive a Sicília. Em troca, isso aumentou o poder papal em Roma, um poder que subsequentemente lançaria as Cruzadas. No curso das suas conquistas, eles vieram a ocupar a maioria das terras a 36º, incluindo Aleppo, Chipre, Malta, Corfu, Rhodes e a Líbia.

O estabelecimento de centros beneditinos seguiu princípios geodésicos pertencentes a uma era anterior, embora a mitologia que o acompanhava tenha tomado a forma de histórias de flechas aterrissando, ou de touros sendo mortos ou simplesmente descansando no local onde um centro seria fundado. Como Paul Broadhurst diz: "Há uma tradição não escrita segundo a qual os beneditinos preservaram o conhecimento das energias da terra das épocas anteriores".[8] O que teria sido de outro modo uma *história pagã* rejeitada, foi portanto reutilizada, como foram as localizações em questão, que se tornaram casas de poder do novo sistema de crenças. Essa história é retomada no capítulo seguinte.

Insistindo nesse breve panorama, a partir do Monte Gargano, a Linha Apolo (agora Michael) atravessa a Itália e depois a França, e segue passando por St. Michael's Mount, na Cornualha, Inglaterra, tendo cruzado o Canal a partir do similarmente nomeado Mont Saint-Michel (Figura 5.9).

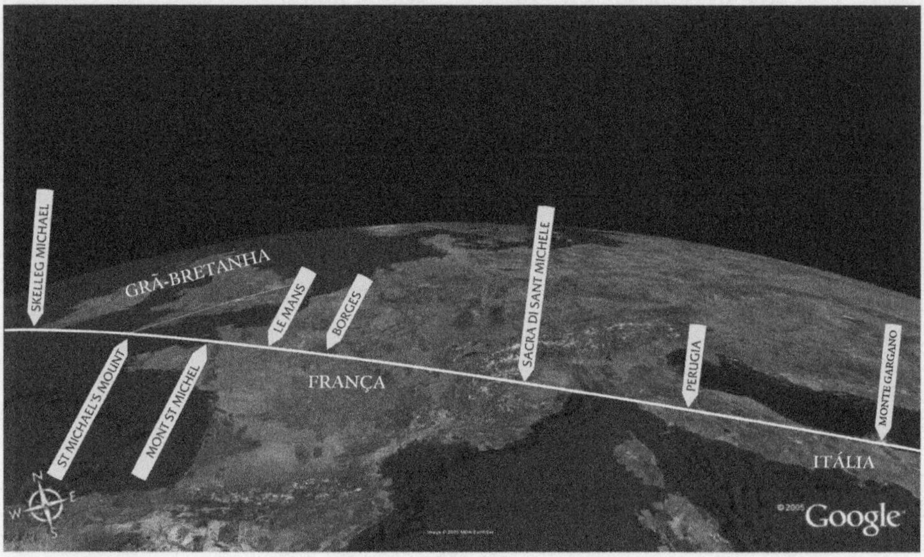

Figura 5.9. A Linha Apolo entra na França pelo norte da Itália, passando por Borges, Le Mans e Mont Saint-Michel. Atravessando o Canal Inglês para St. Michael's Mount, ela continua para Skellig Michael, uma ilha rochosa do Atlântico fora da costa sudoeste da Irlanda.

Como a Linha Apolo/Michael atravessa a Grã-Bretanha, ela também cruza (no Mont Saint-Michel) o que é conhecido como Linha Michael da Inglaterra, que passa por alguns dos mais importantes monumentos e fundações megalíticas e eclesiásticas na Grã-Bretanha, tais como Glastonbury, Avebury e Bury St. Edmunds. Essa Linha Michael viaja 60º leste do norte em vez de 60º oeste do norte. Ela não marca o solstício de verão; em vez disso, se alinha com a rota da luz do Sol no quarto dia de maio no antigo calendário (Figura 5.10).

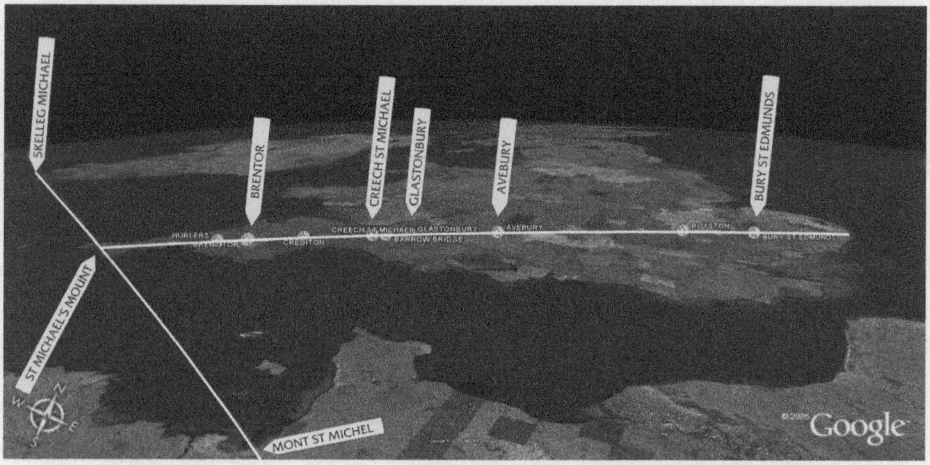

Figura 5.10. A Linha Michael atravessando o mais longo caminho reto possível ao sul da Grã-Bretanha.

Logo que os duques da Normandia restabeleceram o Mont Saint-Michel, o duque Guilherme pressionou seu rival a reclamar o trono inglês, reforçando essa pressão com navios e cavaleiros armados. Por sorte eles chegaram dias após os exércitos do rei Haroldo terem lutado uma batalha árdua contra os dinamarqueses do norte. O dia estava perdido para os normandos depois de um momento fundamental de retirada dissimulada (uma famosa tática de cavaleiros montados da estepe). Os beneditinos vieram para a Grã-Bretanha, o que os levou a rededicar os sítios tipicamente apolíneos, tais como o St. Michael's Mount na Cornualha.

O ARCANJO, "SÃO" MIGUEL

Tanto Apolo quanto Mercúrio/Hermes, com quem ele é geralmente equiparado, foram membros do panteão grego clássico de 12 deuses. Embora essa equiparação seja tradicional, ela oculta diferenças entre eles que refletem as mudanças na sociedade daquele tempo e que seguiram um modelo amplamente ateniense. O deus Sol, Apolo, foi associado mais com o sacerdócio e a aristocracia, que estavam sob ataque de uma nova classe média de artesãos e comerciantes, associados com a divindade subsidiária Hermes/Mercúrio, o "braço direito" do deus Sol.

No panteão cristão – no qual um Deus único tinha se tornado uma tríade, mais anjos e santos em diversos formatos –, o arcanjo Miguel assumiu o manto do deus Sol subsidiário. Essa complicada teogonia é notavelmente compatível com a visão de mundo clássica e pagã, e surgiu por intermédio da influência dos gregos e romanos sobre o sistema de crenças cristãs inicial. Na verdade, a ideia dos anjos nasceu da tradição persa e sua subsequente inclusão nas fases messiânicas posteriores da experiência judaica a.C.*

Pode-se dizer que a figura de Mitra, da religião persa, prenuncia tanto Miguel quanto Jesus. O nome Mitra tem uma antiga procedência, sendo visto também como Mitra nos Vedas. Enquanto a iconografia de Mitra é sobre a morte de um touro, a de São Miguel apresenta-o matando um dragão. Isso ocorre porque o mitraísmo foi um culto[9] precessional (Figura 5.11). A precessão "mata" o signo precessional anterior e suas normas culturais; o signo de Touro, que era corrente quando os megálitos estavam sendo construídos, foi "morto" por Mitra, assim como a constelação agora chamada Perseu (Figura 5.12).

Figura 5.11. São Miguel representado em *O Apocalipse de São João*, de Albrecht Durer (cortesia do Connecticut College).

* A religião dos persas foi outra variedade do pensamento indo-europeu, que ressurgiria nos tempos medievais como a heresia cátara.

Figura 5.12. De acordo com David Ulansey, o taurocídio (matança do touro) de Mitra representa essencialmente as constelações de Perseu e Touro. Os atendentes de pernas cruzadas portam tochas viradas para cima e para baixo, representando o equinócio ascendente da primavera e o equinócio descendente do outono, respectivamente (Afresco de Mithra, Dura-Europos).

Perseu (Mitra) é também o herói grego que matou a Medusa e segurou a cabeça dela nas mãos *enquanto olhava ao longe*. Outras variações desse motivo incluem Indra, que mata Vritra, a serpente cósmica, levando o Sol a se manter no alto – uma referência à inclinação do Polo e separação do equador eclíptico e celeste. A mulher-serpente Medusa, a cobra ou píton, o touro e o dragão, todos representam o matriarcal, a Idade da Pedra e o velho mundo dos mistérios da Terra. Por tradição, cobras eram enroladas em volta de pedras geodésicas, junto com redes e grades. Elas eram também associadas com as "prostitutas do templo", que foram desalojadas por Atenas, a deusa transformada; ela estabeleceu um culto de virgens que carregavam cestos de cobras dentro dos quais elas não podiam olhar. A simbólica ascendência do deus Sol é uma expressão natural do surgimento de uma sociedade patriarcal. Por essa razão a invasão indo-europeia é adequadamente representada por *Apolo matando Píton* em Delfos (Figura 5.13).

O propagado culto de Mitra foi especialmente popular dentro das legiões romanas, e é por isso que três templos para Mitra foram encontrados na Muralha de Adriano, e atribuiu-se a Jesus o dia 25 de dezembro, dia de nascimento de Mitra. Assim, não surpreende que Mitra se torne o arcanjo Miguel, nascido de uma pedra e a serviço da luz. No Capítulo 7, Miguel é mais ligado ainda ao planeta interno Mercúrio, que é o "guardião dos caminhos" na erudição tradicional. Sua posição de comando na rede de peregrinações medievais é simbolizada por sua iconografia, presente em todas as igrejas, e não apenas naquelas identificadas nas Linhas Michael (Figura 5.14).

Figura 5.13. Apolo sentado no ônfalo de Delfos e esticando o arco para matar Píton com uma flecha.

Figura 5.14. Mont Saint-Michel, local de maior turismo na França, com uma figura demonstrando características diferentes de Mercúrio, incluindo um escudo hexagonal e uma espada flamejante cerimonial.

A associação da energia da Terra com dragões torna especialmente adequada a versão de São Jorge de Miguel. São Jorge – que foi trazido de volta da Terra Santa pelos cavaleiros cruzados para se tornar o santo patrono da Inglaterra – carrega uma lança normanda, que representa a retidão dos raios solares que penetram o dragão, as energias sombrias da Terra.

Miguel assumiu um papel dual, tanto como guerreiro da Igreja quanto de quem *pesa a alma após a morte nos pratos da balança*, uma imagem mais conhecida da iconografia egípcia de Maat, que também avalia a alma (Figura 5.15). Esse simbolismo está relacionado ao conceito antigo dos estoicos de

Figura 5.15. Relevo do Portal da Capela São Miguel, Kassa, Hungria, 1360-70.

que seres humanos foram criados e reascenderam aos céus por meio de rotas celestes. Porém, as origens da iconografia se desassociaram do seu uso, e o seu significado entrou para o inconsciente coletivo.

A congruência de Apolo, Miguel, Mitra e Perseu está clara, embora eles tenham matado uma cobra, um dragão, um touro e o Górgona, respectivamente. Juntos, os alvos são partes de um todo único: a cultura pré-histórica sob ataque de uma sociedade patriarcal do Norte. Esses mesmos temas são manifestados no mito do rei Arthur.

ARTHUR, O SENHOR DA GUERRA CÉLTICO-BRITÂNICO

A história de Arthur forma um elo entre a idade das trevas da Grã-Bretanha pós-romana, onde ela começou, e a era medieval que viria para definir o surgimento do grande e do bom junto com as fileiras de cavaleiros armados, como os aristocratas essenciais para governar nações (Figura 5.16).

Figura 5.16. Uma das mais antigas representações de um cavaleiro a partir do relevo sassânida. Acredita-se que a figura central no topo seja Khosrow II. A figura da direita é Ahura Mazda, e à esquerda está a deusa persa Anahita. A identidade do cavaleiro não é conhecida, embora existam várias teorias, mas ele é certamente da nobreza real. (Cortesia de Wikimedia Commons.)

Depois da deposição final do Império Romano, houve um grande vácuo de poder na Grã-Bretanha romanizada. Os romanos deixaram vários povos abandonados à própria sorte, em um nível de organização material desnivelado com o dos seus vizinhos. Compare isso com os povos celtas da Grã-Bretanha, que descendem em grande medida dos povos megalíticos, aniquilados, marginalizados ou integrados pelo ataque romano à sua religião druídica. O cristianismo emergente foi retratado nessa época na forma do Arthur céltico, que pode ser situado na Escócia como uma realidade histórica.

Essa história inicial é a da reintegração de um povo por um senhor da guerra, combatendo um conjunto de bárbaros usurpadores de terras e estabelecendo um novo reinado de estabilidade. O papel desempenhado pela cavalaria montada na história da vitória estratégica é estranho. Embora estejamos acostumados a guerreiros montados em cavalos, e a partir do período medieval a "cowboys e índios", tais cavaleiros não eram nativos da Grã-Bretanha pós-romana. Os exércitos dos tempos clássicos eram compostos de soldados a pé e carruagens, em vez de cavalaria. Todavia, há algumas boas evidências de que os romanos os tenham trazido da sua fronteira leste para guardar a muralha de Adriano. O modo como isso ocorreu foi reconstruído por Howard Reid no seu livro *Arthur, The Dragon King*.

A cavalaria montada surgiu nas terras de pasto da estepe que cortam uma vasta faixa da Europa, do sudoeste para o nordeste. Cavalgar poderia ser comparado a navegar como uma tecnologia histórica-chave. Para os cavaleiros montados, as estepes eram uma combinação de "estrada" e "posto de serviço", e levavam a comunidades ricas, mas pastorais, para serem assaltadas ou governadas. Havia muitos bandos de homens a cavalo. Por exemplo, os gregos temiam os citas, que eram sábios, mas representavam uma ameaça; eles eram retratados como centauros, metade cavalo e metade homem. A Rússia foi estabelecida pelos escandinavos que invadiram o mar Negro via Dneiper, sendo os cossacos sua força de elite de cavalaria.

Grupos nômades de lutadores foram usados pelos romanos como uma arma singular para defender suas fronteiras. Os romanos tinham se insurgido contra os sarmáticos na Croácia, onde uma vitória romana levou-os a fornecer uma força de 5.500 auxiliares de cavalaria pesada para proteger a Muralha de Adriano. Não há evidência de sua volta da Grã-Bretanha e sabemos que auxiliares eram geralmente aposentados no local e ganhavam títulos de terras. Isso torna os descendentes dos sarmáticos bons candidatos para quaisquer cavaleiros montados bem treinados surgirem sob a liderança da figura do rei

Arthur. As tradições dos sarmáticos e outros cavaleiros montados das estepes, tais como os alans, fez surgir a suposição de que suas tradições eram as sucessoras de um modelo clássico de governo, adaptado a uma colcha de retalhos de governantes menores. Visto que o povo da estepe caucasiana tinha fortes ligações com a Escandinávia e a diáspora indo-europeia, então as habilidades combinadas de cavalo e barco encontradas, por exemplo, na conquista normanda da Grã-Bretanha em 1066, produzem um significado adicional (ver próximo capítulo). Os sarmáticos usavam armaduras escama de peixe, o que criou a confusão natural e apropriada do cavaleiro medieval com as histórias mais antigas, relacionadas a Arthur (Figura 5.17).

Figura 5.17. Cavaleiro montado sarmático com armadura escama de peixe e uma lança.

Outros símbolos apontam uma congruência entre os cavaleiros montados da estepe e as tradições arturianas:

Comportamento palaciano: mulheres eram tratadas de modo diferente dentro de uma cultura nômade.

Feudalismo: o sistema feudal de coleta de aluguéis e dízimos de povos agrícolas conquistados foi uma forma evoluída de pilhagem.

O motivo do dragão: este tem sido comparado com os estandartes vermelhos característicos dos sarmáticos, que faziam um som sibilante quando atacavam na batalha (Figura 5.18).

Tradições do Graal: beber o sangue de animais domésticos em uma taça é comum nas nações nômades, assim como usar crânios como taças.

Figura 5.18. O Rei Arthur em combate, brandindo um estandarte de dragão que, como Draco, está próximo a um polo, em um motivo precessional natural. (*De L'Histoire de Merlin*, by Robert de Boron, século XIV.)

A história de Arthur pode ser vista como uma narrativa de matizes revolucionários, visto que a estrutura do futuro está presente nas primeiras versões da história, tornando-a quase "a-histórica", fora de tempo e lugar. A história então foi recontada de uma maneira que tornava os saxões, os anglos e os jutes inimigos de Arthur, na verdade, inimigos dos reis normandos plantagenetas da Inglaterra. Isso permitiu à história absorver outras histórias, oriundas de raízes locais não cristãs. Ao contrário dos danes da Dinamarca, esses homens dinamarqueses e noruegueses vindos da França (os normandos) bem possivelmente absorveram a equitação dos alans da Bretanha, os mesmos alanos que ajudaram a devastar Roma e dominar, com os visigodos, a Espanha e o norte da África.

Os normandos influenciaram a reformulação medieval do conto de Arthur, que chegou à Bretanha (Guilherme, o Conquistador, era um quarto bretão) quando esta foi ocupada pelos galeses (ver páginas 182-86). A história de Arthur pertencia ao *grupo de línguas p-celtas*, cujo povo agora ocupa o País de Gales, a Cornualha e a Bretanha. Quando os p-celtas foram forçados a sair do sul da Escócia pós-Arthur, a história migrou naturalmente para o País de Gales. Alguns desses galeses, então também sob pressão, colonizaram a Bretanha no século IV, de modo que, quando Lancelot aparece na Bretanha ou Arthur no Mont Saint-Michel (para matar um ogro gigante), não há descontinuidade em termos míticos – Escócia, País de Gales, Cornualha e Bretanha eram todas terras p-celtas por volta do tempo do Arthur original. Na época medieval, o Império Angevino havia levado toda essa gama de histórias para a cortesania dos trovadores de Eleonor de Aquitânia, embebida em liberdades heréticas de cavalheirismo, e para os Pirineus, no sul da França, vizinhos às terras gnósticas do Languedoc dos cátaros.

É um erro sugerir, portanto, que as versões medievais do ciclo mítico de Arthur eram simples fantasias ou exploração de temas por culturas posteriores. Os contadores de histórias da idade medieval estavam ligados diretamente tanto às tradições p-celtas quanto aos outros mitos correntes prestes a serem extintos, que incluíam os dos povos da estepe, do sul da França e outros que partilharam tradições semelhantes. Na verdade, o difícil deve ter sido integrar o mito de Arthur ao que eram, externamente, políticas cristãs e romanas. No entanto, a superioridade dos cavaleiros a serviço de Cristo, e nominalmente sob o controle da Igreja, tornou difícil declarar a história de Arthur como herética, a despeito de suas inclusões celtas ou outras.

SEIS

HOMENS MISTERIOSOS VINDOS DO NORTE

Um dos mistérios do Mediterrâneo ocorreu por volta de 1500 a.C. Ele cerca o declínio da cultura minoica, o reinado de Akhenaton (o faraó monoteísta) e o Êxodo dos Judeus do Egito. O conceito de monoteísmo, que viria a dominar grande parte da história europeia, surgiu por volta dessa época. Os minoicos em Creta, os egípcios no delta do Nilo e possivelmente os judeus no Egito foram todos afetados pelas massivas erupções vulcânicas de Thera, também chamada Santorini (Figura 6.1). A erupção ocorreu entre a data de radiocarbono de 1600 a.C. e uma arqueológica de 1450 a.C. Algumas vezes é comparada também com a catástrofe que destruiu Atlântida, visto que Thera foi quase totalmente destruída pela sua última e maior erupção.

Platão (427–347 a.C.) é a única fonte de informação sobre Atlântida. Segundo ele, tratava-se de uma ilha legendária de cultura avançada, destruída por fogo e água, provavelmente atividade vulcânica e inundação. Como uma lenda, ela passou naturalmente a simbolizar qualquer acontecimento no qual uma civilização é destruída e passa em seguida por uma idade das trevas. Mas, quando eventos ocorridos no Mediterrâneo são considerados juntamente com outros fatos sobre a costa atlântica e a cultura megalítica espalhada ao longo dessas costas oceânicas, eles revelam influências além do Mediterrâneo, que foram cruciais para as mudanças que ali aconteceram.

Depois do período puramente minoico (3000 a 1450 a.C.), e dentro de um período de quinhentos anos, surgiu a cultura de Platão, com uma mitologia religiosa completamente diferente, centrada na Grécia e considerada subjacente pela época de Homero, no século VII a.C., e Hesíodo, 700 a.C.

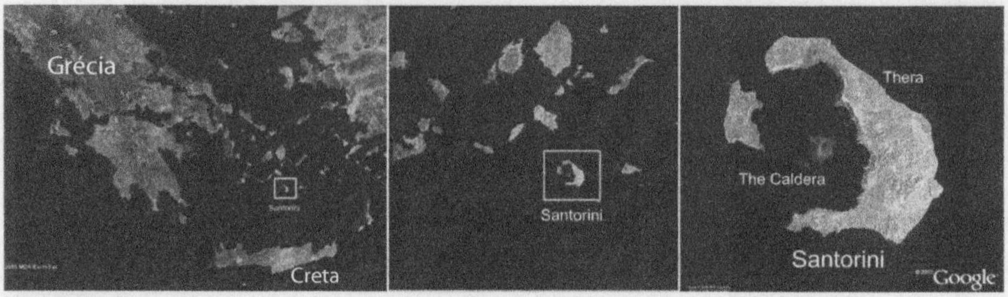

Figura 6.1. A localização e ruínas de Santorini, agora chamada Thera. Santorini ficava num ponto central entre a Grécia e Creta. Sua capital escavada em tempos recentes, Akrotiri, foi um grande centro da cultura minoica.

Esse sistema clássico de pensamento introduziu um conjunto de 12 deuses olímpicos que eram liderados por Zeus, mais tarde intitulado Júpiter pelos romanos. Esse deus tinha "nascido" em Creta, que é onde a cultura minoica esteve centrada. E depôs seu despótico pai, Kronos (Cronos), que pode ser comparado com Saturno, o Deus do Tempo.*

O Disco de Cronos (analisado no Capítulo 1), que eu encontrei em Creta, indica que o sistema de tempo saturnino estava em uso na região após o acontecimento de Santorini. Por essa razão, é interessante saber como o mito de "Zeus depondo Cronos/Saturno" pode ter vindo a existir. Poderia ser uma *descrição oblíqua de acontecimentos reais* ocorridos no final do período minoico, como frequentemente acontece com os mitos em geral?

O FINAL DO NEOLÍTICO

Os minoicos representam a modalidade da cultura neolítica chamada matriarcal, na qual a liderança, secular e espiritual, parece ter ficado a cargo das mulheres e não dos homens. Há amplas evidências dessa cultura, que predominou nas terras adjacentes ao Mediterrâneo e à Anatólia, no sul da Turquia.**

A planície central de Creta está dominada pelo Monte Juktas, visível a partir do portal sul de Cnossos, o maior dos muitos "palácios" minoicos que

* Macrobius equipara Kronos a Cronos para completar o ciclo de significado de que Kronos é Saturno (Cronos), o arcaico deus do tempo.

** Com base em achados obsidianos, acredita-se que a Anatólia seja a origem dos minoicos, possivelmente a própria cidade de Catal Huyuk.

eram provavelmente centros religiosos das matriarcas. Montanhas santuários tais como Juktas são encontradas por toda Creta, assim como também cavernas paleolíticas usadas como santuários para a Deusa Mãe desde tempos primordiais (Figura 6.2).

Figura 6.2. Senhoras em Azul, afresco minoico que adornava a ampla antecâmara da sala do trono na ala leste do complexo de Cnossos.

Cnossos foi equivocadamente intitulado um "palácio" pelo seu descobridor, sir Arthur Evans. Ele também derivou o nome dos minoicos do rei Minos, que figura no clássico mito grego de Creta, no qual uma criatura meio homem e meio touro devora jovens atenienses e vive no centro de um labirinto. Ele não se deu conta de que o rei Minos foi inventado como uma abstração patriarcal da verdade matriarcal. Mas a cultura matriarcal minoica foi transformada logo após a erupção de Santorini, e um extraordinário período de terremotos que a precedeu e seguiu-a.

Os micenenses apareceram logo após o declínio dos minoicos (Figura 6.3), e foram seguidos por outros grupos que invadiram do norte – dórios, jônicos etc., grupos dos quais, posteriormente, alguns se tornaram os fenícios e a maior parte de cultura clássica grega. Sua cultura foi caracterizada por homens, pela força das armas e pela competência no mar, mas de onde eles vieram e por quê?

Figura 6.3. Máscara mortuária de Agamenon, famoso rei patriarcal da civilização micênica, cujo poder se expandiu para preencher a lacuna deixada pela queda dos minoicos.

Durante um período de aquecimento depois da última Era do Gelo, conhecido como "clima ótimo" (ver quadro na página 126), muitas das grandes civilizações antigas da Terra se iniciaram e floresceram. Na África, o Nilo tinha três vezes seu atual volume, indicando uma região tropical bastante ampla. No norte, o clima mais quente de 4000–5000 a.C. significava que civilizações poderiam prosperar perto, e até mesmo dentro, do Círculo Ártico, e que o mar Ártico era navegável. Com base nas suas localizações na Índia e Europa durante o período histórico, esses povos do norte vieram a ser chamados de indo-europeus.

Quando o clima se tornou novamente mais frio, tornando as regiões do norte menos habitáveis, eles migraram para o sul, dando origem ao *mito polar* dos "homens vindos do norte". O período anterior de resfriamento (3000–2000 a.C.) corresponde à migração de um único grupo de pessoas do norte para a Índia e Pérsia (Irã). O período posterior corresponde à chegada dos dórios, jônicos e outros na bacia leste do Mediterrâneo. O que deve ter sido uma ampla e variada cultura no norte mais distante é hoje mais conhecida por intermédio de seus ramos de descendentes do que por meio de informações diretas sobre a própria cultura.

Com respeito aos hindus e gregos indo-europeus, dois indicadores-chave atestam que suas migrações foram registradas. Em *The Orion* (1893) e *Arctic Home of the Vedas* (1903), B. G. Tilak observa que muitas das referências simbólicas nos Vedas – registradas por escrito entre 1500–500 a.C. a partir de uma tradição poética oral anterior – correspondem perfeitamente aos alinhamentos celestes que teriam sido vistos por um observador que estivesse perto ou dentro do Círculo Ártico, na era na qual a constelação de Touro marcava o equinócio vernal. Isso localizaria a autoria dos versos no norte, entre 4000–3000 a.C. A pouca familiaridade com os fenômenos do céu da região polar levou a teoria de Tilak a ser desvalorizada como uma improvável fantasia.

Do mesmo modo, no *The Baltic Origins of Homer's Epic Tales*, Felice Vinci nota que a *geografia* encontrada nos épicos de Homero, *A Ilíada* e *A Odisseia*, sempre confundiu estudiosos, levando a sua rejeição por ser apenas inexata ou criada com licença poética. Todavia, Vinci descobriu que a geografia desses trabalhos se encaixa muito bem com o norte mais distante, levando a sua teoria de que elas se referem a acontecimentos que ocorreram no mar Báltico *antes* da migração indo-europeia para a Grécia.

O mar Báltico é semelhante ao Mediterrâneo, por ser um mar circundado por terra em vez de um oceano, e pode ter formado a porção oeste da terra natal indo-europeia, seja ao longo do litoral ártico da Eurásia ou mais adiante ao sul, próximo ao mar Cáspio. Os povos do Báltico migraram para o mar Negro e entraram no Mediterrâneo via Bósforos, pouco depois do evento de Thera/Santorini. Outras rotas também existiram para essas migrações, pelo norte da Itália e contornando a costa da Península Ibérica (isto é, via Espanha). Elas eram *rotas de comércio* bem conhecidas pelo comércio de âmbar, bronze (cobre e estanho), ouro e produtos feitos a partir deles. Essas *rotas de âmbar* a partir do leste do Báltico serviram naturalmente para a migração.

O "CLIMA ÓTIMO"

Por volta de 5000-3000 a.C., as temperaturas globais médias alcançaram seus níveis máximos e ficaram por volta de sete graus (Fahrenheit) mais quentes do que estão hoje. Climatologistas chamam esse período de Clima Ótimo.

De 3000 para 2000 a.C., ocorreu uma tendência para o esfriamento. Esse esfriamento causou ampla queda do nível do mar e o surgimento de muitas ilhas (Bahamas) e áreas litorâneas que ainda hoje estão acima do nível do mar.

Uma pequena tendência de aquecimento ocorreu de 2000 a 1500 a.C., seguida mais uma vez por condições mais frias.

Temperaturas mais frias de 1500-750 a.C. causaram renovado crescimento do gelo nas geleiras continentais e alpinas, e o nível do mar caiu entre dois a três metros abaixo dos níveis atuais. *

---

* (resumido de www.physicalgeography.net/fundamentals/7x.html.

Enquanto isso, a forte atividade sísmica daquele período estava devastando os minoicos e outros povos mediterrâneos aprisionados entre as placas tectônicas da África e da Europa. Enquanto Santorini lançava uma cortina de fumaça letal sobre o leste de Creta e norte do Egito, dois bastiões do mundo antigo, tsunamis destruíam muitos navios cretenses e assentamentos costeiros, e os indo-europeus se deslocaram para o sul com a intenção de colonizar amplas áreas da Grécia e Turquia.

De acordo com Vinci, as narrativas épicas de Homero são na verdade sagas bálticas antigas de povos que identificaríamos com os vikings, *danes* (dinamarqueses), *jutes* (um povo germânico), *lapps* (lapônios) e *finns* (finlandeses)! Após a migração sulista, os lugares citados nesses épicos foram ajustados para se adequar frouxamente a topografias similares encontradas no Mediterrâneo. Isso pode parecer forçado, mas é completamente congruente com muitos outros fatores conhecidos da cultura e do clima escandinavo. Vinci ressaltou que os navios dos épicos de Homero têm uma arquitetura como aquela dos barcos vikings, inclusive um característico mastro removível. Embora os minoicos fossem um império mercantil baseado na navegação marítima próxima ao litoral,* eles pareciam avessos a retratar seus barcos, apesar da sua cultura altamente visual. Poucas representações têm sido encontradas como a da pintura de Akrotiri, na qual os barcos se parecem mais com gôndolas do que efetivamente navios de guerra (Figura 6.4).

Figura 6.4. Parte de um afresco em miniatura da cidade de Akrotiri, de antes da explosão de Santorini, mostrando os barcos minoicos.

Parece, portanto, que os navios mercantes minoicos podem não ter tido o modelo comercial de "negociar com os fortes e pilhar os fracos", associado com os posteriores vikings. E, como os minoicos não se aventuraram pelo Atlântico, suas habilidades náuticas e equipamentos teriam sido menos desenvolvidos. Então, uma embarcação superior chegou ao Mediterrâneo partindo do Báltico. Sabemos que durante o período de Ramsés, o Grande (por volta de 1279–1213 a.C.) houve problemas na costa do Egito devido ao "povo do mar", de

* Objetos de manufatura minoica sugerem que havia uma rede de comércio com a Grécia continental (notavelmente Micenas), Chipre, Síria, Anatólia, Egito, Espanha e Mesopotâmia.

feroz disposição e vestindo elmos com chifres* (veja Figura 6.5). Esses povos do mar setentrional surgiram com os canaanitas para se tornar os detestados filisteus, também conhecidos como fenícios.

Figura 6.5. Batalhas com os povos do mar na época de Ramsés III. (Templo funerário de Ramsés III em Medinet Habu, batalha aproximadamente em 1190 a.C.)

O poder marítimo se tornou decisivo no Mediterrâneo ao longo das eras seguintes: os povos bálticos chegaram com ele; os fenícios substituíram os minoicos para fundar Cartago e poderes comerciais semelhantes; os piratas cilicianos perto de Tarso, na Turquia, foram um problema para o Império Romano; e os Cavaleiros Templários desenvolveram uma frota de navios mercantes para atender às suas necessidades logísticas, centrada em Marselha. O poder marítimo está ligado à navegação, o que significa mapear a superfície da Terra e ser capaz de viajar de maneira segura (e o mapeamento, por sua vez, está inevitavelmente associado a um dos modelos da Terra). Mapas portulanos portugueses (cartas de navegação datadas do século XIV ou mais posteriormente, manuscritos, geralmente com linhas loxodrômicas, contornos da costa e no-

* Os vikings nunca usavam elmos com chifres, mas sim os povos da Europa e Escandinávia do início da Idade do Bronze.

mes de locais) existem desde uma misteriosa cultura do passado. Eles mostravam o Novo Mundo antes que ele fosse "descoberto", pressupondo que esse antigo conhecimento – muito mais relevante para a costa atlântica da Europa do que para o Mediterrâneo – estava mesclado com novos conhecimentos.

Os ramos indiano e persa dos indo-europeus parecem ter "navegado por terra", usando as estepes como um mar de relva no interior do país. Cavaleiros montados e com armaduras, usando estribo, apareceram nas fronteiras do Império Persa: os guerreiros sarmáticos, que podem ter entrado na história de Arthur por intermédio dos romanos. Essa tecnologia da estepe representou um papel difuso na história posterior. Os sarmáticos poderiam ser confundidos com cavaleiros medievais posteriores, como pode ter acontecido também com os *alans* e os visigodos, que ajudaram a desbancar o Império Romano e dominaram o oeste do Mediterrâneo por séculos. Integrar-se com a aristocracia por meio dos ganhos de terras ou definir uma aristocracia pelas conquistas é quase a mesma coisa. Nesse sentido, as populações estáticas do Neolítico se tornaram uma fonte para o que se transformou em uma cultura *feudal*, com raízes mais profundas do que apenas a medieval.

UMA FUSÃO DE CULTURAS

À medida que os indo-europeus se deslocavam para o sul, levaram junto com eles um conjunto de mitos, congruentes com os de todos os grupos que se dispersaram pela Eurásia do norte. Como seus mitos já estavam bem definidos, sua migração criou uma descontinuidade com os mitos prevalecentes de povos já nativos, tais como os minoicos, líbios e egípcios.

É possível detectar os dravidianos da Índia subcontinental por trás da tradição do yoga e da figura de Agastya (do sul da Índia), mas se pode apenas conjecturar sobre os precursores dos persas, pois essas migrações ocorreram milênios antes dessa do mar Báltico.

Os egípcios foram menos afetados do que os minoicos por Santorini e pelas invasões bálticas. Sua economia se baseava na fertilidade do Nilo e no ouro do sul, além das cabeceiras das águas núbias. Sua cultura declinou lentamente, seu vasto legado, relativamente imutável, foi gradualmente perdendo seu poder regional.

Por outro lado, muito raramente há uma mudança tão marcante em termos de mitologia como ocorreu entre Creta (minoica matriarcal) e Grécia (patriarcal, do norte). Talvez os indo-europeus bálticos tenham excedido o Neolítico *em termos de inovação tecnológica*, particularmente com respeito ao uso dos metais; é muito possível que tal tecnologia fosse o "caminho sem volta" para as sociedades estáveis neolíticas anteriores, matriarcais. O encontro e a mistura dessas duas culturas diferentes, na bacia do leste Mediterrâneo, criaram um útero para a cultura que primeiro evoluiu para o grego-romano clássico, depois para o medieval cristão e, na sequência, para a cultura científica e tecnológica.

Os novos gregos do norte muito obviamente trouxeram com eles o zodíaco de 12 divisões e seus 12 deuses olímpicos, que substituíram os Titãs. Um sistema de 12 divisões de significado geodésico também se propagou por vários centros oraculares estabelecidos.[1] A "nova" mitologia setentrional havia "nascido", como Atenas da cabeça de Zeus, *completamente formada*,* e é por isso que os mitos noruegueses e gregos são tão semelhantes.

O matriarcado estava geralmente associado com o ano saturnino de 364 dias mais um, o "ano e um dia", que trouxe o fim ao reinado do rei Zeus, um varão oficial que foi sacrificado logo depois desse número de dias. Há evidências de que, ao longo do tempo, o poder do rei foi reduzido de acordo com essas regras, resultando na substituição por um "grande ano" de cem lunações (três vezes 33 mais um). O rei pode ter até mesmo começado a sacrificar meninos substitutos em seu lugar, uma prática que iria naturalmente levar ao mítico Cronos, que "engolia seus próprios filhos". Por algum feliz acaso, o sacrifício de uma criança foi interrompido por um terremoto na parte mais ao norte do cume do santuário do Monte Juktas.** A história de Zeus é, desse modo, substanciada como uma referência à prática do sacrifício na cultura que precedeu a desse deus.

Toda a história de Zeus é encenada num palácio, gruta e santuário, uma vez que a deusa mãe Gaia ajuda Reia, mãe dele, a salvá-lo do apetite de seu pai de comer os próprios sucessores. Uma pedra é oferecida, que Cronos rapidamente engole em vez da criança, enquanto Zeus, como Moisés, mas em

---

* Diz-se que Zeus havia dormido com Metis, a deusa do "pensamento astuto", mas temia as consequências, talvez porque ela representasse a cultura da deusa mais antiga. Ele a engoliu, como seu pai o havia engolido, mas depois ele teve uma grande dor de cabeça, aliviada apenas quando Atena emergiu da sua cabeça "completamente formada, armada e com um grito". Isso sugere que Metis tinha sido transformada no ideal feminino dentro do novo panteão: uma deusa virgem, bem como uma Amazona, que foi a patronesse tanto da guerra quanto da aprendizagem.

** Pode-se encontrar Yuktas e outras variações do grego nos mapas e livros ingleses, valendo a regra de equivalência fonética.

um berço de ouro, é escondido dentro da gruta Dictean até ser encontrado a leste, em Lasithi Plain (Planalto de Lassithi). A gruta é típica da região de pedra calcária, com estalactites e estalagmites que são evocações de formas que emergem da própria Creatrix da Terra (Figura 6.6).

Criado longe do caminho do perigo, Zeus foi capaz de depor o cruel rei Cronos e os Titãs dos quais, como profetizado, ele procedeu, e estabelecer os 12 deuses olímpicos dentre seus irmãos engolidos, junto com os novos aspectos fantasticamente transformados do que tinha vindo antes, tal como Atena.

Na Grécia clássica, uma noção popular era a de que todos os cretenses eram mentirosos porque diziam que Zeus morreu em Creta. Embora isso estivesse em consonância com a tradição matriarcal do sacrifício do rei, era um anátema para o novo panteão de *imortais* deuses do céu dos gregos e depois dos romanos. Até mesmo São Paulo, um cidadão romano, repete essa acusação. Contudo, o corpo reclinado de Zeus pode ser visto a partir do oeste do Monte Juktas, em silhueta, nessa cadeia de montanhas, uma conhecida fantasia referente às montanhas na pré-história (Figura 6.7).

Figura 6.6. A Gruta Dictean, lugar de nascimento de Zeus nas terras altas do Planalto de Lassithi, Creta, e um santuário desde a Idade da Pedra.

Figura 6.7. A forma reclinada de Zeus, no Monte Juktas em Creta, onde os cretenses reivindicaram que Zeus havia morrido. (Foto: cortesia de Joanna Charlton.)

Entre a crescente fértil da Mesopotâmia e as Estepes Eurasianas (Ásia Central), ocorreu uma poderosa revolução neolítica que claramente influenciou também os povos semitas, dando origem às 12 tribos de Israel. Esse foi um verdadeiro cadinho ou até, como J. G. Bennett assinalou, o caldeirão que de algum modo fundiu várias influências culturais numa moderna cultura composta, bem como o bronze, que estava revolucionando os usos do metal, especialmente por meio da fundição precisa das armas.

Os indo-europeus no Mediterrâneo passaram a ser associados com a Idade do Ferro, época em que foram criadas armas mais devastadoras ainda, mas a ideia de que eles surgiram na Idade do Bronze – primeiro como micenenses e em seguida como outros grupos vindos do norte – é considerada provocativa. Ela também pode explicar a rica cultura helênica que surgiu de uma idade de trevas para lançar os alicerces da "cultura ocidental". A cultura grega conheceu a Atlântida por meio de Platão e deu origem aos mistérios posteriores do medieval tais como as geometrias sagradas nas catedrais góticas.

ATLÂNTIDA NO ATLÂNTICO

A ideia de que a Atlântida foi uma cultura de algum modo centrada na costa europeia do Atlântico é bem desenvolvida – até mesmo os nomes ajudam. Isso leva naturalmente à ideia de que a cultura megalítica encontrada na costa atlântica deve ter sido uma manifestação do que a Atlântida era (seja lá o que tenha sido). Ou o megalítico surgiu após a destruição de Atlântida, ou foi deixado para trás após essa cultura ter sucumbido. É claro que as últimas construções menores do sítio de Stonehenge foram feitas por volta da época da explosão de Thera/Santorini, cerca de 1500 a.C. Antes disso, estruturas megalíticas foram construídas ao longo de um período da pré-história que durou muitos milênios, com muitas estruturas massivas de pedras circulares pré-históricas tendo sido construídas mais de mil anos antes do início da vala externa e do banco de Stonehenge.

Qual é então a ligação entre Atlântida e a cultura báltica? Os megálitos se espalharam do sul de Portugal à Suécia, no Báltico. Se o épico de Homero for relocalizado de acordo com as hipóteses de Vinci, então os mercadores e aventureiros do mundo báltico também navegaram pelas Ilhas Britânicas e até mesmo pelas Ilhas Feroe (também conhecidas como Ilhas das Ovelhas). Eles obtiveram estanho da Cornualha e das Ilhas Scilly (também conhecidas como Ilhas Sorlingas), e negociavam via Tâmisa. Por essa razão, não é concebível que os povos megalíticos fossem diferentes desses marinheiros. A cultura megalítica era tanto indo-europeia quanto o que quer que signifique atlante. A menção do uso do estanho e da existência de armas de metal, ferreiros etc., nas histórias de Homero, também implica que a Idade do Bronze estava em curso para esses povos muitos anos antes de eles terem que migrar para o Mediterrâneo.*

Isso tudo é uma complicada reelaboração da história. Significa que a pequena extensão de água entre a Creta da Idade do Bronze e a Grécia, e sua cultura egeia da Idade do Ferro, são uma descontinuidade cultural maior do que se pensava. Isso quer dizer que a cultura clássica foi, em grande parte, um enxerto da cultura setentrional de povos empurrados para o sul por um clima que só piorava.

Parece então que alguns povos bálticos (= megalítico = atlante = indo-europeu) foram por terra usando o Dneiper, para entrar no mar Negro, com um cabedal de conhecimento que já incluía as armas de bronze e uma grande facilidade com navios.

O nome indo-europeu deriva da ideia de que os indianos, nomeados a partir do rio Indo, partilham raízes linguísticas com os europeus. Talvez essa cultura devesse realmente ser chamada atlântica-europeia. Por outro lado, o Megalítico pode ter tido um precursor ou parceiro na cultura próxima ao Cír-

---

* O nome da mais famosa oficina de ferreiro era Lemnos, uma ilha no mar Egeu. No entanto, no trabalho de Vinci essa é uma ilha fora da costa da Finlândia e da Suécia, chamada Lemland.

culo Ártico; desse modo, o oceano Atlântico, junto com o mar Báltico e o mar Ártico poderiam em algum momento ter sido domínio deles.

A BUSCA PELO MILAGROSO

John G. Bennett – no trabalho ao qual dedicou toda a vida a fim de interpretar a história espiritual dos últimos dez mil anos – encontrou os livros de Tilak nas raízes arianas. A intuição básica de Bennett era a de que quatro principais centros de cultura estabeleceram-se após a descida de um novo tipo de poder nos seres humanos: o do demiurgo ou realizador. O demiurgo é um anjo que criou o mundo, e também os seres vivos em evolução e, por meio desse trabalho, o experimento humano com consciência. Segundo a teoria de Bennett, cada um dos quatro diferentes grupos recebeu um diferente aspecto do todo para focalizar; como resultado, eles produziram diferentes ideias sobre deus ou a criação, no final da Idade da Pedra.

Embora o foco principal do trabalho de Bennett fossem as ideias cosmológicas *implícitas* que surgem das cosmologias numéricas, estas se adéquam bem às artes numéricas vistas nos monumentos. Visto que as cosmologias apresentam o mundo como um produto de uma Inteligência Maior, Deus etc., e como esse trabalho de criação poderia ser um contínuo, essa é uma ideia relevante para a própria evolução humana.

Para minha surpresa, Bennett escreveu artigos tanto sobre Santorini[2] quanto sobre a origem hiperbórea dos povos indo-europeus.[3] Embora ele achasse que a geofísica e a história humana pudessem estar entrelaçadas, pressentiu que Atlântida se localizava em Creta e não em um outro lugar, e não ligou as recentes invasões indo-europeias com Santorini, como fizemos aqui. Parece que apenas recentemente peças suficientes desse quebra-cabeça foram disponibilizadas para tornar minhas próprias conclusões possíveis. Bennett também estudou as evidências dos três principais grupos linguísticos, incluindo os indo-europeus, observando que é preciso uma circunstância poderosa para se criar uma nova língua. Esse é um feito ao qual ninguém na era moderna foi capaz de chegar, e certamente podemos ver isso como outro indicador das habilidades criativas do passado.

Um dos princípios da inteligência é o de que origens simples em um nível cósmico se tornam complexas e densas quando vistas num nível existencial, isto é, quando manifestadas na Terra como sistemas complexos. O retorno à simplicidade, como um padrão formativo original, poderia estar por trás da criação das estruturas de significado de 12 divisões, registradas nas paisagens pelos atlântico-europeus. Uma razão por que estruturas tão simples podem ter sido usadas para organizar o mundo deles é que energias elevadas têm a ver com *consciência* e não, materialidade. Bennett encontrou algumas evidências sobre números atuando dentro de sistemas de significado e desenvolveu suas Sistemáticas de sistemas até o número 12, que o leitor perceberá como uma ideia extraordinariamente familiar com relação aos capítulos anteriores.

O menosprezo dos povos modernos por modalidades espirituais antigas é muito provavelmente resultado da sua incapacidade de descobrir tais padrões de elevada organização dentro da própria experiência. A ciência desestimula a busca por padrões, chamando-a de um processo de *seleção* no qual se descobre o que se está procurando rejeitando-se outros dados igualmente válidos. Porém, esse argumento pressupõe que todos os dados tenham conteúdo neutro e não um veículo de energias ou níveis de ordem mais elevados. Isso é subjetividade, uma propriedade da consciência, e não objetividade, que parece estar ativa na vida onírica e nas intuições (durante o estado de vigília) de padrões dentro da complexidade do mundo.

Na verdade, a história está repleta de "transformações milagrosas" e "movimentos enigmáticos" que, após o fato, são vistos equivocadamente como sendo o único modo pelo qual as coisas poderiam ter acontecido. O objetivo da "história alternativa" é intuir a "motivação da história", como se alguém tivesse que organizá-la ou desenhá-la, o que uma influência oculta poderia, com efeito, estar fazendo, seja ela humana ou super-humana. Tal experimento nos leva a trabalhar com informações históricas que geralmente são reservadas apenas para historiadores. Essa talvez seja a causa da recente popularidade da história alternativa como gênero.

Na história que estamos reconstruindo aqui, os povos atlânticos fizeram contato com a cultura das deusas e subsequentemente dominaram um "velho mundo" do leste Mediterrâneo e do Egito. A obsessão de Akhenaton pelo Sol e a fuga de Moisés do Egito (para um monoteísmo de um tipo mais abstrato) podem estar conectadas, visto que religiões monoteístas parecem desenvolver tanto patriarcas políticos quanto eclesiásticos.

A Linha Apolo (deus Sol), apresentada no Capítulo 5, pode parecer uma construção improvável, ainda que ela represente, em Delfos, uma das linhas de trinta graus da divisão do espaço em 12 partes, que mais uma vez se relaciona com os povos invasores do norte. Numa extremidade do Mediterrâneo, Monte Carmel era um sítio sagrado na pré-história que historicamente veio a representar a Terra Santa, sendo chamado de "Santa Cabeça" por Tutmósis III. Como mencionado anteriormente, ele se encontra sobre a linha que passa por Delfos, Atenas e Delos. Essa Linha Apolo então encontra a linha de trinta graus no sul da Inglaterra conhecida como Linha Michael (ver Capítulo 5). A extrapolação de ideias geodésicas aponta para a possibilidade de essa linha, que percorre a Itália e a França para chegar ao sul da Inglaterra, indicar algo histórico.

Como vimos, a Linha Apolo atravessa uma ilha muito significativa na costa da Normandia, chamada Mont Saint-Michel, antes de alcançar a Inglaterra. É aqui que o Duque de Normandia convidou a ordem dos beneditinos para restabelecer a abadia, depois que os normandos haviam encontrado os beneditinos na costa leste da Itália, onde estes administravam um grande santuário a Miguel.

É significativo que o nome *normando* queira dizer "homem do norte". Sua derivação está ligada aos movimentos dos vikings vindos do norte (Dinamarca) quando atacaram a França pela primeira vez. A Dinamarca é, muito significativamente, a entrada para o mar Báltico, protegido pelo estreito de Elsinore, onde o castelo do Hamlet de Shakespeare estava localizado. A Linha Michael britânica, após deixar o leste da Inglaterra, também cruza a Dinamarca em direção ao sul da Suécia, atravessando o Báltico para chegar à Lituânia.

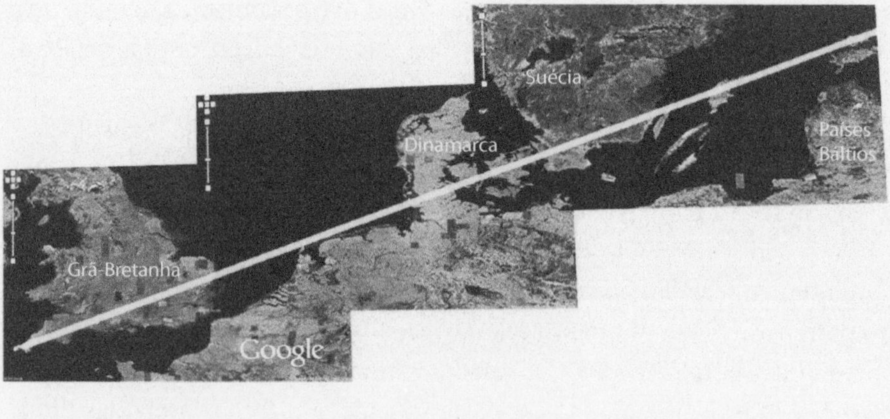

Figura 6.8. Continuando a Linha Michael britânica pelo Báltico e pelo "lar ártico dos indo-europeus".

Quando os normandos atacaram Paris, sua ameaça muito real foi contida por um acordo no qual eles consolidaram suas terras onde hoje é a Normandia, em troca da integração com o Estado francês como vassalos do rei. Eles se tornaram oficialmente franceses e cristãos, embora por duas gerações ainda falassem o dinamarquês.

Quando os grupos normandos na Itália ajudaram o papa e conquistaram grande parte do sul da Itália e a Sicília, eles ganharam influência com a Igreja e a livraram de uma ameaça imediata. Os derrotados foram os lombardos do norte da Itália, a Igreja Oriental de Constantinopla e um califado muçulmano. Logo após essa consolidação, foi declarado que a Primeira Cruzada iria reanimar o noroeste da Europa.

Durante as Idades das Trevas pós-clássicas, os beneditinos e seus predecessores esforçaram-se para preservar o conhecimento nos monastérios, que eram abrigos fortificados. Eles coletaram e reproduziram documentos durante um período no qual estes, de outro modo, teriam sido destruídos. Quando os beneditinos surgiram na Idade Média, aparentemente tinham conhecimentos secretos sobre a rede de sítios pagãos, alguns dos quais localizados nas linhas de 12 divisões, e outros padrões que emanaram de importantes sítios sagrados, e eram ligados a eles, por todo o mundo antigo. Seu conhecimento norteou a seleção de locais reafirmados como sagrados durante a era medieval, com a construção de igrejas e catedrais no local. A explicação tradicional é que a Igreja quis meramente revestir sítios "pagãos" para obliterar sua influência e redirecionar pontos de referência visíveis, mas fazendo isso eles próprios estavam também perpetuando as tradições pagãs, embora evocassem anjos e santos em vez de seus antecedentes diretos.

Os beneditinos, com a benção de seus patronos – os normandos – estavam estabelecidos em um ponto-chave sobre a Linha Apolo no Mont Saint-Michel, onde criaram o que poderia ser um dos mais notáveis lugares do mundo – uma fortaleza espiritual (Figura 6.9).

Guilherme, o Conquistador, até mesmo se encontrou ali com o rei Haroldo, antes da invasão da Inglaterra em 1066. Guilherme era um herdeiro genuíno do trono inglês e essa invasão resultou na consolidação de todas as terras entre as Linhas Apolo e Michael, Normandia e sul da Inglaterra. Talvez isso não signifique nada exceto, por exemplo, que:

Dois dos maiores e mais antigos estabelecimentos cristãos na Inglaterra se encontram sobre a Linha Michael: Glastonbury e Bury St. Edmunds. Assim que Guilherme se estabeleceu, ele teve problemas no norte com um dos con-

Figura 6.9. O Mont Saint-Michel em 1900. Alguns elementos do gótico primitivo foram criados nas câmaras inferiores desta fortificada ilha sagrada, dedicada a Miguel.

des mais fortes, de Northumberland. Isso levou à devastação de Yorkshire até Durham, e ao estabelecimento de um principado singular combinado com bispado em Durham. Uma grande catedral também foi construída ali e os beneditinos se instalaram. Uma linha nos ângulos retos à Linha Michael, partindo de Bury St. Edmunds, localiza Durham, que fica também diretamente ao norte do Mont Saint-Michel (Figura 6.10).

A Catedral de Durham teve a primeira abóbada arqueada gótica, que na verdade fortalece um teto abobadado o suficiente para torná-lo capaz de sustentar um telhado de pedra. Esse foi um melhoramento importante, visto que os telhados de madeira das primeiras catedrais costumavam ser destruídos pelo fogo. A origem experimental dessa técnica-chave gótica de abóbada arqueada pode ser vista no Mont Saint-Michel, ao sul de seu primeiro uso prático em Durham, logo após a invasão normanda. Isso indica o grande papel dos normandos no desenvolvimento do estilo gótico.

A relação dos normandos com os beneditinos é particularmente intrigante, visto que essa parece ter sido uma parceria com conhecimento sobre a

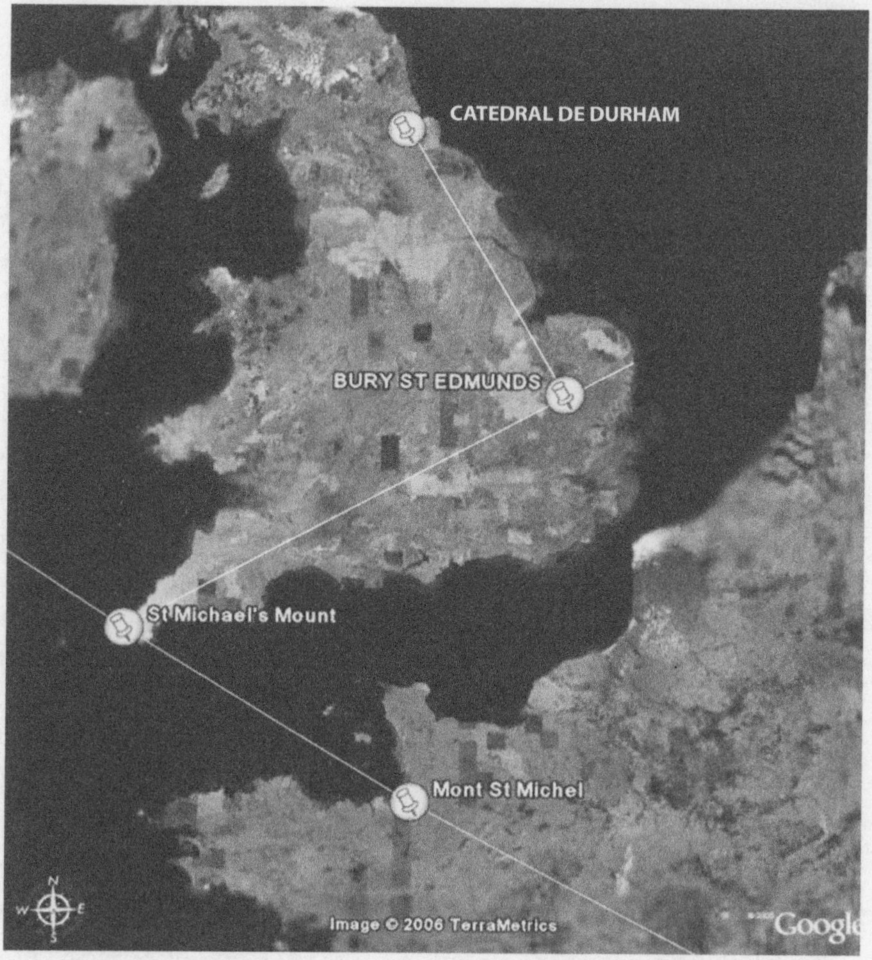

Figura 6.10. O ângulo reto entre a Linha Michael e a Catedral de Durham, onde Guilherme estabeleceu um bispado combinando secular e sagrado e o monastério beneditino.

importância dos locais antigos. Esse tipo de conhecimento corresponde exatamente ao que deve ter existido nos tempos megalíticos, e foi herdado pelos celtas pagãos e outros que compreendiam o significado das paisagens nas quais viviam, as próprias culturas que os normandos frequentemente suprimiam. Assim, no nosso contexto de homens vindos do norte originários de uma era megalítica de navegação, estamos diante da possibilidade de que a história seja norteada por um conhecimento e inteligência que se encontram na obscuridade, como um ponto de interrogação.

Os centros antigos onde os beneditinos situaram catedrais e igrejas eram parte da uma rede megalítica de sítios sagrados que foram organizados na Terra, algumas vezes com uma geometria de 12 divisões. Como temos visto, essa criação de padrões de significado é encontrada nas terras norueguesas. Acrescente a isso o modelo antigo da Terra, a difundida dispersão de pesos e medidas, e o modelo numérico de harmonia com base 12, e é difícil *não* ver que há um único fenômeno em ação.

Devemos reconhecer que seja quem for que desenvolveu e entendeu esses sistemas veio de uma civilização diferente da medieval, porque a ideia de energias alinhadas com pontos na Terra, locais especiais ou sagrados, é profundamente "pagã". Isso pertence a uma categoria de ideias que se tornou tabu na própria sociedade que honrava esse conhecimento, usando-o para nortear a construção de grandes edifícios, para a glória de Deus!

Isso foi intencional? Tabus são criados para conter energia, e uma cultura é provavelmente delineada por seus *criadores de tabu*. Certamente esse parece ser o caso com a Igreja na Idade Média: a reutilização dos sítios sagrados antigos e, como vimos, a história interna que se desenrola ao longo das Linhas Apolo e Michael é um *continuum* que liga descontinuidades aparentes na história externa da Europa. Esse fenômeno parece digno de consideração.

SETE

ANJOS DO TRANSFINITO

O arcanjo Miguel e suas linhas apresentam um grande enigma para a era científica. A era da religião monoteísta que precedeu a ciência moderna integrou Miguel sob os auspícios da angelologia, uma área de crença próxima ao panteísmo, a crença em muitos deuses. Em essência, se um Deus está no controle, então seus anjos, caídos ou não, estão dentro da sua jurisdição e por isso são aceitáveis Obras de Deus. Muitos grupos étnicos invadidos têm usado essa subcláusula no panteão medieval cristão para traduzir suas próprias divindades em santos ou anjos da Igreja, tendo percebido que os arquétipos representados por Jesus Cristo ou a Virgem Maria eram, na verdade, como os próprios arquétipos que eles eram forçados a denunciar.

Na verdade, o povo de Roma adaptou elementos do panteísmo ao cristianismo quando Constantino estava estabelecendo a Igreja Romana. Por exemplo, a data do Natal era quatro dias antes do solstício de inverno, que era tradicionalmente o festival do Sol renascido. Como deve agora estar claro, o Sol e os planetas são a origem dos deuses do panteísmo, cujas caracterizações eram baseadas em suas características numéricas e fenomenais. Como tais, elas são os arquétipos básicos de um sistema de conhecimento e não, um panteão de santos históricos.

A palavra *arquétipo* é muito parecida com a palavra *arcanjo*. Se os anjos tais como Miguel eram na verdade arquétipos, então talvez eles tenham sido originalmente compreendidos matematicamente, como os deuses, que foram revelados como planetas com relações numéricas específicas no seu âmago. Se é assim, então a apresentação e a manifestação geométrica e numérica do anjo Miguel muito simplesmente poderiam indicar outro modo singular de dividir a realidade. Tal caracterização tornaria anjos e arcanjos participantes da natureza no universo físico ou, mais especificamente, da criação da paisagem espiritual da Terra.

LOCALIZANDO O MUNDO DOS ESPÍRITOS

O gênio matemático Georg Cantor (criador da teoria dos conjuntos, 1845–1918) reconheceu uma importante propriedade do mesmo "campo" numérico que, como demonstrado no Capítulo 2, gera harmonia por meio de seus números menores: o inteiro do campo numérico é incontável e, portanto, expressa o conceito básico de infinito. Cantor percebeu que onde existe um grande número de objetos em relação uns aos outros, como *são os números em si*, e como *todos os objetos no universo também devem ser,* todas as suas relações excedem em muito o número dos objetos em si. Essas relações então se tornam incontáveis novos, mas diferentes, que pertencem a um *conjunto de infinitos.*

Assim, alguns novos tipos de conjuntos numéricos, maiores que infinito, devem existir, junto com alguma forma de significado e até mesmo influenciando-os. Cantor chamou o tipo básico de infinito, que é criado pela contagem de um conjunto infinito, *Aleph Zero*. Se todos os modos diferentes de agrupar números fossem considerados, eles seriam incontáveis; ele chamou esse resultado de *Aleph Um*, visto que ele mesmo foi feito de muitos infinitos incontáveis. Esses novos tipos de relações supernuméricas – denominadas "transfinitas" por Cantor – oferecem a possibilidade de entender anjos como operadores singulares ou arquétipos, com um núcleo matemático singular para cada um.[1]

J. G. Bennett se interessou pela matemática transfinita de Cantor porque ela explicava a diferença entre dois mundos diferentes de experiência, chamados pelos sufis de "Mundo dos Corpos" (*Aleph Zero*) e de "Mundo dos Espíritos" (*Aleph Um*). Em outras palavras, o mundo do espírito poderia ser constituído de relações dentro e entre os sistemas globais, dando-lhes características transfinitas.

A ideia de números agrupados, usada por Cantor, é conhecida. A série de Fibonacci, por exemplo, é uma das muitas séries que se aproxima da Proporção Áurea entre elementos sucessivos.* Os corpos dos organismos vivos geralmente mantêm essa relação entre suas dimensões-chave. A Proporção Áurea, portanto, seria uma candidata muito boa para um arcanjo da vida, especialmente considerando que o Sol e a Lua geram a dimensão da Proporção Áurea dentro do calendário celeste. Eles, mais adiante, fazem-no em harmonia com o 1,6 ano sinódico de Vênus, que está associado com a Virgem Maria e os precedentes dela.[2]

Onde quer que exista essa relação/proporção/razão, é possível dizer que existe o *espírito* da Proporção Áurea. Embora haja um número infinito de modos de se chegar a essa proporção, há somente uma manifestação, *a própria proporção*. Isso poderia ter inspirado o pensamento que está por trás dos anjos, especialmente na construção de monumentos e templos, que precisavam ter uma ligação apropriada com a realidade objetiva dentro da visão de mundo numérica.

Na verdade, nossos atos de conhecimento são eles próprios percepções compostas, de modo que relações similares tendem a ter um nome, como em "*esta* é uma *metáfora*", significando que todas as afirmações metafóricas pertencem a uma classe única identificável e singularmente chamada de "metáfora". Nesse sentido, o Mundo dos Espíritos é onipresente no próprio processo de *dar significado*. Mas a conexão direta pode ser perdida, da mesma maneira que as dimensões de uma construção podem ter proporções subliminares que influenciam a estética, independente de qualquer compreensão tal como "esta é uma dimensão de Proporção Áurea".

Esse tipo de efeito bem poderia estar por trás da ideia do "encantamento numérico" em um sítio sagrado. Se relações e proporções *são* manifestações de um mundo espiritual, então a estruturação da paisagem por culturas antigas é compreensível como uma técnica espiritual. Isso fornece pistas importantes para o estudo dos monumentos, de suas medidas e do significado pretendido de um dado sítio.

Será coincidência, por exemplo, que a inter-relação entre número e função esteja especialmente clara dentro da metrologia antiga e da harmonia musical? Quando olhamos para as proporções usadas, vemos que elas empregam as relações de números primos baixos como se esses fossem de algum modo os deuses básicos da proporção entre os números abaixo de 12 (veja Capítulo 2).

* De fato, quaisquer séries em que $X_{n+1} = X_n + X_{n-1}$ tenderão para a Proporção Áurea entre membros sucessivos após um número de interações; a série Fibonacci é apenas o modelo para essa propriedade de somas misturadas.

Porém, as proporções musicais são diferentes da Proporção Áurea; intervalos musicais expressam a *ordem cósmica* encontrada em tons musicais puros, que são vistos claramente nas relações da Lua com os planetas exteriores (um tom inteiro de 8:9 para o período sinódico de Júpiter e um meio-tom de 15:16 para o período sinódico de Saturno).

A Proporção Áurea pertence a uma classe diferente de números que são chamados "irracionais", o que significa que eles não podem ser representados por nenhum tipo de fração simples, envolvendo um número inteiro sobre outro número inteiro, não importa o quanto sejam elevados os números. Tais números podem ser apenas aproximados, ou geometricamente ou por meio de uma *série matemática infinita*. Um irracional, portanto, representa não tanto um número, mas uma proporção ou uma função, que vai ao encontro do critério de pertencer a *Aleph Um* ou ao Mundo dos Espíritos. Nesse sentido, eles parecem complementar naturalmente as proporções da harmonia musical, quase como os demônios que complementam os deuses na pintura cosmológica indiana *The Churning of the Ocean of Milk* (que pode ser vista como uma representação do Polo e da Via Láctea, Figura 7.1).

Figura 7.1. *The Churning of the Ocean of Milk*, uma representação de um mito precessional encenado por deuses e demônios. (De Prasat Phnom Da, século XII, Angkor Wat Style).

Esses números irracionais se relacionam às realidades da criação na *superfície do planeta*, mais do que à música das esferas, que expressa o parentesco da Terra com o cosmos. Novas proporções podem ser esperadas dentro da criação desse novo tipo de mundo esférico e sua crosta, com uma biosfera toda levada em consideração. Se é para se encontrar deuses ou arcanjos na Terra, então eles serão provavelmente identificados como novas proporções, tanto nos fenômenos em si quanto nas iconografias humanas. Tais anjos poderiam ser associados com as proporções irracionais encontradas dentro da geometria sagrada.

Uma pista adicional é que a Proporção Áurea foi embutida em muitos templos clássicos da Idade do Bronze e da Idade do Ferro em que o Sol e os *planetas interiores* (Mercúrio e Vênus) eram adorados. O sistema solar interior representa uma ruptura com as harmonias mais simples encontradas nos planetas exteriores, porque os planetas interiores são vistos a partir da plataforma móvel da Terra enquanto giram ao redor do Sol. A Proporção Áurea está associada com o número cinco, com estruturas vivas, com o pentagrama e com o planeta Vênus, visto da Terra. Portanto, parece mais provável que a força espiritualizadora sobre a matéria não vivente da crosta da Terra seja o número seis, junto com as *geometrias hexagonais*, que podem estar relacionadas a Mercúrio.

MERCÚRIO/HERMES E A CRIAÇÃO DO ESPAÇO

Vir à existência significa nascer no espaço e, consequentemente, criar espaço. A superfície da Terra é uma criação do espaço como *nós o conhecemos*. A superfície planetária substitui o sistema rotacional do sistema solar com três dimensões bem reais, duas horizontais (o horizonte do espaço local) e uma vertical (nadir e zênite). Isso requer a gravidade operando na superfície planetária. A vida na superfície requer mudança celeste e sazonal. O Sol diário impele a água entre a atmosfera, a terra, e o mar para criar erosão primária, enquanto a Lua mensal rege as marés.

Hermes, cujo nome literalmente significa "pedra empilhada", é retratado como o criador dos espaços de paisagens nas quais as civilizações surgem e se extinguem. Se Mercúrio *cria a paisagem*, é por intermédio da geologia cristalina e do movimento em torno do material. As próprias pedras têm uma energia especial para as quais os seres humanos têm uma sensibilidade demonstrável, como visto na radiestesia. E essas energias da Terra também têm poder de criar espaço na imaginação humana e fazer novas coisas acontecerem dentro das culturas. Então, o que é o espaço quando o imaginamos?

Quando imaginamos um lugar, é o poder da mente humana de visualizar o espaço que se torna ativo. Em outras palavras, quando nos lembramos de uma cena do passado é porque *reconstruímos* o espaço ou, pelo menos, nossa experiência sobre ele, com nossos sentidos. Nossa memória de lugares é também um poder conceitual; usamos espaços como símbolos que podem ser manipulados. Essa é a razão pela qual Mercúrio foi visto como o portador do conhecimento, mas também como um trapaceiro, uma vez que essa imaginação visual também é capaz de ter alucinações (conhecer coisas que não são reais) e de enganar os outros. A criação de espaços está, portanto, no âmago *tanto da criação planetária quanto dos poderes criativos humanos*. Esse fato sutil estava implícito dentro dos sistemas de conhecimento tradicionais em que o cérebro era associado com Mercúrio, o mensageiro.

Em muitos telhados ou capelas medievais, pode se encontrar o arcanjo Miguel, associado, portanto, com a rede medieval de catedrais góticas. Parece que a rede de catedrais estava relacionada a ele como sendo seu trabalho. Nisso, uma quantidade de características são relacionadas:

- Miguel segura uma espada dourada, precisamente quando Mercúrio se situa acima do Sol nascente ao alvorecer.
- Os raios solares são uma fonte característica de linhas retas na natureza, incidindo sobre a Terra como se ativasse seu potencial criativo, enquanto os locais de São Miguel e Apolo (do Capítulo 5) estão ligados por linhas retas geralmente denominadas *linhas ley*.
- Como Mercúrio para o Sol, o arcanjo está mais próximo de Deus e transmite, de modo semelhante, uma *ideia organizadora* da hierarquia divina como um agente civilizador. Ele é colocado em posição antagônica às energias da Terra (retratadas como um dragão), e envolvido em um processo de santificação de locais. Desse modo, a alquimia do caos levando à ordem na superfície do planeta é retratada pela arma de Miguel penetrando o corpo do dragão.

Quando a Terra passou a existir, a superfície teve que desenvolver muitas características que a alçaram acima da condição de uma rocha não estruturada. Grandes ciclos de reciclagem tiveram que ocorrer para criar uma abundância de materiais intermediários, tais como rochas metamórficas e ígneas, que erodiram para fazer areia e barro e para desenvolver as áreas de alta superfície necessárias para transferências químicas e bioquímicas. Assim, a geologia da superfície foi ativada para a vida. Mercúrio representa essa transformação de coisa bruta em materiais usáveis para a vida.

Como mencionado no Capítulo 1, Mercúrio tinha exatamente três conjunções superiores e três inferiores dentro do ano, formando um hexágono dentro do zodíaco solar (Figura 7.2). Esse hexágono deveria ter sido familiar a Moisés como o primeiro símbolo iconográfico de Thoth, o Mercúrio egípcio, mágico e medidor da Terra, que personificou o antigo valor exato de pi como 22/7 construído no modelo antigo da Terra (ver Capítulo 3). O hexágono forma mosaicos perfeitos (cobre um plano sem justaposição ou sem deixar brechas), o que significa que o número seis é singularmente poderoso, considerando a natureza do espaço tridimensional e do perfeito preenchimento do espaço.

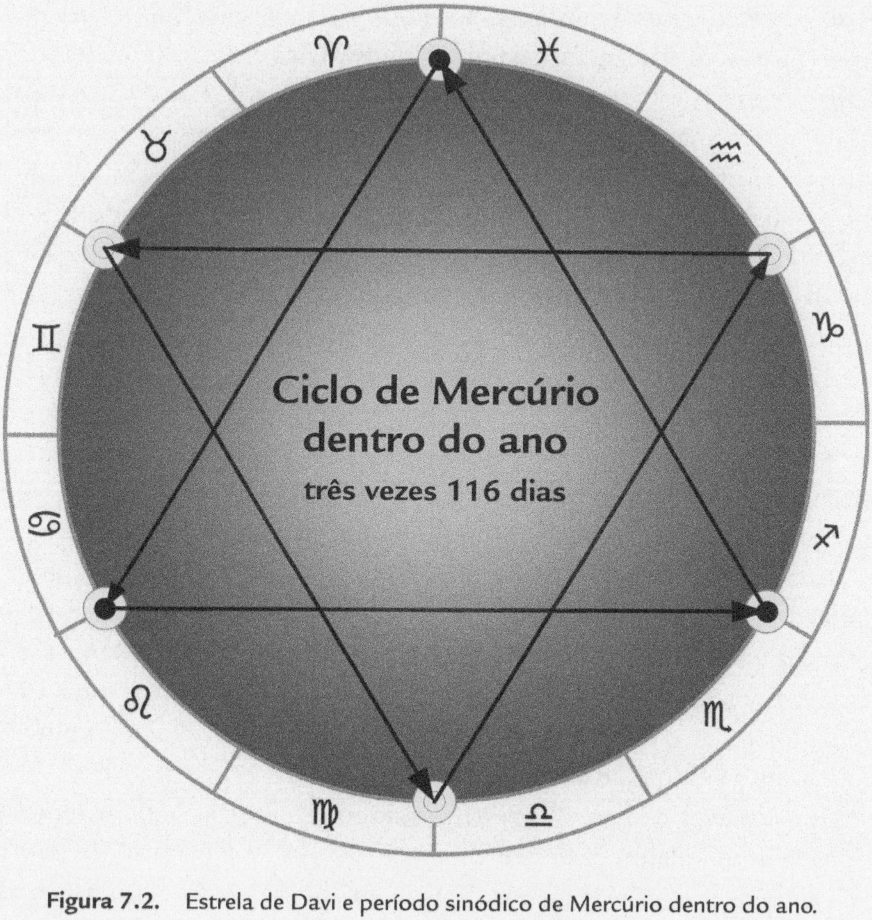

Figura 7.2. Estrela de Davi e período sinódico de Mercúrio dentro do ano.

Assim, o que estamos vendo no retrato do arcanjo Miguel ou Apolo é o planeta Mercúrio como um arquétipo, e as Linhas Apolo-Michael são parte da função de ligação dentro do espaço físico, que deu a Mercúrio a designação arcaica de "guardião dos caminhos" e, mais tarde, de patrono de uma rede de peregrinação europeia.

As pistas dentro dos locais ao longo dessas linhas são fornecidas pelos padrões de craqueamento dos tampões vulcânicos, os quais são colunas hexagonais, como aquelas de Giant's Causeway, na Irlanda. Tais padrões não surgem da estrutura cristalina das rochas como tal, mas aparecem devido às forças equilibradas atuando sobre o material à medida que ele se contrai. Pesquisas em padrões de craqueamento em concreto seco têm revelado que o estresse isotrópico ou equilibrado provoca a formação de *padrões hexagonais*, envolvendo ângulos relativos de 30º.

Nas suas investigações das conexões oraculares,[3] formato hexagonal e outros derivativos da raiz do número três, Robert Temple encontrou o hexágono na maioria das superfícies, especialmente aquelas nas quais há transformações de energias tais como derretimento ou congelamento. A pele do corpo é um conjunto de formas hexagonais planas, e células em geral usam tubos de seis divisões como válvulas intercelulares pelas suas membranas. A atmosfera da Terra geralmente forma células hexagonais de propagação, que são ecos daquelas criadas na superfície solar.

Mercúrio está profundamente gravado na memória da alma grupal. Ele está sempre trabalhando, preparando o solo, marcando e demarcando significado dentro das nossas paisagens. Assim, ele é o encantador primordial e claramente o agente primário nas tradições geomânticas do passado, visto que seu espírito tanto prepara como mantém os caminhos da alma dentro de uma dada sociedade. Sabemos que, dentro do mundo da vida humana, Mercúrio (como Hermes) se tornou a divindade das fronteiras e caminhos na paisagem.

Para os vivos e os mortos, esse *guardião do limiar* é mediador entre o Mundo dos Corpos e o Mundo dos Espíritos. Ele é o conhecedor das conexões profundas entre lugares que têm um poder secreto, um poder às vezes associado com oráculos que falam do futuro e anjos que interpretam sonhos, instruem profetas ou criam um evento que ressoa por meio da memória humana, informando a cultura das suas raízes e destinações.

Se a conexão de lugares é uma função mercurial e se Mercúrio está relacionado a uma natureza de seis divisões, isso sugere a origem dos padrões de 12 divisões dos indo-europeus. Suas interconexões de locais considerados sagrados, atravessando a paisagem em múltiplos de 30º relativos ao norte-leste-sul-oeste, é uma geometria sagrada baseada nos dois números primos, dois e três, que se multiplicam para dar seis e 12. Os oráculos principais ou outras funções sagradas foram estabelecidos em locais sobre essas linhas, o mais famoso sendo o oráculo de Delfos.

Uma vista do nascer do sol no meio do verão a partir de Delfos abrange desde Atenas até Delos, local de nascimento de Apolo, e mais além, na direção de Monte Carmel, na Linha Apolo que toca a Grã-Bretanha meridional. Entre a Grécia e Creta está a latitude 36º, *onde o Sol nasce no inverno e no verão exatamente a 30º sul e norte* da direção leste e se põe similarmente no oeste (Figura 7.3).

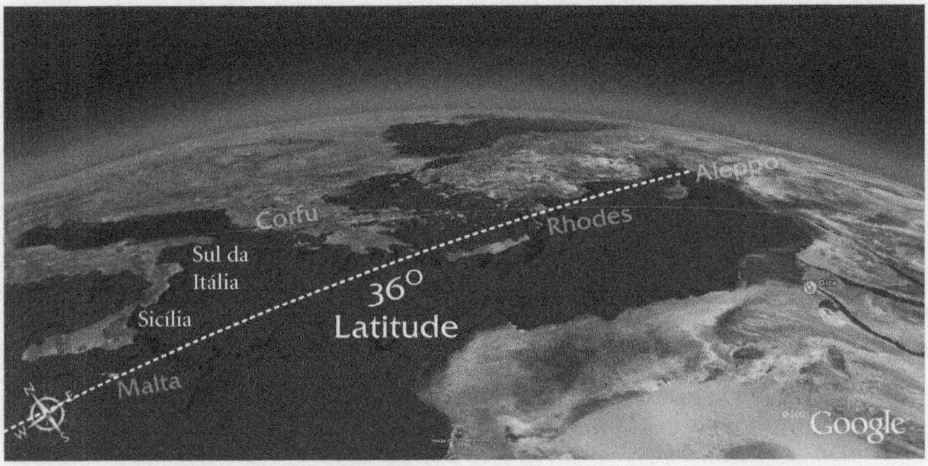

Figura 7.3. O Mediterrâneo e a latitude 36° na qual o nascer do sol no solstício ocorre exatamente 30° norte da direção leste no meio do verão e 30° sul do leste no meio do inverno.

Portanto, para um olhar antigo, essa latitude foi significativa por expressar a localização perfeita para centros de 12 divisões. Os normandos ocuparam muito dessas terras em algum período, incluindo o Norte da África ocidental, Malta, Corfu, Rhodes e Aleppo, como se atraídos, consciente ou inconscientemente, por essa latitude, do mesmo modo como eram pelas Linhas Apolo e Michael do noroeste europeu.

A geometria mercurial do hexágono é a chave para outro símbolo poderoso, o Vesica Piscis, visto com clareza especialmente em plantas de construções medievais (Figura 7.4). A proporção-chave é a raiz quadrada de três, que é produzida por um triângulo de ângulo reto com a hipotenusa de dois e um lado menor igual a um, visto que $2^2 - 1^2 = 3$. Dois de tais triângulos juntos formam um triângulo equilátero, dois dos quais formam a Estrela de Davi, seis o hexágono e assim por diante. A tangente desse triângulo é a raiz quadrada de três e o ângulo agudo é 30°, o ângulo das Linhas Apolo–Michael.

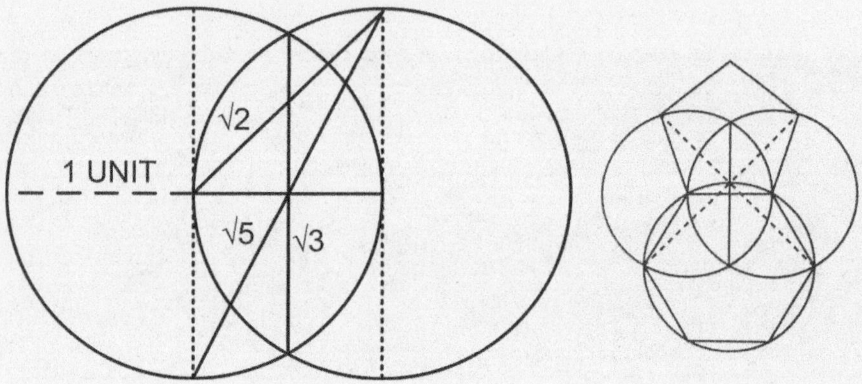

Figura 7.4. O Vesica Piscis. Composto por dois círculos que mutuamente tocam seus centros, esta figura pode gerar três importantes números irracionais que pertencem ao quadrado ($\sqrt{2}$), ao pentágono ($\sqrt{5}$) e ao hexágono ($\sqrt{3}$). Por essa razão, o pentágono e o hexágono são compatíveis.

Nota-se frequentemente que o símbolo Vesica poderia representar a vulva e como tal a volta à Mãe Terra ou "o hiato entre os mundos", no qual algo novo pode surgir a partir da mistura da Terra com o céu. O propósito das construções sagradas tem que ser o de que a construção contribua de algum modo para o que pode acontecer dentro dela. A visão convencional é antes a de que as técnicas de construção sagrada eram puramente simbólicas, baseadas sobre tradições naturalmente perdidas, sem fontes diretas daqueles tempos. Mas se essas geometrias sagradas operam a partir de princípios essenciais – que a geometria muda o que as pessoas experienciam, ou muda o *modo como elas pensam* –, então tais tradições podem ser autoevidentes dentro das construções.

Se Chartres afeta as pessoas profundamente, parece altamente provável que seu singular projeto contribua para isso. Como a construção foi baseada em tradições pré-cristãs, então a Igreja estava adotando essas tradições subliminarmente e exatamente ao modo do trapaceiro Mercúrio, que é um deus subliminar e "das fronteiras".

No período medieval, geometrias baseadas no seis de repente se tornaram a ideia organizadora de todas as formas de sítios e construções sagradas. O conceito é muito simples: esse arquétipo numérico tem um efeito sobre o modo como sentimos e pensamos. Se isso for verdadeiro, a iconografia por trás dos deuses e anjos teria tido sua origem na humanização dessa ideia de espaços arquetípicos e do senso do sagrado. Lentamente isso se tornou religião moderna, em que a natureza numérica dos arquétipos estava velada, se não completamente perdida.

A mitologia de Apolo e do arcanjo Miguel sempre se refere a uma reforma da ordem matriarcal anterior, dentro de locais sagrados como Delfos. A mulher é velada como um dragão ou uma serpente, como no conto de Apolo matando Píton em Delfos. O dragão geralmente está devorando mulheres ou moças, frequentemente nove, visto que as sacerdotisas estavam geralmente organizadas em grupos de três ou nove, três vezes três, um número associado com a Lua.[4] A lança de um cavaleiro heroico se tornou equivalente aos raios diretos da luz solar penetrando a Terra, a Deusa, exatamente como a Igreja de Deus estava eliminando a *veneração explícita* da Terra e do cosmos em favor do herói solar.

A Estrela de Davi, o hexágono, o triângulo equilátero e o Vesica Piscis, todos incorporam o número três e a raiz quadrada de três. A forma do hexágono leva à essência da matéria, já que é a forma composta pelas arestas de um cubo quando ele é visto a partir de seu eixo mais longo, isto é, com dois cantos opostos alinhados (Figura 7.5).

Esse eixo mais longo de um cubo é igual à raiz quadrada de três em comprimento, se o cubo tem arestas de uma unidade de comprimento. A única estrutura obviamente religiosa na forma de um cubo é a Kaaba em Meca, cujo nome significa "cubo" (Figura 7.6). Mas a prescrição dentro da religião para cômodos e altares cúbicos vem ao menos das tradições gregas e judaicas:

- O Santo dos Santos do Templo de Salomão foi definido como cúbico no Velho Testamento.
- O altar de Apolo na ilha de seu nascimento, Delos, era um cubo.
- Nova Jerusalém foi descrita como cúbica no *Apocalipse de São João*.

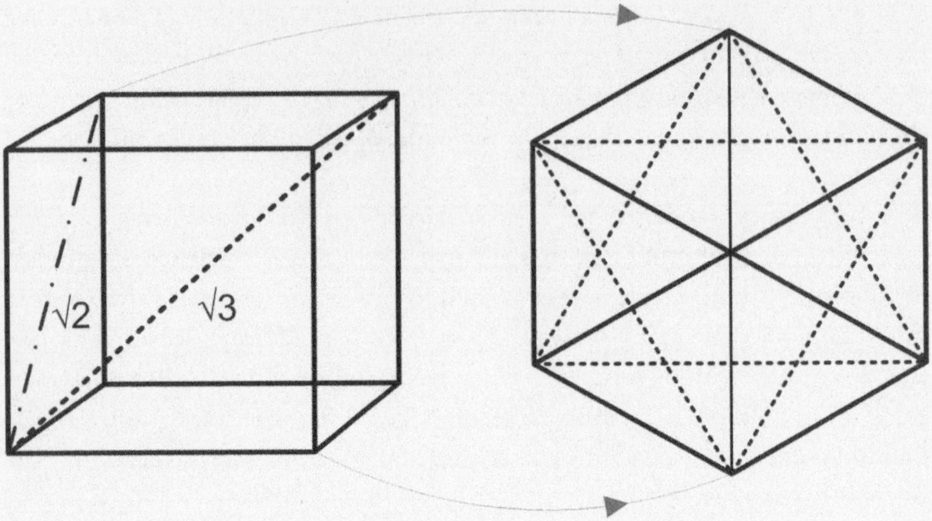

Figura 7.5. O cubo de valor unitário gerando a raiz quadrada de três e sua forma axissimétrica como o hexágono.

Figura 7.6. A Kaaba, por volta de 1900.

O cubo é na realidade um espaço, enquanto que o hexágono é o achatamento do cubo em duas dimensões. O hexágono, porém, mantém a raiz quadrada de três, que é a assinatura das três dimensões tomadas em conjunto como um cubo. O hexágono aparentemente herdou sua capacidade singular de preencher o espaço a partir do cubo, junto com a *passagem de uma medida* para duas dimensões, em uma superfície, a medida sendo a raiz quadrada de três.

Cubos também eram usados para definir as estruturas das catedrais medievais da Europa Ocidental. As catedrais adotaram uma nova disposição de pilares internos chamada de estilo *ad triangulum*, baseado na raiz quadrada de três achatada em duas dimensões. O valor dessa raiz quadrada é aproximadamente 1,732, mas – sendo número irracional e não adequado para representação de número inteiro – ele é usado como a assinatura arquetípica de Miguel e Mercúrio. O famoso cúbito egípcio, 1,728 pé de comprimento, é uma aproximação da raiz quadrada de três, sendo sua fórmula $6^3/5^3$, ou o cubo de Mercúrio sobre Vênus.

Todas essas geometrias baseadas no três estavam implícitas na construção das catedrais. O uso de pilares e colunas é uma tradição antiga, visto em sua forma extrema em Luxor, Egito e formando todo o retângulo exterior do Parthenon em Atenas, Grécia. No topo de uma coluna, geralmente haveria uma viga, um elemento visto no Círculo Sarsen de Stonehenge. Para sustentar um peso, um lintel é limitado por sua força bruta, capaz de resistir às forças causadas pela construção no seu topo. A tradição romanesca desenvolveu um arco circular para possibilitar que a força sustente pesos maiores, embora seu ponto fraco seja exatamente o meio onde, como a viga, ele era horizontal.

O gótico adotou o desenho do arco ogival a partir do mundo islâmico, que é frequentemente chamado de arco gótico. Sua forma primordial é exatamente a do Vesica Piscis, no qual dois círculos tocam mutuamente seus centros. Ele contém a raiz quadrada de três, largura para altura, mas outros tipos de arcos pontiagudos derivam desta se os centros dos círculos forem colocados mais próximos um do outro até um círculo ser produzido, quando os centros coincidem (Figura 7.7).

Para formar arcos diferentes do Vesica, portanto, um número ímpar de divisões é definido. Com cinco divisões, é feito um arco de "um quinto", usando-se os pontos dois e três como centros de dois arcos. Desse modo pode-se fazer um arco agudo o suficiente para comportar uma passagem de qualquer largura, ao mesmo tempo que se mantém o tema geométrico em todo o prédio.

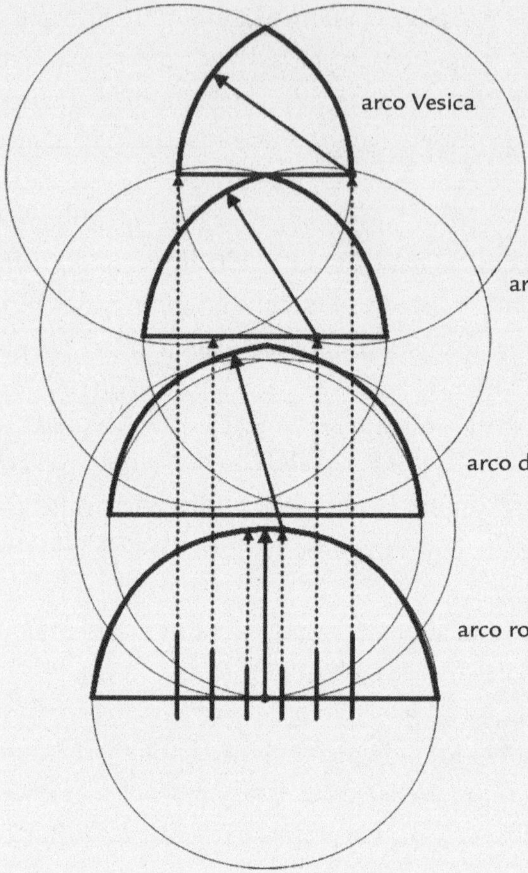

Figura 7.7. A evolução do arco a partir do romanesco, passando pelo gótico até o puro Vesica.

Menos visível do que os arcos góticos das catedrais é a rede de triângulos equiláteros iniciada no "cruzamento", que fica no núcleo de uma igreja gótica, onde a longa nave da igreja *cruza* os transeptos em ambos os lados (ignorando-se quaisquer das alas laterais desses elementos).[5] O projeto inteiro de Chartres está baseado nesse cruzamento. Se o cruzamento é uma unidade sobre o menor eixo, então as oito colunas centrais definem um comprimento de raiz de três. A partir desse centro, cria-se um padrão sobre o qual o desenho arquitetônico da catedral pode ser desenvolvido, usando-se apenas os pontos definidos por uma grade expandida *ad triangulum*. Desse modo, embora a variedade fosse possível, a regra da raiz de três foi sempre uma *pedra fundamental* em tais desenhos (Figura 7.8).

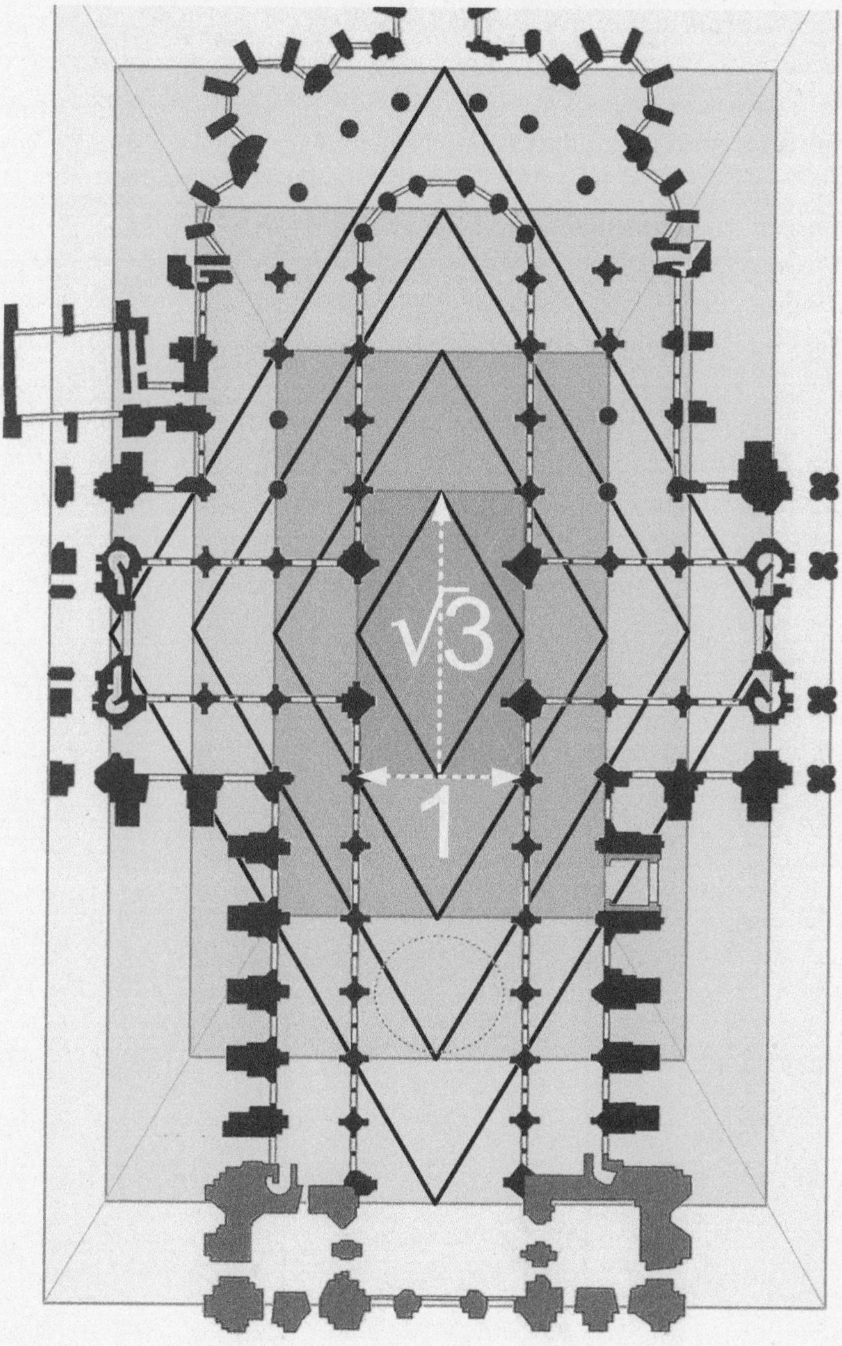

Figura 7.8. O padrão do piso de Chartres mostrando a evolução da proporção √3 de dentro do padrão de cruzamento. (Segundo Gordon Strachan, *Chartres: Sacred Geometry, Sacred Space* [Edimburgo, Escócia: Floris Books, 2003].)

O estilo romanesco, que precedeu o gótico, estava baseado na ideia de harmonia entre as proporções de número inteiro. O resultado foi arcos circulares e 7, o uso de retângulos de número inteiro. Em Chartres, a catedral gótica foi construída no sítio de uma catedral romanesca que ruiu no último de uma série de incêndios. É muito provável, como veremos no próximo capítulo, que as primeiras igrejas góticas fossem igrejas romanescas adaptadas e que a nova característica fosse basicamente a incorporação da raiz quadrada de três.

Como uma planta baixa, portanto, o projeto arquitetônico da nova catedral gótica incluía uma vulva sempre em expansão sobre a Terra horizontal, para representar na sua superfície o mesmo poder de Mercúrio–Miguel, que prepara a crosta da Terra como um espaço sagrado. A raiz quadrada de três também define a estrutura na vertical até a abóbada em arco, que tem a forma gótica pontuda (Figura 7.9). Em Chartres, a abóbada é definida como um arco pelo pentágono, com todas as suas relações de Proporção Áurea e a associação

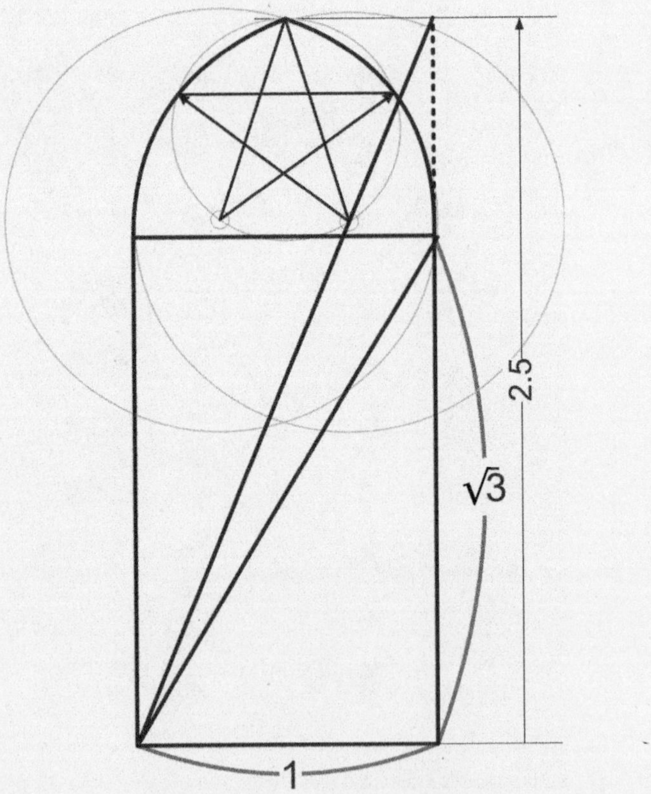

Figura 7.9. Uso vertical da raiz do número três em Chartres.

com Vênus como Virgem. Estendendo a metáfora arquetípica desse modo, a dimensão vertical indica a vida emergindo triunfalmente do solo preparado por Miguel "arando" a superfície.

Essas construções eram situadas em lugares antigos não apenas para encobrir seus precursores pagãos, mas também para empregar as mesmas energias da Terra a serviço de Deus, pelo emblema do matador do dragão. Também se conseguiu a criação de um espaço arquetípico que combina a essência das características numéricas dos planetas interiores. Isso tem sido chamado de "arte objetiva", na medida em que se conecta ao significado de tal modo que o transfinito poderia ser apreendido por meio do veículo da imaginação humana evoluída do espaço.

Abaixo do piso se encontram os espaços ctônicos da Deusa Terra, ainda presentes na forma de criptas pré-históricas ou pré-medievais, adequadas à Madona Negra, e de antigos poços de cura. O vertical tem sido transformado, portanto, no elo de ligação entre o submundo do oracular e uterino, e o pentágono elevado, no qual a fêmea se tornou inteiramente conceitual e celestial como Vênus.

A história esotérica e a produção simbólica são, portanto, trilhas alternativas, a primeira apenas para o iniciado nos mistérios em questão. As interrupções na história e mais amplamente, entre a pré-história e o presente, são uma ilusão que afeta apenas aqueles preocupados com assuntos existenciais. Os símbolos não têm mudado muito, embora os nomes tenham. A arquitetura religiosa ainda está entretecida em arquétipos conectados com o céu e com diferenciações fundamentais do espaço encontradas na geometria sagrada antiga.

O PADRÃO DE TROIA

Um dos inexplicáveis acréscimos ao piso de muitas catedrais foi o labirinto. Muitos deles foram removidos durante a Revolução Francesa, mas talvez o maior ainda permaneça no piso da catedral de Chartres. Entre as torres gêmeas da catedral, para o Sol e para a Lua, encontra-se a famosa Rosácea. Se essa parede caísse intacta no chão da catedral, a Rosácea iria cobrir exatamente o círculo dentro do qual o labirinto está desenhado.

Vamos olhar mais profundamente o projeto arquitetônico de Chartres no próximo capítulo, mas o labirinto dá, por sua posição, uma chave simples para o todo. Um círculo centralizado no meio do cruzamento, o foco central de uma igreja gótica, atravessando o centro do labirinto, também atravessa o centro da abside, ou ponto redondo no final do coro. Em outras palavras, há uma perfeita simetria entre esses três centros, expressa na Figura 7.10 pelos três círculos, cada um atravessando o ponto central do outro. O labirinto e a abside representam os dois extremos da igreja romanesca sobre os quais o edifício gótico foi construído, cujas fundações se tornaram os níveis mais baixos da atual catedral. Parece que o cruzamento foi colocado exatamente entre as duas extremidades da antiga igreja.

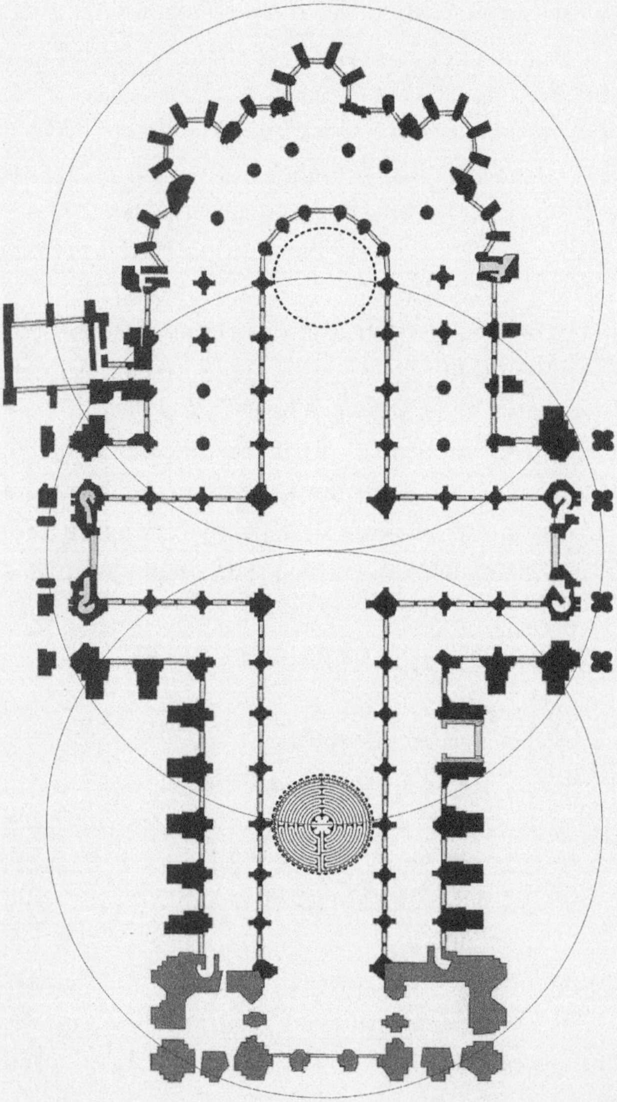

Figura 7.10. Os dois centros da abside e do labirinto definem as extremidades da igreja romanesca anterior. O novo cruzamento do gótico parece ter sido localizado exatamente entre os dois.

Um labirinto não é um emaranhado de caminhos, já que existe apenas *uma rota* até o seu centro, e a mesma, portanto, para sair dele. Ele tem sido comparado com o conceito de chegada a este mundo e partida dele novamente, por intermédio das esferas de influência planetária. Em um nível mais prático, os peregrinos consideravam a travessia do labirinto como uma bênção espiritual e uma peregrinação em si (Figura 7.11).

Figura 7.11. O labirinto de 11 divisões de Chartres.

O labirinto em Chartres baseia-se em 11 níveis, enquanto um outro padrão muito conhecido, o labirinto de Creta, baseia-se em sete níveis. Ambos se referem ao labirinto natural dos intestinos, que eram usados amplamente no mundo antigo como oráculos divinatórios (Figura 7.12). Assim como no labirinto, existe apenas um caminho pelos intestinos, que eram considerados um reflexo do cosmos. Aqui novamente o deus intestinal está associado com Mercúrio, enquanto as camadas de um labirinto representavam, no intestino e igualmente no labirinto, níveis planetários e, consequentemente, o sistema solar. Como o conhecimento do deus do intestino e a rede oracular de locais sagrados estavam ambos ligados a Mercúrio, encontrar tal símbolo no piso de catedrais medievais indica uma pura continuidade da tradição.

Figura 7.12. O deus do intestino era associado com um augúrio feito a partir das entranhas, a principal razão para sacrifício de animais, que era uma tentativa de ver o futuro por meio de padrões da natureza. Humbaba, por volta do século VII a.C. (British Museum).

O padrão de sete divisões do labirinto – frequentemente chamado "Troia" ou "Cidade de Troia" – tem-se revelado matematicamente singular como o melhor desenho natural. Isso poderia explicar sua existência dentro de muitas regiões do mundo. No noroeste da Europa labirintos desse padrão têm sido encontrados desde a Escandinávia até a Irlanda. Nas Américas, os índios Hopi tinham uma versão, enquanto os mais antigos datados estão na Galícia, noroeste da Espanha (c. 2500–1800 a.C.), e nas costas de uma tabuinha Linear B de um palácio micênico em Pilos, no sul da Grécia (c. 1200 a.C.).

Uma teoria sobre o possível significado dos labirintos é que eles eram o sinal de um ritual para o *estabelecimento de um novo centro*, que era alcançado se atingindo o centro por uma rota tortuosa. A ideia de 11 camadas para serem percorridas está indicada na visão de mundo de Aristóteles das quatro esferas além dos planetas, e sete esferas planetárias (totalizando 11). O desenho menor de labirinto de sete talvez represente apenas os planetas. Keith Critchlow, usando o modelo medieval aristotélico, interpretou as 11 camadas encontradas em Chartres como o *caminho para dentro e para fora do sistema planetário*, com a Terra no centro.

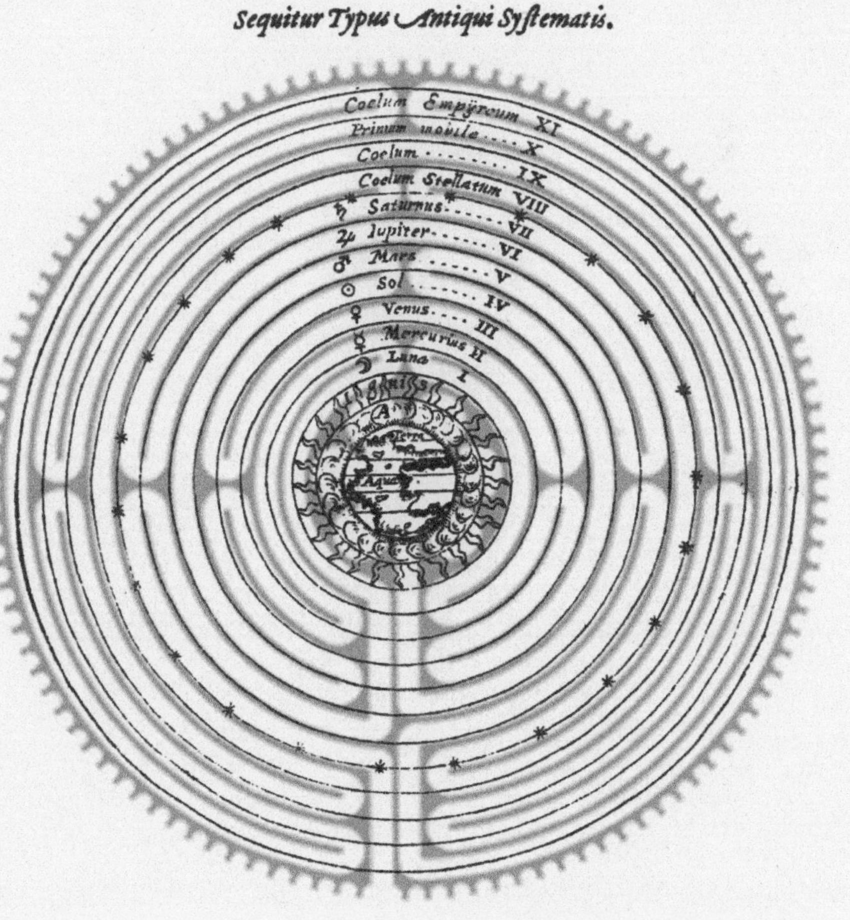

Figura 7.13. A visão de mundo de Aristóteles segundo a interpretação de Critchlow do labirinto encontrado em Chartres. (Segundo Keith Critchlow et al., "Chartres Maze, a model of the universe?", RILKO Occasional Paper Nº 1.)

OITO

OS TEMPLOS MEDIEVAIS

Uma cultura ou civilização é definida pelo que é *in* ou o que é *out*. A definição simples de *out* é tudo o que está além das fronteiras geográficas ou culturais do império. Alguns componentes culturais, embora *out*, podem ser revistos de tempos em tempos e então tolerados, ou do contrário ser eliminados. O conjunto pré-clássico que chamamos de "Atlântida" ainda existia no tempo do Cristo por meio de muitas formas de crenças e de diferentes grupos étnicos que os mantinham. Assim, uma tapeçaria cultural repousa sob, por exemplo, o Império Romano, cujo principal interesse era a taxação de seu grande império.

À medida que o cristianismo era incorporado à vida religiosa pagã dos romanos, por Constantino, o Grande (272–337), a interação entre a terra e o céu, tão importante para a religião antiga, foi substituída pelo poder da *Palavra*: interação entre a linguagem e a própria mente. Foi como se uma *Idade das Ideias* estivesse despontando. Essa tendência estava nascendo por meio da especulação filosófica e inovação técnica gregas, embora os filósofos ainda fossem intimidados e ameaçados quando suas ideias eram consideradas *desrespeitosas aos deuses*.

Embora esse movimento grego de filosofia estivesse desvinculado da religião, ele finalmente se fundiu com a religião de Jesus. Isso ocorreu devido ao forte impacto cultural do mundo de língua grega sobre o leste do Mediterrâneo, por meio de seu poderoso centro em Alexandria e, posteriormente, da vida intelectual romana, que foi moldada com base no panteísmo clássico grego. O mais grego dos quatro evangelhos, *O Evangelho de João*, inicia com a declaração: "No princípio era o Verbo, e o Verbo estava com Deus, e o Verbo era Deus". Verbo em grego é *Logos*, um todo primordial dentro do qual toda inteligibilidade estava contida, isto é, todos os significados latentes na mente de Deus.

O Logos apresentava uma fonte alternativa de significado com relação à da visão de mundo numérica, ou, pelo menos, interpretou-se a partir disso que as *categorias filosóficas* criadas pelos filósofos gregos eram, de algum modo, verdadeiras, mas dentro de uma *paisagem mental*, e não nas *antigas paisagens sagradas* da Terra. A alternativa verbal aos números formou a base para a nova visão de mundo *mental* vista no pensamento neoplatônico. O próprio Platão se situa entre o pré-histórico e o novo pensamento, exatamente como o anjo apocalíptico da Bíblia, com um pé no *criacionismo numérico* e o outro no *criacionismo mental*.

Contudo, o *Verbo emanando de Deus* é muito semelhante aos arranjos físicos encontrados no interior do sistema solar, e consequentemente do deus Sol e sua família imediata, composta de Mercúrio e Vênus. Na verdade, Mercúrio é considerado a fonte da própria linguagem, um fato muito compatível com sua natureza ardilosa, visto que as palavras podem ser sábias ou enganosas. A cultura clássica era um sistema panteísta baseado em um panteão solar, de algum modo animado por Zeus-Júpiter, que tinha deposto Cronos/Saturno, o deus do tempo. O próprio Saturno tinha deposto um governante anterior, Urano, decepando os genitais desse deus celeste. De acordo com o mito, Afrodite Vênus surgiu do local onde eles caíram. Ela se formou "a partir da espuma do mar", isto é, ela surgiu da espuma do nascer e do pôr do sol, como primeira estrela da noite e em seguida a estrela da manhã. Como o mensageiro divino, Mercúrio se arremessa sobre a deidade solar nos seus pés alados, para formar um "arbusto em chamas" ou, mais sistematicamente, a Estrela de Davi.

Quando, finalmente, a filosofia grega e o monoteísmo judaico foram integrados ao cristianismo por volta do século IV, os romanos foram capazes de aceitar isso sem perseguição. Discutivelmente, outros componentes do mundo antigo foram apreendidos dentro do sistema judaico de pensamento – tais como o conhecimento de metrologia dos egípcios e caldeus – e testemunham a medida sagrada de comprimento dos judeus e a semana de sete dias.

O progresso do monoteísmo e da religião baseada no Verbo pode ser visto também como o progresso da ideia de história, visto que o registro de acontecimentos cria um mundo verbal de significado. Isso levou a uma síntese posterior: a de que o surgimento da história era a história de Deus e de sua batalha contra as forças que iriam negar sua supremacia. Essa é uma função criadora de mito que está por trás da autorização dos construtores de impérios, e nisso pode-se ver sua utilidade para a igreja e o estado, que se apoiavam mutuamente na era feudal medieval.

A narração de histórias se tornou uma história que continuou pela Idade das Trevas europeia até o período medieval. A última foi tanto um florescer quanto um congelar de algumas novas ideias. A cultura medieval deixou no seu rastro uma riqueza de construções em novo estilo que parece incorporar as artes numéricas antigas, contudo foi dominada por uma Igreja Romana que externamente negava o sentido antigo das artes tradicionais, exceto para seus próprios quadros de especialistas. Uma tradição de sociedades secretas se estabeleceu, oficiais e não oficiais, e existe até os dias de hoje. Essas sociedades, dentro da Igreja ou fora dela, sempre tiveram uma propensão peculiar para as antigas artes numéricas e um interesse obsessivo pelo mundo antigo.

SOBRE IMPÉRIOS E CRUZADAS

As invasões bárbaras foram consequência de migrações provocadas pelo agravamento do clima do norte, o lento final do clima ótimo. A descida desses invasores para o Mediterrâneo era tão inevitável quanto a entrada dos gregos tinha sido mais de um milênio antes, e dos indianos e persas mais anteriormente ainda (Figura 8.1).

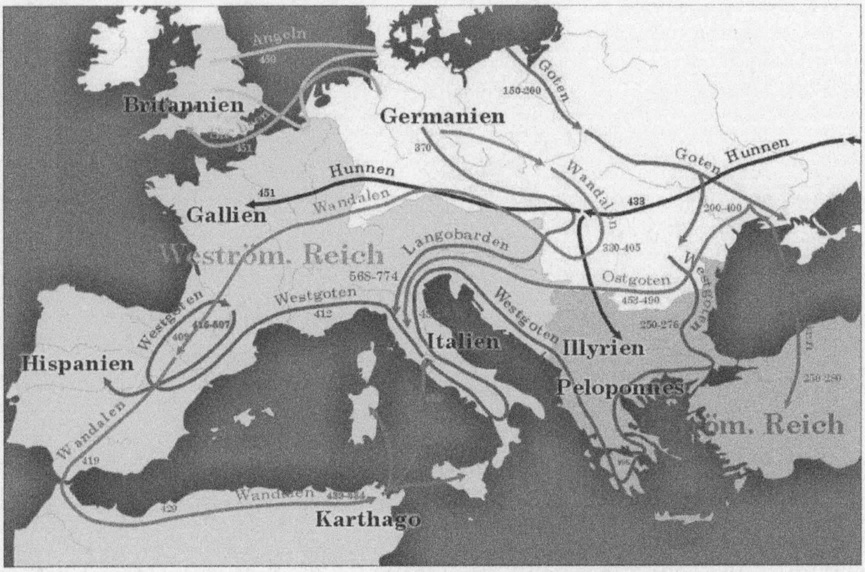

Figura 8.1. Migrações do século II ao V. (Cortesia de Wikimedia Commons.)

O intervalo de tempo entre 300 e 900 d.C. – durante o qual a migração humana ocorreu na área que compreende a Europa central – tem sido chamada pelos historiadores de "O Período das Migrações". A migração, que incluiu os godos, vândalos e francos, entre outras tribos germânicas e eslavas, compôs-se das incursões dos hunos, de pressões populares e de mudança climática. Os romanos foram derrotados por uma aliança entre vândalos e visigodos, que tinham sido convertidos ao cristianismo enquanto viviam junto ao mar Negro na Dácia, atualmente Bulgária. Seu bispo Ulfilas (311–382) traduziu os evangelhos para sua língua, criando assim um escrito visigodo.

Os visigodos então se tornaram um aliado que policiava o novo Império Romano do oeste do Mediterrâneo, onde eles eram usados contra os vândalos. Sua recompensa veio por meio de suas conquistas na Espanha e no sul da França, regiões que se tornaram o império visigodo (Figura 8.2). No entanto, os

Figura 8.2. Reino dos visigodos. (Cortesia de Wikimedia Commons.)

visigodos tinham sido convertidos para um cristianismo não romano chamado arianismo, segundo o qual Jesus, embora divino, como havia sido criado por

Deus era, consequentemente, inferior a Ele.* Assim, Roma associou a área entre a Espanha e a França com o pensamento *herético* importado da Bulgária, que posteriormente se manifestou na cruzada medieval contra os cátaros gnósticos.

Em 711, os mouros islâmicos invadiram a Espanha visigótica a partir do norte da África, e governaram a maior parte da Espanha até que a *reconquista* os removeu da Espanha central, em 1212. Os mouros haviam tentado ir além dos Pirineus, mas foram derrotados pelo líder de guerra, o franco Carlos Martel, em 732. Essa vitória foi consolidada pelo Reino Franco unificado pouco tempo antes sob Carlos Magno, o Grande (por volta de 745–814), nomeado imperador do Sacro Império Romano Germânico em 800, criador do *Segundo Reich.*

Carlos Magno salvou o Vaticano em 774 dos lombardos (e ainda mais escandinavos que haviam ocupado o norte da Itália próximo a Milão). Como muitos outros povos escandinavos, eles adoravam a Mãe Terra Nerthus. Depois da sua derrota, foram criados os Estados Papais, consolidando o poder do Papa. Embora Carlos Magno tenha criado uma vasta faixa do império no oeste da Europa, ele não tomou a Espanha dos mouros. O mundo muçulmano continuava sendo uma ameaça para muitos territórios cristãos, especialmente o Império da Cristandade Ortodoxa do Leste, e isso explica a ideia da Primeira Cruzada.

Em 1095, o papa Urbano II convocou todos os cristãos para se alistarem numa guerra contra os turcos, tendo como retribuição a *plena penitência*: perdão total de seus pecados (incluindo aqueles cometidos nas Cruzadas). Jerusalém foi tomada em 1099 e toda a população foi massacrada, independentemente de sua fé religiosa, *até mesmo os cristãos nativos.*

A Cruzada criou um inimigo externo e fez com que os vários níveis feudais dentro da Europa lutassem menos entre si. Isso também criou um precedente para a Igreja como supervisor espiritual dos poderes seculares por meio da *lei canônica*, que incluiu leis que regiam a aristocracia. Tal como foram criados os Estados Papais por Carlos Magno, diversos pequenos Estados Cruzados foram criados em torno de um Reino de Jerusalém.

Antes das Cruzadas, uma transformação altamente influenciadora na ordem dos monges beneditinos tinha sido iniciada, levada adiante e exemplificada por Bernardo de Clairvaux (1090–1153). Essa transformação resultou numa nova ordem de monges chamada de cistercienses. Eles reverteram à

---

* No catolicismo romano, o arianismo foi denunciado em 321 pelo Concílio de Nicéia, que afirmou: "Acreditamos no Espírito Santo", e mais tarde, "e no Filho", isto é, na divindade do Cristo e da Trindade.

Regra Original de São Benedito, que tinha se tornado um tanto diluída por meio, por exemplo, da eliminação do trabalho manual. Bernardo restabeleceu esse trabalho, que elevou a autossuficiência e o poder econômico dos monastérios, permitindo-lhes reproduzir e criar casas de filhas. Isso rapidamente criou uma rede que em breve cobriu o oeste da Europa com casas cistercienses, que teriam sido perfeitas para atividades geodésicas.

Ao mesmo tempo, uma grande quantidade de informações perdidas para o Ocidente desde o declínio da Roma clássica, tornou-se disponível a partir do mundo muçulmano. Estavam escritas em árabe, grego e hebreu, e outras línguas, mas abrangiam amplamente os trabalhos da antiguidade clássica. Aristóteles e Platão estavam disponíveis em árabe, mas precisavam de tradução. Embora existissem centros abertos de aprendizagem, particularmente na Espanha moura, serviços de tradução dentro da cristandade eram executados em escritórios monásticos, que tinham especialistas em linguagens bíblicas.

Enquanto a Primeira Cruzada tomava Jerusalém, a casa de Bernardo na Burgúndia e a casa de Champagne estavam conspirando para estabelecer uma organização religiosa mais radical – os *Cavaleiros Templários.* Externamente, sua missão era proteger as rotas e o tráfico da Terra Santa e para lá. Suas instruções imediatas, portanto, os levaram a se tornarem os *ocupantes do solo* do Monte Temple, localização anterior do Templo de Salomão, daí o nome dado a eles de "os Pobres Cavaleiros de Cristo e do Templo de Salomão".

Durante nove anos, apenas nove cavaleiros fizeram pouco mais, do ponto de vista exterior, do que ocupar a Rocha de Jerusalém. A pesquisa histórica indica que as famílias nobres em questão providenciaram para que Bernardo e suas duas ordens especificamente recuperassem itens escondidos embaixo do local do templo anterior, os assim chamados estábulos de Salomão. Enquanto especulações concernentes a todo tipo de saque (a Arca da Aliança, o Sagrado Graal etc.) haviam se tornado um passatempo popular, é mais provável que eles tenham escavado camadas subterrâneas misturadas, como foi documentado no Pergaminho de Cobre encontrado como parte dos Pergaminhos do Mar Morto.

O problema com muitos dos documentos pertencentes ao tempo anterior e um pouco posterior à vida de Cristo é que eles contradizem a história difundida pela Igreja Romana para sustentar diversas exigências dentro do seu credo. Informações mais antigas, incluindo detalhes de regras relacionadas à construção de monumentos antigos, padrões metrológicos e técnicas geomânticas provavelmente estavam também representadas. Parece bastante claro, em vista da sua presença nos sítios de Apolo/Miguel, que os beneditinos já tinham tido algum conhecimento de geomancia e provavelmente de outras ciências antigas também. As primeiras instituições cistercienses agiam de acordo com a ideia de "encontrar o lugar certo". Bernardo achava que somente os sacerdotes e monges deveriam empregar as artes tradicionais, apesar do fato de os maçons e suas corporações terem se apoderado de elementos deles. A missão inicial da ordem dos Cavaleiros Templários parece, então, ter sido recuperar informações perdidas e esotéricas, e manter sua utilização privilegiada pelas ordens especiais.

A EVOLUÇÃO DO DESENHO ARQUITETÔNICO DAS CATEDRAIS GÓTICAS

Estariam Bernardo de Clairvaux e suas ordens de cistercienses e Cavaleiros Templários de posse de algum conhecimento novo e secreto obtido talvez a partir da Terra Santa? Certamente se desenvolveu um mito sugerindo que o gótico era uma manifestação desse conhecimento secreto. Há muitos livros catalogando elementos das artes tradicionais, particularmente a geometria sagrada, com relação às catedrais góticas, especialmente a de Chartres, que é considerada exemplar (Figura 8.3). Mas será que pode se encontrar uma sequência criacional relacionada a Bernardo, que pouco falou sobre geometria dentro dos seus volumosos escritos? Embora Bernardo fosse uma figura altamente influente no seu tempo, a construção de catedrais depois de sua morte se tornou um quebra-cabeça, pois a ligação entre sua construção e qualquer conhecimento secreto mostra um curto período de desenvolvimento e recebe pouquíssimas menções nos trabalhos da época. No entanto, a profundidade e a perfeição da aplicação resultante das artes tradicionais são surpreendentes, visto que essas artes eram essencialmente não cristãs. Antes, elas eram projetadas no cristianismo a partir de fontes tradicionais para formar o que veio a ser chamado de estilo "gótico".

Embora o gótico possa ter tido uma mácula medieval, envolvendo bárbaros, ele pode também falar sobre os cavaleiros do norte, que sempre foram cheios de surpresas e influência. Ademais, o povo de Bernardo, os burgúndios, e seus colegas de Champagne eram todos eles assim quando migraram do norte da Alemanha e do Báltico em eras anteriores.

Parte da resposta a essa questão pode ser encontrada no panfleto *L'acoustique cistercienne et l'unité sonore*, de Hubert Larcher, que detalha a filo-

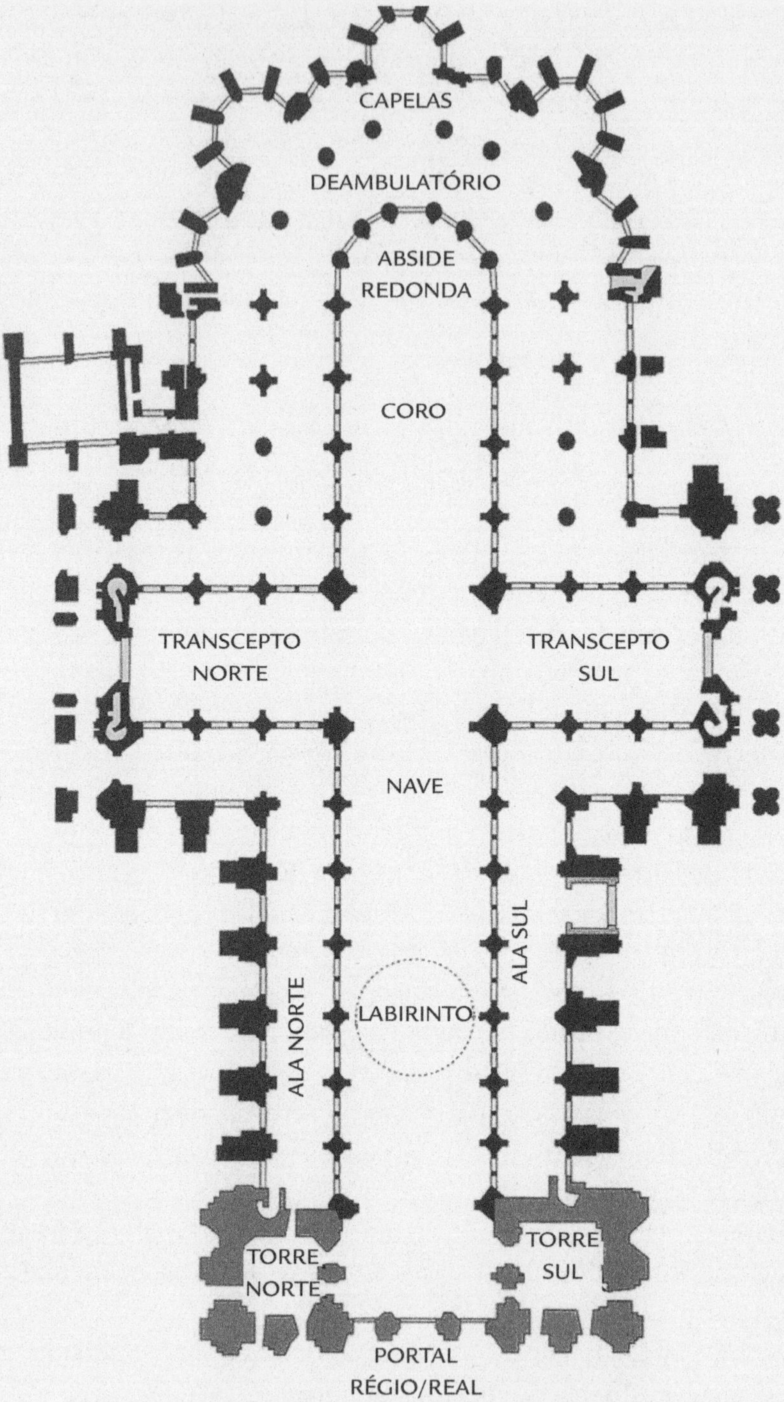

Figura 8.3. Layout tradicional de uma catedral (Chartres).

sofia usada por Bernardo na criação de uma série de capelas que são altamente valorizadas até os dias de hoje pela sua acústica excepcional, sendo as mais famosas as de Fontenay e Thoronet. Elas foram empregadas basicamente para o canto cisterciense, que é uma forma mais rigorosa de canto gregoriano e beneditino. Diferentemente dos vastos espaços das catedrais anteriores, esses espaços lembravam as igrejas escuras de tetos abaulados encontradas em Borgonha, transformadas pela incorporação da Proporção Áurea, na qual "cada nota deve ter o mesmo peso".

Robert Chalavoux analisou a última capela de Bernardo, Thoronet, perto de Marselha, pelo seu conteúdo geométrico sagrado. No que se refere à Proporção Áurea, um número de células repetidas usando essa dimensão é encontrado formando uma nave rudimentar e alas de quatro células por quatro, para criar um retângulo de Proporção Áurea fundamental. Mais duas células são adicionadas para formar transeptos rudimentares, em grande parte para acesso (Figura 8.4).

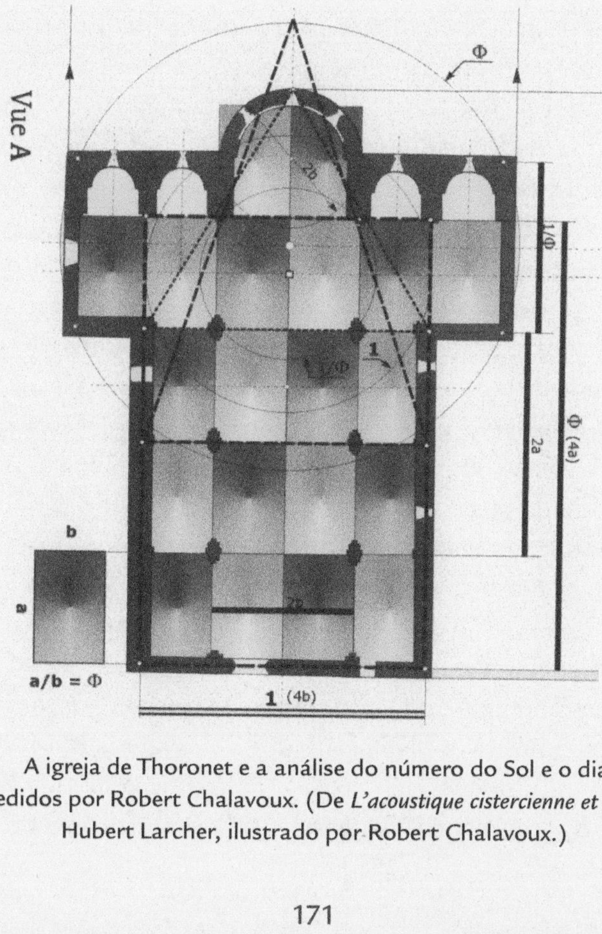

Figura 8.4. A igreja de Thoronet e a análise do número do Sol e o diagrama foram gentilmente cedidos por Robert Chalavoux. (De *L'acoustique cistercienne et l'unité sonore* por Hubert Larcher, ilustrado por Robert Chalavoux.)

Presente também nessa igreja está uma abside circular e em declínio, de cujo ponto Chalavoux desenhou um triângulo equilátero que pode ser uma pista para a evolução até o gótico. Como vimos, é o cruzamento da catedral gótica que difere daquele do estilo romanesco. Ele incorpora a raiz quadrada de três, uma manifestação da qual é o triângulo equilátero. Antes do cruzamento está a nave, onde a congregação se reúne, e depois dele está o coro, representando o espaço mais sagrado, geralmente a leste.

Thoronet tem uma nave, mas o coro é apenas uma abside circular para o altar e os transeptos são pequenos e funcionais, formando uma cruz Tau em vez da cruz convencional; esta era a norma para os desenhos romanescos e para a Chartres inicial. De ambos os lados do altar principal estão duas alcovas menores, totalizando cinco.

A busca por proporções musicais em Chartres imediatamente revela que o corpo principal da catedral pode ser definido pela proporção 15:16, o meio-tom, enquanto o transepto tem uma proporção definida por 8:9, o tom inteiro (Figura 8.5). O leitor deve se lembrar, do Capítulo 1, que essas são as proporções dos sínodos de Saturno e Júpiter para o ano lunar. Ambas as proporções estão *na mesma escala*, o que significa que elas se aplicam acusticamente dentro da igreja na mesma frequência de onda estacionária, cerca de oito vezes a altura da altura da cruz de 48 pés romanos, dando uma frequência de onda estacionária de infrassom de 3 Hz – bem subliminar.

Se a planta de Thoronet for colocada sob uma planta de Chartres, percebe-se a diferença de cerca de um *pé* em Thoronet para um *passo*, de $2^1/^2$ pés, no desenho arquitetônico de Chartres (Figura 8.6). As alas laterais de Thoronet são na verdade mais estreitas do que a metade (dupla largura) da nave e se encaixa perfeitamente com as alas de Chartres. *A proporção da nave para a ala lateral está, portanto, dando origem à elevação da proporção do cruzamento.*

As quatro alcovas subsidiárias de Thoronet se tornam alas duplas do deambulatório, que circunda o coro. O coro de Chartres está baseado exatamente na abside de Thoronet ou na alcova central, que foi projetada mais à frente para formar o coro. Embora as três janelas do espaço original do altar pareçam projetadas para fora, na direção das três capelas principais, que pertencem à abside expandida do desenho arquitetônico de Chartres, elas, na verdade, já existiam na igreja romanesca antiga. No livro *Chartres*, de Gordon Strachan, a ilustração frontal geralmente mostra as plantas das diferentes igrejas no sítio de Chartres sobrepostas. Isso mostra que Thoronet é uma transição híbrida entre o romanesco e o gótico e por isso, um verdadeiro degrau para esse período de transição.

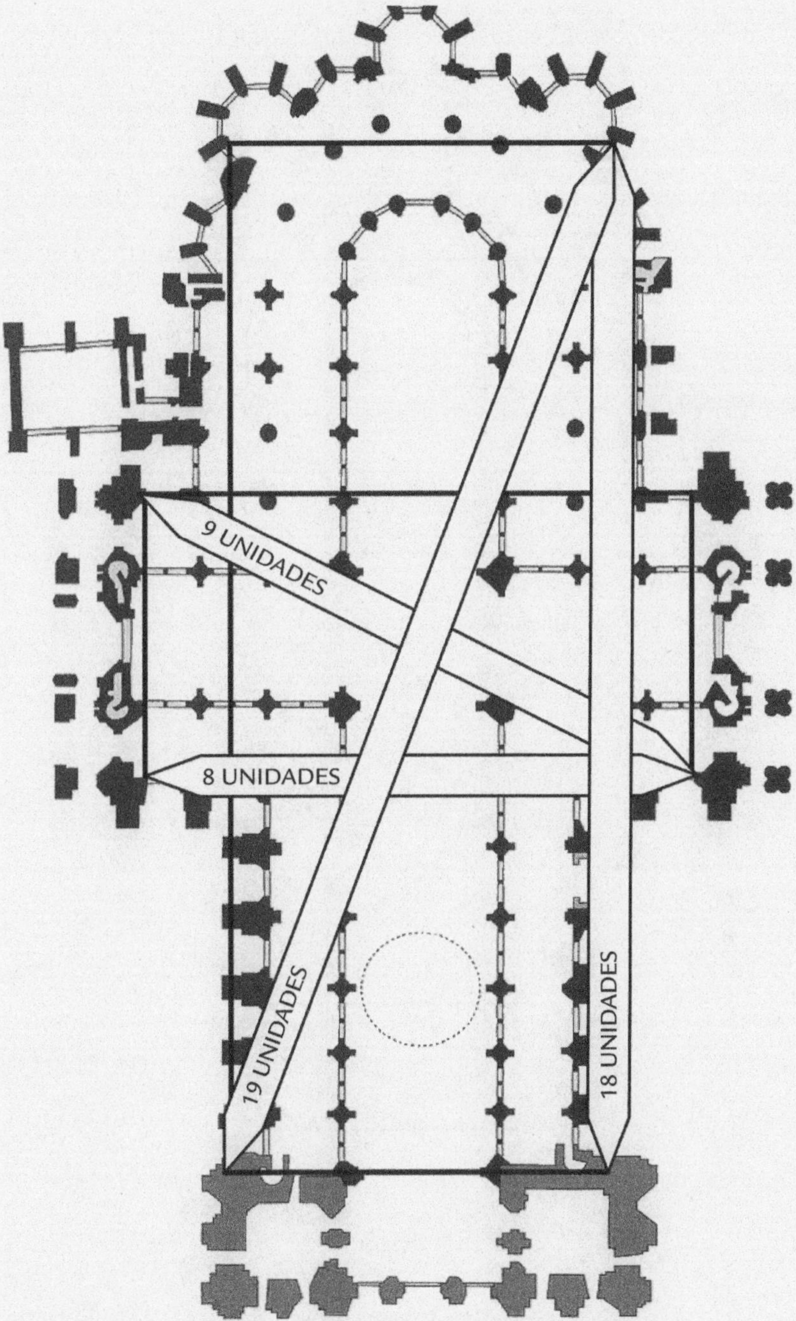

Figura 8.5. Em Chartres o meio-tom e o tom inteiro definem o corpo principal da dimensão do transepto. Isso cria a principal característica da catedral, seus pequenos transeptos.

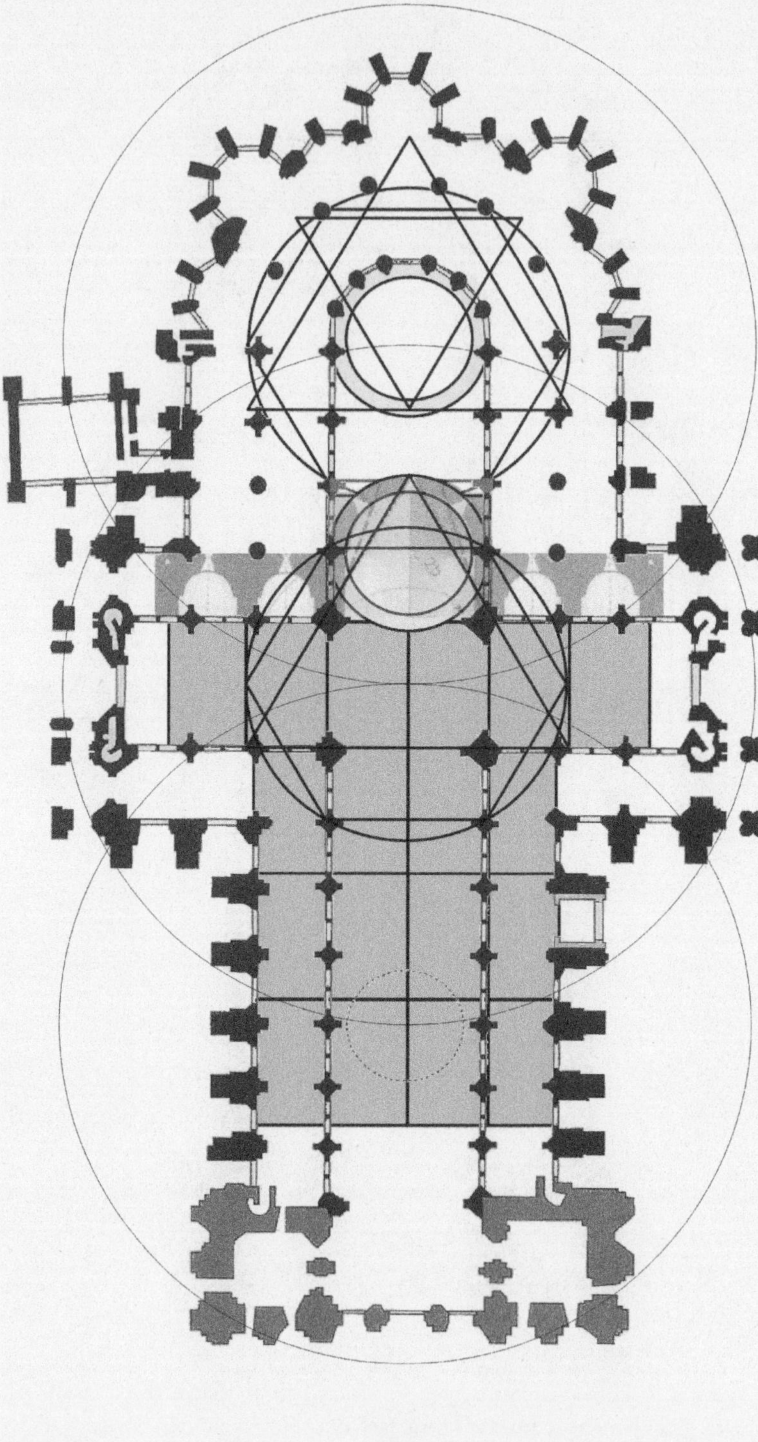

Figura 8.6. Plantas sobrepostas do piso de Thoronet (x 5/2) e Chartres.

O tamanho da célula básica medida por Chalavoux em Thoronet era A = 8,37 metros e B = 5,18 metros. Isso torna B quase exatos 17 pés de comprimento (16,995) e dividindo-se esse número por 13 e multiplicando-se por 21 obtém-se 27,46154 em vez dos 27,46063 pés de A.* Desse modo, Thoronet poderia ter sido projetada eficientemente adotando-se pés ingleses e uma aproximação de 21/13 à Proporção Áurea.

Que tipo de pé poderia ter sido empregado em Chartres? John James associou o pé romano com Chartres em *The Master Masons of Chartres*. Ele usou uma figura que tinha 6,8 pés por 7 pés romanos, mas isso não pertenceria à antiga metrologia, porque sua fórmula conteria o número primo 17. O mais próximo dos valores de Neal seria a *raiz do pé romano geográfico*, no qual o valor da raiz de 24/25 pés é aumentado duas vezes por 176/175 para dar 0,971003 pés, uma diferença de menos de 0,04%. James mediu o cruzamento como sendo de 56 pés por 48 pés, com uma proporção de sete para seis e uma unidade comum de oito pés. Então, 56 pés é o comprimento do lado do hexágono associado com o cruzamento e, consequentemente, é também o raio do círculo que o circunscreve.

A altura total do hexágono é 56 vezes a raiz quadrada de três ($\sqrt{3}$ = 1,7320508...), que é efetivamente 97 pés. Subtraindo 48 daí e dividindo por dois se obtém uma ala de 24,5 pés romanos de largura. Os maçons teriam sido capazes de usar tais números racionais somente porque 56 vezes $\sqrt{3}$ é 97 ou, mais simplesmente, $\sqrt{3} \approx 97/56 = 1{,}7321429$.

Isso mostra como são providenciais os artifícios numéricos para evitar a necessidade de construções geométricas quando se faz uma planta baixa. Existem atalhos semelhantes dentro da grade metrológica na qual 11/7 é manipulado para permitir um número racional de pés um pouco diferentes no diâmetro e raio de uma estrutura circular. A escolha do módulo, ou tipo de pé, surge naturalmente a partir do tamanho do espaço nivelado disponível e a extensão do desenho.**

---

* A unidade definida pela relação 21/13 é muito próxima a 9/8 do pé persa padrão recíproco.

** John Neal mostrou que esse é o caso dos *brochs* da Idade do Ferro do norte da Grã-Bretanha; eles exibem diâmetros internos racionais que usam a maioria dos diferentes tipos de medidas de pé para alcançar o tamanho desejado. Os precedentes históricos dessas medidas pertencem, de acordo com a história oficial, a locais a milhares de milhas de distância e surgiram milhares de anos depois de os *brochs* terem sido construídos. Os construtores de *brochs* devem ter conhecido o conjunto completo de medidas antigas, facilmente derivadas de um comprimento de referência singular, porque todas elas eram frações racionais do pé inglês.

Muitos dos detalhes remanescentes da construção de Chartres são visivelmente derivados de Thoronet e de desenhos arquitetônicos semelhantes que existiram durante a vida de São Bernardo. Isso contradiz a doutrina de que o bispo Denis Sugar, em Paris, mais as influências orientais e normandas estavam gerando um movimento gótico ao qual Bernardo se opunha. Talvez seja mais apropriado dizer que Bernardo e os cistercienses fossem puristas e que para suas necessidades um "pequeno estúdio de gravação" era mais apropriado do que os amplos "halls de concerto" góticos das catedrais posteriores.

Mais importante é o fato de que as catedrais eram construídas em antigos sítios megalíticos e que elas incorporavam padrões geométricos sagrados que não têm um lugar explícito na religião de Jesus. Eram os árabes, os judeus e os gregos que expressavam conhecimento numérico e geométrico explícito tanto nos seus escritos quanto nas construções. A esse respeito, o mito de que os Cavaleiros Templários recuperaram conhecimento perdido e secreto de sob o Monte Temple em Jerusalém pode apontar para o fato de que a revolução gótica teve apenas esses elementos estrangeiros entre suas inovações, reaplicados para a criação de uma nova forma poderosa de cristianismo na Idade Média.

Uma bela iconografia da guilda dos geômetras possivelmente foi encontrada no *Tarô de Marselha*, de Robert Vincent e Philippe Camois. Embora o fenômeno do tarô tenha surgido séculos depois, parece que uma parte da arte dos geômetras foi colocada na carta *Valet du Baton* – o valete de paus (Figura 8.7). Ela junta a Proporção Áurea de Fibonacci e $\sqrt{3}$ por meio de linhas de

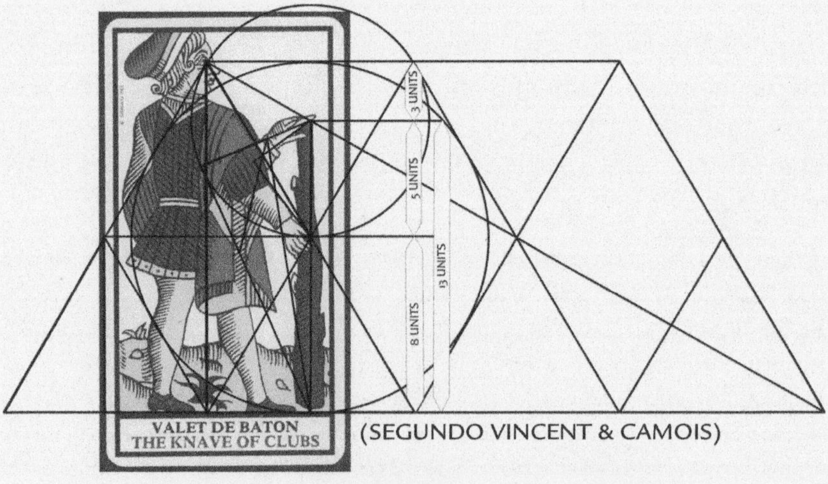

Figura 8.7. Valete de paus do tarô de Marselha.

visão a 30º e 60º. Em um ponto as duas linhas de visão geram uma separação que contém a Proporção Áurea entre elas e o solo.

A mesma geometria pode ser usada na planta baixa da catedral, como mostra a Figura 8.8.

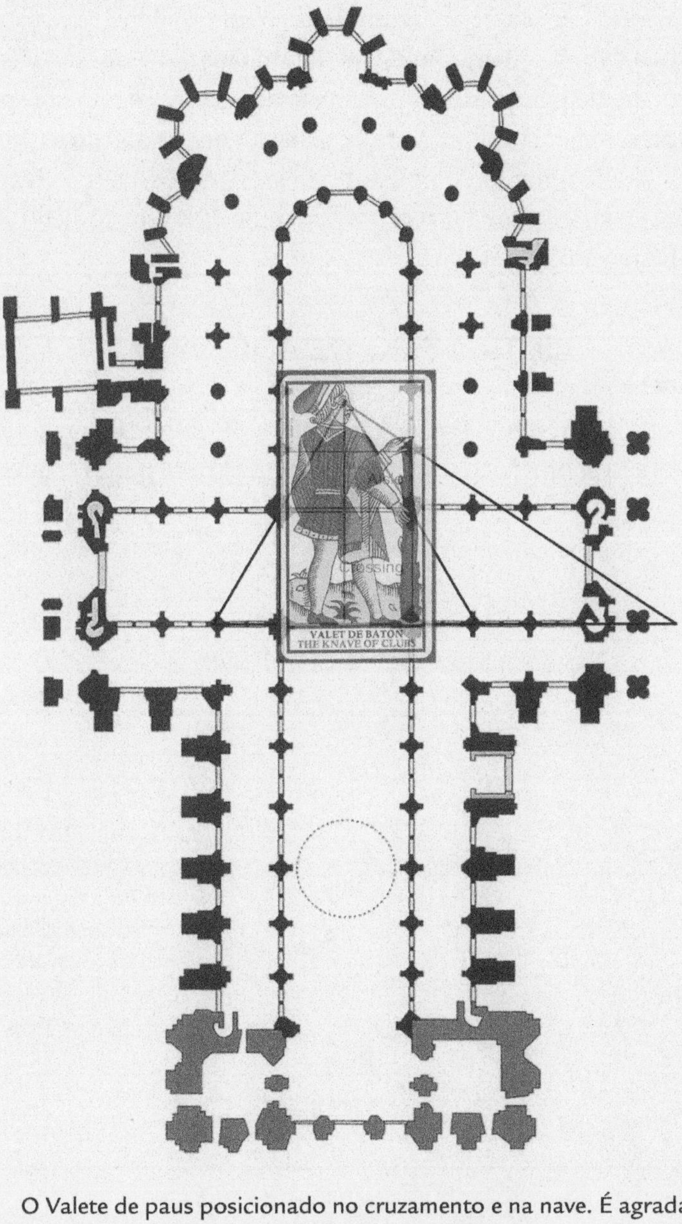

Figura 8.8. O Valete de paus posicionado no cruzamento e na nave. É agradável embora romântico ver essa figura como uma representação das corporações que construíram Chartres e as outras catedrais góticas.

A própria figura traz um estilo de desenho do mundo antigo, especialmente da arte templária egípcia, profundamente iconográfica e tendo um cânone de proporção subjacente. Ela não é muito diferente da pintura de Thoth dentro do hexágono e traz a mesma geometria de 30º. Uma tradição de construção em pedra teria gerado naturalmente, ao longo dos milênios, muitas regras práticas, atalhos e soluções acumuladas para problemas geométricos. Essa carta de tarô é extremamente sugestiva de um deles. A associação com Marselha posteriormente parece deixar uma pista de que esse *know-how* passou pelo porto dessa cidade, que foi o condutor básico para as logísticas templares no Mediterrâneo. O conteúdo completo do tarô, suas possíveis conexões com os templários, e as origens de tal sistema de conhecimento icônico (no norte da Itália e do Languedoc) merecem mais estudo.

OUTRO TIPO DE ADORAÇÃO

Visitando Montsegur, a última fortaleza cátara nos Pirineus, deparei-me com um modelo geométrico do castelo em um cartão-postal (Figura 8.9)! Isso

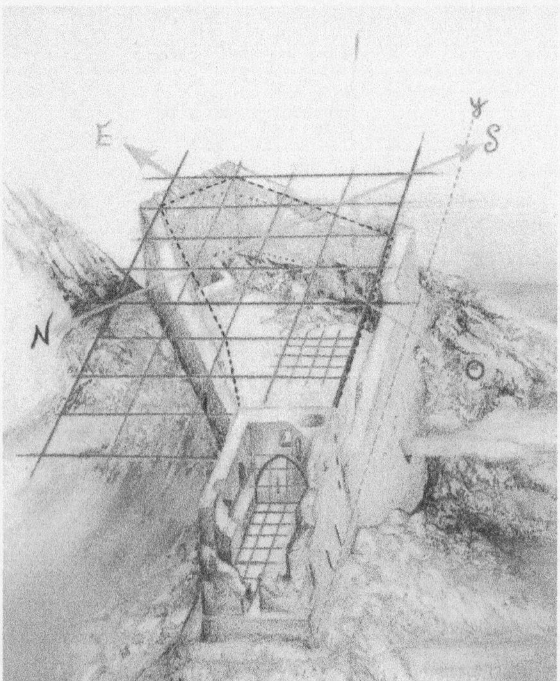

Figura 8.9. Cartão-postal de Montsegur mostrando o desenho de uma grade, proposto por guia anterior do monumento, Patrick Garnier. (Reproduzido com permissão da artista Yan Christine.)

sugeria metodologias similares à geometria sagrada quando ele foi construído, mas quando ele foi construído? Depois que os Cruzados tomaram o castelo, ele supostamente foi totalmente espoliado. Porém, o novo monsenhor para Montsegur, indicado pelo rei, provavelmente não o destruiu de fato, ao menos porque os alicerces do castelo são fixados na rocha – destruí-los seria algo sem sentido, se o castelo devesse permanecer.

Se esse é o caso, então o castelo continua sendo o que era quando estava em poder dos cátaros. Embora não possuíssem os próprios castelos, eles tinham nobres simpatizantes que os representavam no mundo. O fato de o castelo ser geométrico poderia indicar que seus construtores vieram de uma tradição versada na tradição de construção sagrada, mas qual tradição poderia ser essa?

Dizem que, no solstício de verão, o Sol nascente brilha em Montsegur exatamente entre duas fendas opostas, em forma de flecha, da masmorra. Como na Figura 8.10, os lados chanfrados das duas fendas acompanham o ângulo do sol nascente, enquanto as fendas em si estão escalonadas de um modo que cria um alinhamento com o sol nascente. Essa masmorra e uma parede do castelo estendem-se exatamente a noroeste, tornando o castelo sutilmente alinhado com os pontos cardeais, mas a 45 graus.

O formato de um castelo tem que se moldar às possibilidades do pedestal de pedra em questão. Montsegur demonstra que se poderia ainda definir os fenômenos que não se alinham com o eixo principal do espaço disponível por meio de um alinhamento em cruz como o que existe entre as fendas em flecha escalonadas. Quanto maior o alinhamento, melhor a exatidão da linha de visão através do monumento.

Ferdinand Neil demonstrou que várias linhas de visão significativas possibilitam que o ano e, consequentemente, o zodíaco, sejam marcados dentro do monumento por meio de avistamentos da posição do Sol, basicamente no noroeste, mas possivelmente para o leste e o sul também. Isso provocou o costumeiro protesto de que o monumento está sendo superinterpretado pelos ocultistas, de fora da comunidade acadêmica. No entanto, alguém deve ter criado esses alinhamentos incomuns, pelo menos o alinhamento de toda a estrutura a 45 graus dos pontos cardeais. A presença de pequenos alinhamentos é geralmente acompanhada com os do horizonte, pois em um santuário nas montanhas a população naturalmente se vale do horizonte como um calendário solar: a montanha não se move e há muitos pontos de referência distantes.

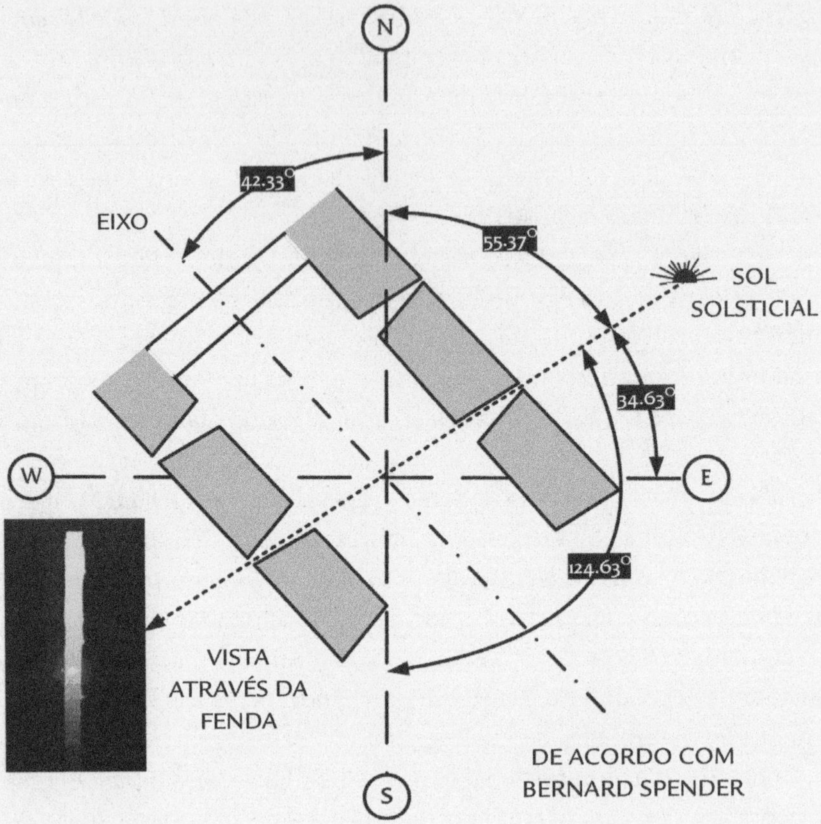

Figura 8.10. Como as fendas em flecha em Montsegur estão alinhadas ao nascer do sol no solstício de verão. (Segundo o trabalho de Bernard Spender e Ferdinand Neil.)

O alinhamento de um dólmen (monumento megalítico) com o nascer do sol solsticial milhares de anos atrás é uma norma permitida, mas não para os cristãos heréticos ao construir um monumento medieval com acessórios megalíticos. No entanto, se os cátaros incorporaram tais práticas, suas crenças podem ter sido uma forma de dualismo advinda do megalítico, visto que não se sabe quais sistemas religiosos foram desenvolvidos no megalítico.

Acredita-se que os cátaros tenham vindo da Bulgária, via Sérvia, como os bogomilos. A Bulgária também foi a terra dos visogodos antes da sua derrota em Roma. Foi no mar Negro e na faixa de terra fronteiriça das estepes eurasianas que o dualismo persa (dois deuses, do bem e do mal, luz e escuridão) foi transmitido às tribos das estepes de origem indo-europeia (ou talvez tenha se originado nessa região). A inovação do monoteísmo por meio da adoração velada do deus do Sol, da mesma maneira que Jeová, criou uma estrutura de crença completamente diferente na qual o mal não era a força da escuridão, mas – mais propriamente —, a rebelião de Lúcifer, todos tendo sido criados por um só Deus.

Os espaços construídos criados pelo monoteísmo na Idade Média eram fechados, diferentemente dos espaços sagrados antigos, orientados para a alternação exterior de luz e escuridão. O alinhamento de Chartres com o solstício do meio do verão representa uma reminiscência do sítio pagão, que foi reutilizado pelos construtores monoteístas. A sintonia entre luz e escuridão foi substituída pela adoração de um espaço interior criado por Deus, ou no mínimo pelo arcanjo Miguel, e o "novo Céu e nova Terra" eram mentais em vez de ambientais.

Os neoplatônicos, tanto da Igreja primitiva quanto da medieval, consideravam objetos mentais como criações divinas, reais em si próprios e tendo qualidades "emanadas" do Divino. Mercúrio é o perfeito exemplar desse criacionismo mental: ele estava próximo ao Sol e também era o Grande Hermes Tríplice (número três, seis etc., e suas raízes), *Hermes Trismegistus*, ou Três Vezes Grande.

Os cátaros viam o mundo como a criação da força sinistra, que aprisiona a luz dentro do humano. Mas para a Igreja, Cristo era "Senhor do Mundo" e lhe foi atribuído o papel de *reconciliar elementos antagônicos* dentro da criação como parte de uma Trindade (Figura 8.11). Essa aceitação da vontade de Deus dentro da criação estava em desacordo com a crença dos cátaros na alma individual feita apenas de luz.

A ideia do Senhor do Mundo envolveu um trabalho. Embora tenha se tornado um dogma central do cristianismo, ela era, não obstante, um projeto indo-europeu sobre o deus herói solar que se sacrifica, exemplificado por Indra como é descrito nos Vedas: "Com a ajuda do Sol ele fez caminhos pela escuridão que se estendia sem caminhos" (Rig Veda VI.21.3), o que sugere um zodíaco; e "Você se tornou o maior pela virtude da palavra sagrada" (Rig Veda X.50.4), o que sugere o Logos.

> Indra não é o mero deus da tempestade em que o folclore hindu posterior o transformou, mas sua associação com o Sol e a descoberta da luz (RV III.39.7a) e alguns de seus feitos evidenciam essa importância psicológica fundamental. Ele é o fazedor de espaços, uma expressão de múltiplos significados. É o portador da luz, cuja ação de afastar a escuridão, de matar Vritra, dragão do caos, torna-o a personificação da luta da mente por liberdade.[1]

Figura 8.11. Jesus como o Senhor do Mundo no portal centro-oeste de Chartres, com as quatro bestas apocalípticas, caracterizações dos trimestres entre os pontos de solstício e equinócio. Ele é emoldurado pelo Vesica Piscis como o Senhor da Era de Peixes, o grande reconciliador dos opostos, e criador dos espaços sagrados via $\sqrt{3}$. Outros portais mostram as sete artes tradicionais /planetas e o zodíaco.

O que era explicitamente indo-europeu tornou-se implícito no cristianismo ocidental, na atmosfera doutrinária da Idade Média. Talvez seja por isso que houvesse tantos rumores de grupos secretos, grupos que compreendiam isso.

O MITO MEDIEVAL DO REI ARTHUR E OS CÁTAROS

Como mencionado anteriormente, a história do rei Arthur deslocou-se do sul da Escócia para o País de Gales logo que o mundo p-celta dos bretões (nativos) britânicos foi derrotado. Mas a Grã-Bretanha já era uma terra indo-europeia, sendo o celtismo druida a última apreensão histórica de instituições religiosas antigas de larga escala. Os romanos trouxeram outras influências, tais como as práticas dos sarmáticos e dos mitraístas das legiões romanas.

As regras da cavalaria presentes nas histórias medievais de Arthur e a extrema virtude dos "Perfeitos" cátaros (que geralmente excediam os monges católicos em sua austeridade) eram algo impossível de defender contra o pragmatismo de cavaleiros bestiais, ansiosos para empunhar sua espada, e contra clérigos doutrinários encorajando-os a tomar as propriedades e a vida dos outros. Foram o cavalheirismo e a heresia o mais alto patamar moral dessa época? Talvez a brutal supressão dos cátaros no século XIII seja compreensível à luz da ameaça que eles representavam do ponto de vista religioso e político, com a sua localização estratégica entre a Aquitânia, a Espanha moura, Roma e o reino dos francos.

Os mitos arturianos mais novos foram divulgados pelos reis plantagenetas da Inglaterra, normandos que eram Duques de Anjou. Quando Henrique II se casou com Eleanor de Aquitânia, a mulher mais rica do mundo, o diminuto reino franco e a batalhadora Igreja Romana estavam deparando com desafios poderosos. As alianças eram complexas e as novas histórias sobre Arthur – a Matéria da Bretanha [*Matter of Britain*] – retratavam a situação ao reelaborar e desenvolver os elementos míticos.

Chretien de Troyes escreveu parte desses mitos para a corte de Troyes, a capital histórica de Champagne, o principado do conde Hugues de Champagne, que fundou os Cavaleiros Templários apenas um século antes. Essas histórias medievais, porém, tinham uma linhagem celta, tal como traduzir Tristão e Isolda para Lancelot (da Bretanha) e Guinevere, a rainha de Arthur.

Se projetarmos o triângulo de lunação a partir de Edinburgo em um mapa recente do Império Angevino (Figura 8.12), a famosa corte cavalheiresca de Eleanor em Poitiers e Toulouse, a capital do catarismo (e antes dos visigodos), encontra-se na hipotenusa intermediária, que então segue para Mallorca (Maiorca). Essa linha está associada com o casamento sagrado e coros perpétuos – é muito adequado que os trovadores venham desse eixo. Essa linha deveria ser chamada de Linha do Graal, especialmente considerando que o mito de Maria Madalena como esposa de Jesus agora se junta com o de Arthur e Guinevere e Tristão e Isolda, como mitos sobre o casamento sagrado entre masculino e feminino, Sol e Lua.

As conquistas normandas estavam na verdade em curso, durante o Império Angevino, apenas para serem rechaçadas pelos seus aliados nas Cruzadas, os franceses do norte e a Igreja Romana. A política de blocos de poder poderia estar por trás da criação de mitos. O Graal surgiu como um símbolo novo e mais evocativo, que ligava a tigela de cura celta com a taça da Última Ceia,

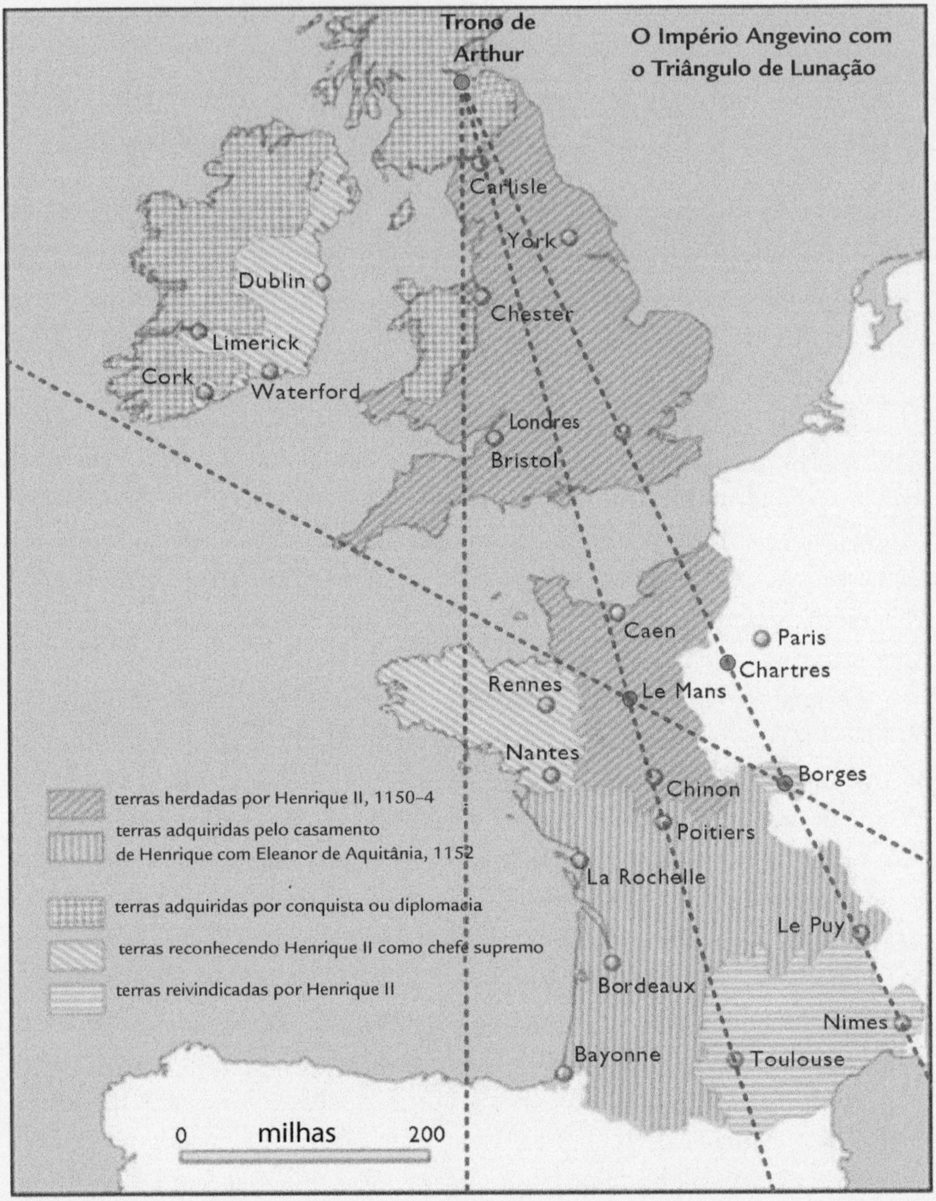

Figura 8.12. O Império Angevino, sob Henrique II da Inglaterra, exercia poder sobre a maior parte da Grã-Bretanha e oeste da França, provavelmente adotando a Matéria da Bretanha e Arthur além da Bretanha p-celta e em direção ao país cátaro.

receptáculo do autodeclarado sangue de Cristo, e uma terra doente e devastada com a missão dos cavaleiros de encontrar o Graal de modo a redimir a terra.

A Igreja medieval sabia que, nessa história de Arthur, ela estava deparando com:

1. uma fonte alternativa de mito e simbolismo sobre a qual ela não tinha nenhum controle direto, e
2. uma heresia sutil que, revestida como era da própria nobreza, seria difícil de ser atacada enquanto mantinha o direito divino dos reis e outros tipos de artifício que sustentavam a aliança da autoridade secular e religiosa dentro do sistema feudal.

Os Cavaleiros Templários estavam bem próximos desse protótipo. Eles eram anunciados como nobres cavaleiros empenhados numa missão secreta, o que parece provável agora. Tinham proximidade com o sul herético, visto que o suporte logístico de operação deles se desenvolvia entre La Rochelle, no Atlântico, e Marselha, no sul da França.

Os muitos penhascos de Languedoc, com castelos de conto de fadas e senhores feudais de importância secundária, poderiam ter inspirado a ideia do Castelo do Graal, embora a interpretação convencional localizasse os eventos arturianos na Grã-Bretanha (Figura 8.13). Isso poderia representar um deslocamento semelhante àquele proposto por Vinci dos contos de Homero para o Báltico. O país cátaro poderia ter sido injetado para expandir o mito e refletir a história e fontes internas do medieval no sul da França.

De fato, os contos de Arthur do período medieval são mais plausíveis na paisagem mística dos Pirineus franceses, a original Provence, que se estendia desde Aquitaine até Rhone, uma cultura que foi praticamente varrida pelos cruzados cátaros. Os contos mais recentes podem ser vistos como uma reformulação do mito arthuriano e céltico, com a inclusão de novas influências, tais como o cavalheirismo, o amor cortês e a missão mística. O que emerge é mais o espírito da época do que a conspiração, com influências islâmicas, cátaras e cristãs se entremeando e se interfertilizando. O mistério dos Templários e do Graal representa a mesma justaposição; o primeiro como uma misteriosa, mas verdadeira, ordem de cavaleiros, e o outro como um símbolo do Polo e seu poder oculto, redentor e sacralizante.

Apenas a heresia demonstrável pode ser eliminada, dando origem à primeira das muitas Inquisições, que permitiram aos francos tomarem as terras

Figura 8.13. O Castelo de Puilaurens se mistura com a rocha e a névoa, demonstrando o caráter evocativo dos castelos encarapitados nas fortalezas de Languedoc.

dos cátaros em nome de uma cruzada e romper o domínio normando no sul e no oeste da França, na época do rei John, o inimigo mítico de Robin Hood e usurpador da última verdadeira esperança angevina: Ricardo Coração de Leão.

NOVE

A VIDA, O UNIVERSO E TUDO MAIS

Como a *história*, baseada na invenção e na escrita, surgiu de uma *pré-história* baseada na medição e monumentalização do cosmos? No mito, um ciclo como esse poderia ser explicado como sendo resultado da variabilidade das eras precessionais do mundo, eras que se tornaram conhecidas, na linguagem popular, como do ouro, da prata, do cobre e do ferro, como se os metais, de algum modo, representassem os valores morais das eras.

A abordagem desse mistério traz à baila algumas questões, entre elas:

1. O que existe de diferente na visão monoteísta de Deus, tão influente no período histórico?
2. Por que é impossível para a ciência atual encontrar qualquer explicação causal para os mistérios da Terra?
3. Como as características físicas do nosso planeta podem mostrar um certo nível de alinhamento em seus fenômenos naturais (tais como as Linhas Michael) e por que os seres humanos antigos construíram estruturas monumentais evidenciando alinhamentos semelhantes (ou seja, geometrias de paisagens)?
4. Por que o sistema de 12 divisões foi associado com Júpiter-Zeus se ele parece ser uma divindade solar surgida na Idade do Bronze?

A HISTÓRIA E A IDEIA DE DEUS

Há uma forte implicação nas crenças místicas do passado de que a vida interior da humanidade está de algum modo ligada às mudanças no mundo exterior – "Tal é em cima, como é embaixo". A lógica por trás disso é dupla. Primeiro, o universo em si representa a "exaustão de Deus", em que todos os potenciais mantidos na mente de Deus, as possibilidades numéricas criadas com o universo, de alguma maneira criaram o mundo presente. Isso proporciona uma explicação sobre por que Deus, em sua natureza ativa, não pode ser conhecido exceto por meio do universo e por nós. A prova da existência de Deus fica então dependente de pensarmos ou não que o mundo foi criado por tal ser. Essa natureza opcional da crença em Deus é na verdade uma virtude poderosa porque ela significa que, como seres pensantes dentro da criação, os seres humanos não são controlados por Deus – caso Deus exista. Isso nos dá o poder de ser uma força ativa, para fazer coisas tanto boas quanto más, e para sermos exatamente "como deuses".

Em segundo lugar, consequentemente, a criação de nossas próprias vidas e a construção das civilizações de diferentes tipos representam as formas pelas quais o potencial humano de fato é aplicado dentro deste mundo. A criação de uma nova civilização se inicia quando forças relativamente pequenas definem as raízes que irão estabelecer o tom para tudo o que se segue. Em consequência disso, a humanidade pode seguir a história da criação em que as ideias de uma civilização também se tornaram exauridas por intermédio da exploração do *potencial das ideias* presentes nesse início de civilização.

Dessa maneira, a cultura megalítica pode ser vista como uma cultura baseada no estudo do mundo objetivo, ele mesmo baseado em um modelo numérico dessa criação do mundo. A partir daí uma ideia de Deus, um criador, teria surgido naturalmente. Minha proposta é que essa *Ideia de Deus* tenha vindo para substituir as *Obras de Deus* no início do período histórico.

A Ideia de Deus, no singular, é diferente de Deus. As Obras de Deus são diferentes das coisas que as pessoas fazem por causa da Ideia de Deus. Os componentes básicos dessas duas afirmações podem ser demonstrados no quadro como:

"PRÉ-HISTÓRICO"	"HISTÓRICO"
Deus	A Ideia de Deus
Obras de Deus	Obras da Ideia de Deus

O lado direito desse quadro é o reflexo do esquerdo na mente humana; o que está acima tem uma qualidade numenal, enquanto o que está abaixo tem um caráter fenomenal. Somente podemos ver as Obras de Deus, e não Deus, e a Ideia de Deus é *realmente apenas* pressuposta por meio das obras que descrevem Deus.

Essa distinção é necessária se quisermos ter qualquer esperança de ver as diferenças dentro do campo global do pensamento humano com relação a Deus. Obviamente as religiões existem na mente humana como a Ideia de Deus e, no entanto, elas estão sempre se empenhando para fundir a Ideia de Deus com Deus ou até mesmo fingindo fazer isso. É interessante o modo como isso é feito.

Um exemplo de tentativa de fusão é o Verbo ou Logos. Como escritura, textos como a Bíblia vieram a ser reivindicados como sendo Obra de Deus, enquanto evidentemente eles surgiram apenas como trabalhos baseados na Ideia de Deus. Há até mesmo confusão suficiente aqui para permitir que a escritura *se torne* o Verbo de Deus ou Logos, no qual a estrutura da informação é uma criação. Assim, usando a ideia de imanência, como com Jesus como Filho de Deus, as obras se tornam Deus na Terra como escritura revelada.

A Ideia de Deus pode ser um mecanismo evoluído e válido para conhecer Deus, porque as Obras de Deus são a única maneira pela qual um Deus *transcendente* pode ser conhecido. Assim, por exemplo, quando um físico demonstra que a fusão nuclear pode explicar as estrelas, a sintonização de constantes cósmicas permitindo ser esse o caso pode, nas teorias antrópicas,* ser inferida como sendo uma Obra de Deus. Isso pode levar a uma Ideia de Deus. Na verdade, é inteiramente provável que as culturas antigas, tais como as megalíticas, tenham inferido que o movimento dos corpos celestes era uma Obra de Deus, de modo que a Ideia de Deus delas poderia ter procedido desse tipo de obra,

* Referência ao Princípio Cosmológico Antrópico, que se divide em forte e fraco. O princípio antrópico forte afirma que o Universo comportou-se de forma a adaptar-se ao Homem. O fraco diz que o Universo comportou-se de forma a surgir o homem.

a qual talvez necessite um nome tal como Deus como Criador, ou em grego, *demiurgo*. Esse tipo de funcionamento conecta as Obras e a Ideia de Deus.

Mas era a cultura megalítica uma religião? Sim, no sentido de "reconectar com o Todo", então a palavra *religião* parece ter sido cunhada exatamente para descrever o tipo de religião que existia no mundo antigo, o mundo da pré-história, porque havia uma ligação direta entre medidas factuais e especulação divina.

Essa conexão direta não é encontrada em religiões modernas e, consequentemente, devemos perguntar: o que os modernos têm e como isso se relaciona à evolução das ideias ao longo da pré-história até a história? A história pode ser vista em termos de religião até o ponto em que a Ideia de Deus se tornou uma escolha. Em outras palavras, o pensamento religioso a princípio era principalmente compulsivo, embora nem sempre opressivo. Mais adiante, a Ideia de Deus se tornou uma afirmação política de que Deus era superior, mas semelhante aos líderes e sacerdotes. A ideia de rei e em seguida a ideia de igreja foram apresentadas como as Obras de Deus, quando essas eram de fato Obras da Ideia de Deus.

Se existir alguma continuidade entre a pré-história e a história, na evolução da Ideia de Deus, ela tem que consistir na ideia de que, como um *meme*,* a Ideia de Deus – um símbolo – *se tornou* Deus: o Deus da religião histórica se tornou um falso Deus, simplesmente pela definição de que ideia alguma pode pretender ser a coisa que ela se propõe a descrever sem ser falsa, ou seja, um substituto para a própria coisa que dá a ela um significado. Esse tipo de religião afirma que o mundo foi criado por Deus, mas diz que as Obras de Deus não são para ser estudadas, mas antes tratadas como um conjunto de cenários para o drama da crença humana na Ideia de Deus.

Alguma catástrofe deve ter ocorrido ao menos na vida interior da humanidade, quando o período histórico despontava no horizonte, que fez com que ela deixasse de achar que a Ideia de Deus baseava-se nas Obras de Deus. O material pré-existente sobre Deus e deuses, que tinha evoluído desde o período Neolítico tardio, foi transformado em diversas peças de literatura sagrada, que contavam à espécie humana o que Deus queria que a humanidade pensasse e fizesse. As Obras de Deus deixaram de ser o universo para ser o Verbo; aqueles

---

* "O termo *meme* (do grego *mimema*, "algo imitado") tornou-se popular com a publicação do livro *The Selfish Gene*, de Richard Dawkins, em 1976. Dawkins definiu *meme* como 'uma unidade de transmissão cultural ou uma unidade de imitação'." (Wikipedia.)

que seguiram o Verbo se tornaram o povo de Deus e os outros tornaram-se pecadores, na medida em que suas obras não eram Obras de Deus.

A criação de tais religiões se tornou regra dentro do período histórico. Essas religiões mantêm-se dentro de limites inteiramente definidos, de modo que a evolução do pensamento é controlada. Qualquer conjunto importante de ideias deve ter um conjunto correspondente de símbolos ou um jargão dentro do sistema; assim, os deuses foram transliterados em santos, calendários foram criados a partir de festivais em dias de santos e assim por diante. Na realidade, apenas o calendário sagrado permanece como uma conexão direta com as Obras de Deus, tais como é o caso do mês lunar, do ano solar, do sínodo de Vênus etc.

O imaginário do pensamento religioso frequentemente permite voos místicos, irmandades etc., que funcionam como um subconsciente para a cultura religiosa. Ele deve sempre permanecer escondido ou oculto para não haver uma crise de autoridade e subsequente ruptura, como deve ter ocorrido com os Cavaleiros Templários. As antigas informações ao estilo de Atlântida parecem ter sobrevivido por meio de tais grupos secretos. Assim, "clubes particulares" das Obras de Deus, tais como as ordens dos beneditinos e dos cistercienses, usaram conhecimento antigo da Terra e de suas energias a serviço da sua Igreja.

O retrato alarmante que emerge do período histórico é o de que os responsáveis por liderar culturas históricas pareciam saber coisas que são proibidas dentro do arcabouço mental da cultura em si. Aquilo que eles sabem pertence à natureza genuína das Obras de Deus, e uma elite desenvolveu a ciência da manipulação da Ideia de Deus para controlar a cultura. Tais grupos podem falar da Grande Obra, que não pode ser conhecida pelos que não são da elite e justifica quaisquer meios para alcançar o que eles percebiam das Obras de Deus. Em outras palavras, a equação das Obras da Ideia de Deus com as Obras de Deus opera a serviço do mito deles.

A época das culturas megalíticas e outras verdadeiramente de estilo pré-histórico podem ser vistas como uma era na qual as Obras de Deus foram estudadas dentro de processos do mundo observável. Isso gerou Ideias de Deus provavelmente baseadas em números e uma sofisticada linguagem de símbolos e correspondências dentro do mundo observável. Essas duas coisas se tornaram coisas separadas quando a Ideia de Deus começou a ser informada diretamente por meio da especulação filosófica, famosa pelas clássicas escolas gregas.

O processo do pensamento abstrato está baseado em símbolos e equações entre diferentes símbolos. Sabemos que deve haver algum tipo de funcionalidade tais como os memes operando no cérebro humano, no qual ideias podem influenciar o comportamento, especialmente o comportamento cognitivo. É inteiramente verdade que sistemas de pensamento são uma forma de mente grupal, e que a evolução obviamente não cessou no ser humano, mas se desviou para uma área diferente de operações mentais, que pode afetar a sobrevivência. Nossas normas culturais sobre liberdade pessoal na verdade servem para evitar que vivenciemos seja o que for que pudesse acontecer se pensássemos que não éramos livres, mas uma propriedade de um ser disseminado superior chamado "nossa cultura", uma cultura que só pode mudar de acordo com leis definidas.

Será que as Obras de Deus incluem o que está acontecendo a nós e o que aconteceu nos tempos pré-históricos? Parece inteiramente provável, mas para entender o porquê somos obrigados a estudar no estilo pré-histórico as Obras de Deus! A ruptura com a tradição, contígua ao começo da história – linguagem escrita, pensamento abstrato e inovação técnica –, foi um "acidente à espera de acontecer", relacionado ao desenvolvimento da notação como um instrumento poderoso para estudar as Obras de Deus. Quando o cérebro se ocupa com o trabalho simbólico de um sistema de notação, ele tem que distinguir a coisa da coisa notada. Então, o símbolo pode ter uma vida independente do fenômeno que ele representa: um eclipse pode ser calculado sem o momento do eclipse, a Lua cheia prevista anos antes do evento.

O FANTASMA DA MÁQUINA

Agora consideramos por que é impossível para a ciência moderna encontrar uma explicação causal para os mistérios da Terra. A área geral de mistérios da Terra poderia ser entendida se adaptássemos algumas ideias de John Bennett sobre o papel de condições determinantes ou "estruturais", que são as condições para a existência de qualquer coisa que esteja por trás de qualquer fenômeno possível. Em resumo, essas condições advêm da ideia de que o universo, em cada ponto altamente estruturado, combina as características do espaço com aquelas das estruturas potenciais e dos processos reentrantes. Bennett chamou essas características de "espaço, eternidade e hyparxis" (natureza essencial). Eternidade se refere ao padrão atemporal e direções no espaço, enquanto natureza essencial diz respeito à recorrência no tempo e à rotação no espaço. As condições estruturais existem em muitas escalas e algumas são especializadas de acordo com a localização, como visto com as órbitas e a rotação planetárias. Quaisquer três elementos podem se combinar para formar seis diferentes arranjos, ou tríades. A visão sistemática disso é o sexteto, que tem o atributo sistêmico da coalescência, significando "se reunir dentro de um corpo ou massa".[1]

Aqui estamos interessados no espírito de um dado local ou nas características do planeta como uma manifestação das suas condições estruturais. Não há dúvida de que a Terra esteja sujeita a uma estrutura poderosa e altamente específica tal como o ambiente numérico encontrado dentro das órbitas planetárias e seu eixo rotatório.

> Portanto, devemos fixar nossa atenção na terceira direção espacial [relacionada com a natureza essencial], que nas situações simples é associada com a rotação e o eixo do *momentum* angular [por exemplo, da Terra], mas na escala macroscópica é associada com as propriedades da *forma*, *escala* e *proporção*.[2]

Tudo isso parece não ter nenhuma relação *causal* com as condições na Terra além das variações no calor da superfície e alguns efeitos de maré sobre toda a água, à qual a vida celular é sensível. Essa falta de causa é sintomática do modo como a estrutura opera fora do tempo: seus efeitos surgem fora da configuração do universo, considerando que a causação é declarada como uma sequência de causas levando a efeitos, ou uma coisa atuando sobre outra coisa.

Essa única ideia já é um discernimento valioso sobre a razão por que esses mistérios da Terra, nos quais um tipo de poder é atribuído à própria terra, são misteriosos. No contexto do processo histórico do Ocidente, agora endêmico, há um forte componente de causalidade e realização. Por outro lado, na pré-história há forte evidência de oráculos e atividade geomântica, que pode ter sido baseada na *receptividade às condições estruturais*, um modo de não fazer. Toda uma área de fenômenos é completamente filtrada da consciência moderna por causa do nosso foco sobre causa e efeito, especialmente quando visando ao controle sobre nosso ambiente, ganhos pessoais e segurança. A abordagem pré-histórica pode ter sido similar à cultura do Espírito, centrada na China, que tem uma tradição sobrevivente de geomancia chamada feng shui, e as escolas taoistas, budistas, Chan e Zen, que enfocam uma estrutura atemporal, quase à custa da realização.

O modo como as leis estruturais de Bennett operam está *fora do tempo*; por essa razão ele as chamou de Leis de Sincronicidade. O psicanalista C. G. Jung – juntamente com o físico Wolfgang Pauli – também estudou a sincronicidade, que significa "coisas díspares se juntando de uma maneira significativa que não tem explicação causal". Outra palavra para sincronicidade é coincidência. Por exemplo, quando há uma coincidência de penhascos ao longo de uma linha reta, um geólogo que não pode fornecer uma explicação causal racional para a existência dela irá simplesmente desconsiderá-la como uma coincidência. De modo semelhante, um conjunto numérico de ciclos planetários (como encontrados no meu livro *Matrix of Creation*) ou o calendário de Saturno (discutido no Capítulo 1) não impressionam muito a um astrônomo porque a astronomia causal é avessa a ideias tais como a música das esferas, as leis de Bode, astrologia, geometria platônica, todas as quais insultam a racionalidade causal. Similarmente, um historiador dificilmente gostaria da ideia de que os locais onde os normandos viveram dão informações sobre o desempenho histórico deles.

Se, por um momento, eventos não causais forem considerados possíveis, junto com a possibilidade de que possam ser estruturados por um estado geral do universo e configurações locais da Terra, então estamos diante de um mistério amplamente ignorado por pelo menos 2.000 anos, embora ele tenha sobrevivido em tais "superstições" como a astrologia ou adivinhação, e tenha até mesmo se tornado um modismo, como no caso do feng shui. Muitas das nossas teorias sobre o desconhecido tendem a tomar a forma de interação com seres vindos de outras estrelas ou dimensões, ou antes ou depois da morte, ou como anjos; a maioria delas está baseada no nosso medo do desconhecido. Temos povoado o desconhecido com seres, sendo Deus o exemplo perfeito. A ideia de que o universo tem consequências imediatas da sua própria dimensionalidade, não como um ser, mas pela consequência imediata da sua estrutura, tem caído por terra amplamente por meio do orgulho do construtor humano de ferramentas, o *realizador*.

A visão de mundo da estrutura é mais natural para as mulheres, visto que o paradigma é muito semelhante ao universo dando origem ao espírito do lugar, o universo sendo a Creatrix do que chamamos mistérios da Terra. A passagem do matriarcado para o patriarcado é outra característica congruente da mudança da pré-história para a história.

As características físicas do planeta às vezes parecem evidenciar um certo nível de alinhamento entre os fenômenos naturais, mas a explicação geológica das Linhas Michael ou quaisquer outros alinhamentos hipotéticos dentro da paisagem (estendendo-se sobre os continentes, em grandes círculos ou linhas loxodrômicas, de direção constante) nunca irá operar como um mecanismo primário. No entanto, se tais alinhamentos são efetuados por condições estruturais *acausais*, então quaisquer pistas parecerão improváveis e serão difíceis de serem vistas, especialmente quando filtradas pela metodologia da ciência moderna.

Os eclipses solares podem, uma vez a cada milhares de anos, traçar com exatidão quase perfeita o caminho dessas linhas, nessas latitudes, dependendo da localização relativa do nodo lunar. A Lua passa o Sol e sua sombra está sempre indo para o oeste. Em um nodo descendente, em que a Lua avança por detrás do Sol, a sombra pode passar pelo Mont Saint-Michel e se deslocar para o Monte Carmel, como na Figura 9.1. Ocorre algo semelhante com a Linha Michael da Inglaterra para o Báltico. Há pessoas que acreditam que os eclipses têm um efeito, representando como elas veem o eclipse solar. Mas esse efeito envolve profundamente nossas próprias consciências, que nunca podem estar separadas dele.

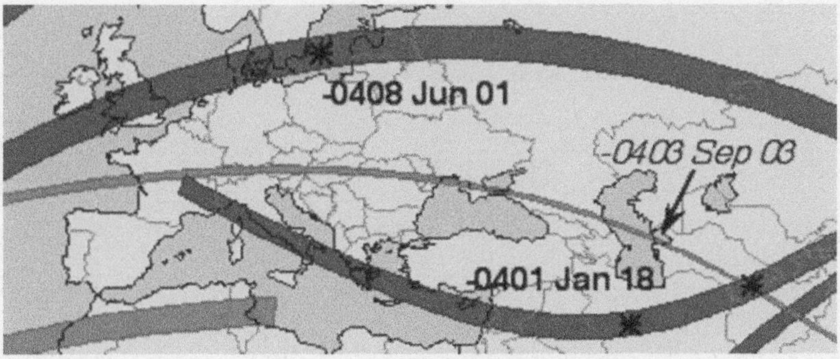

Figura 9.1. Um eclipse total se deslocando da Linha Apolo em 401 a.C. (Ilustração por cortesia de Fred Espenak, NASA/GSFC.)

Como mostra a *Antroposofia*, de Rudolf Steiner, o mundo etérico da geometria projetiva parece ser uma estrutura melhor na qual se procurar uma resposta. Também chamada geometria não euclidiana, ela incorpora a ideia do infinito e vira as ideias convencionais de geometria de ponta-cabeça. Círculos e elipses podem ser formados por meio de regras produtivas muito simples envolvendo linhas retas. Esferas e a esfera elipticamente deformada da Terra podem ser produzidas usando-se dois planos invariantes tocando os Polos Norte e Sul (Figura 9.2). Na geometria projetiva, começamos a partir do inteiro e produzimos as partes, ou iniciamos no infinito e produzimos o finito. O que é feito nessa matemática é replicar a influência da *forma* no fenômeno.

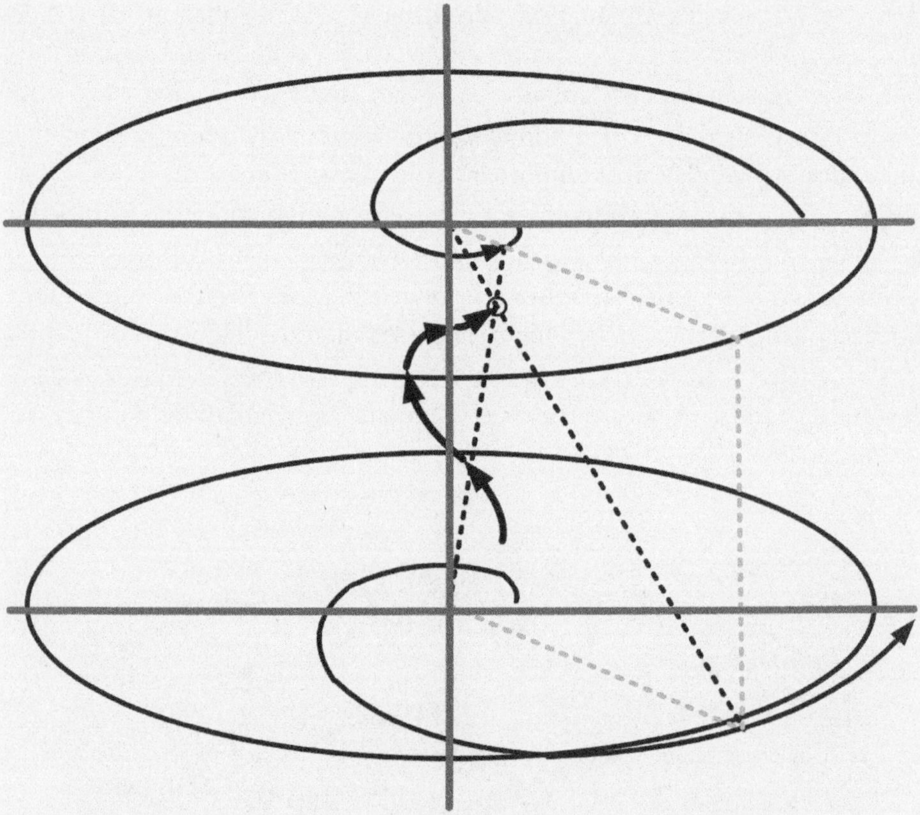

Figura 9.2. O desenho de uma curva de trajetória [*path curve*] entre dois planos polares invariantes. A linha interna torcida e em flecha é um resultado da interseção de duas linhas pontilhadas, uma extremidade seguindo uma das espirais polares enquanto a outra extremidade está fixada no polo oposto.

Produzir a forma da Terra a partir de fora envolve espirais equiangulares partindo de cada um desses planos polares. Todo ponto sobre a forma resultante, similar à da Terra, é então definido pelo cruzamento de linhas a partir do plano espiral norte e sul. Há então certas *curvas de trajetória* que passam por essa superfície em ângulos definidos. Tais curvas de trajetória podem ser vistas claramente nos padrões das sementes de uma pinha e muitas outras "soluções de acondicionamento" naturais (Figura 9.3).

Figura 9.3. O número de espirais no sentido horário e anti-horário em um girassol são sempre dois números Fibonacci consecutivos.

É interessante que muitos sítios antigos tenham espirais escavadas, embora espirais raramente sejam vistas na natureza, *exceto* as resultantes de processos gerados por curvas de trajetória. A ideia é a de que uma causa maior esteja presente, oriunda de um mundo de padrões puros, usando a geometria para definir algo que informa, em certo grau, os alinhamentos materiais ao longo do tempo sobre a Terra. Lucien Richer nos conta que a Linha Apolo é uma *linha loxodrômica*, uma linha de direção constante, que é uma espiral esférica em vez de um grande círculo em volta da Terra. De acordo com a Wikipedia, uma espiral esférica (linha loxodrômica) é:

> ... a curva numa esfera traçada por uma embarcação navegando de um polo ao outro enquanto mantém um ângulo fixo (mas não reto) com relação aos meridianos de longitude, isto é, mantendo a mesma inclinação. A curva tem um número infinito de revoluções orbitais, com a distância entre elas diminuindo à medida que a curva se aproxima de qualquer um dos polos.

As pinhas e as inflorescências evidenciando tais curvas de trajetória geralmente aparecem em livros sobre geometria sagrada como exemplos da Proporção Áurea ou relacionados com as séries Fibonacci. É central para a visão de Steiner que tais geometrias residem no âmago de um mundo etérico e que esse etérico é realmente a estrutura do universo projetando-se para o infinito, isto é, ele deriva exatamente a partir do que Bennett descreveu como as condições de estrutura.

Se o "corpo etérico" da Terra for definido a partir dos polos, então o conselho de Bennett é "fixar nossa atenção na terceira direção espacial associada com o giro e o eixo do *momentum* angular". Isso concorre com a importância antiga dada ao Polo como uma fonte da estrutura, cujo criador se retirou e está de algum modo distante. Na adivinhação antiga, dava-se um papel fundamental a um ponto central vazio da interseção de duas ordens, tais como aquela do "Céu" e da "Terra". Se seguirmos o simples manual de instruções para desenhar uma esfera elíptica, vamos nos deparar com curvas de trajetória que seguem um ângulo de aproximadamente 30º para norte-sul como na Figura 9.4.

Os planos invariantes tocam os Polos Norte e Sul e teriam padrões espirais crescentes, reduzidos aqui à amostragem de pontos conectados ao polo oposto. As interseções das linhas de norte e sul definem a forma da Terra como um esferoide achatado nos polos com curvas de trajetória que seriam linhas loxodrômicas equiangulares a 30º para norte-sul.

Essa é uma hipótese muito mais satisfatória que atribuir uma conexão causal às trajetórias dos eclipses. Ela está em harmonia com ideias tradicionais e fornece uma estrutura subsistente para o padrão de locais sobre a Terra como uma estrutura objetiva, *embora acausal.* Assim como a catedral medieval impôs uma proporção específica na criação de seu espaço interno, a geometria mostrada descreve a Terra formalmente em vez de materialmente por meio de curvas de trajetória descrevendo a superfície.

Para que as curvas de trajetória sejam coerentes na paisagem, a estrutura inteira teria que estar girando com a crosta, incluindo os planos espirais norte e sul. Eles se cruzam em famílias formando um hexágono em um dado parale-

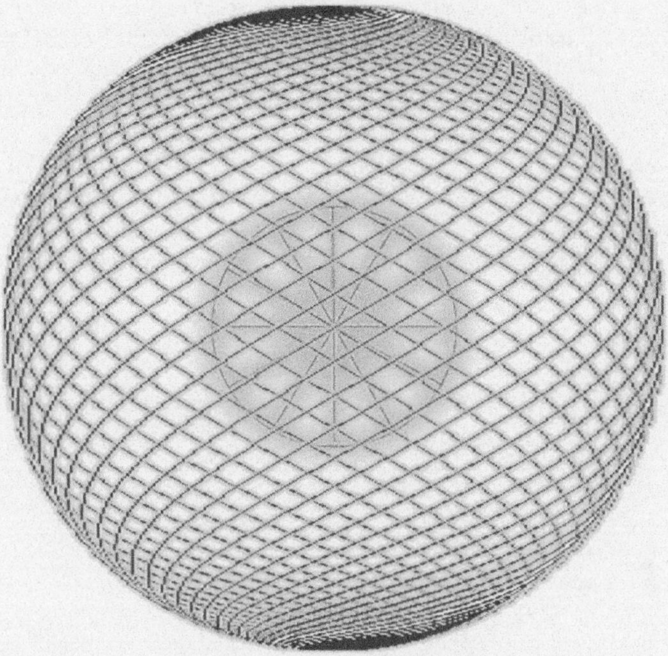

Figura 9.4. Curvas de trajetória que se comportariam como a Linha Michael sobre a Terra, criadas por geometria projetiva como sua causa formal.

lo de latitude. Tal hexágono pode ser visto como uma cobertura sobre o polo de Saturno.

Embora as técnicas de geometria projetiva publicadas pelas editoras de Steiner sejam de domínio público, pesquisas pouco detalhadas são fáceis de encontrar, não considerando *The Vortex of Life*, de Laurence Edwards. Nesse trabalho, ao qual dedicou toda a vida, Edwards primeiramente estudou, por meio de fotografias, a forma de botão de uma variedade de espécies de plantas. Isso lhe permitiu desenvolver o que depois foi um instrumento de fotoanálise de ponta para deduzir os pouquíssimos parâmetros que descrevem completamente uma dada curva de trajetória complexa, especialmente sua lambda, que é – no caso do esferoide entre duas espirais planares como na Figura 9.5 – a proporção de crescimento nas duas espirais. Onde a lambda não é um, a forma produzida é como uma pinha e tem um "formato de pera".

Edwards descobriu que a lambda variava de um modo cientificamente significativo com o mês lunar, relativo a um ou outro dos planetas. Desse modo, algumas espécies teriam uma reação à Lua e Saturno, outras à Lua e Júpiter, e assim por diante. Normalmente, pensamos no mês lunar ou na órbita

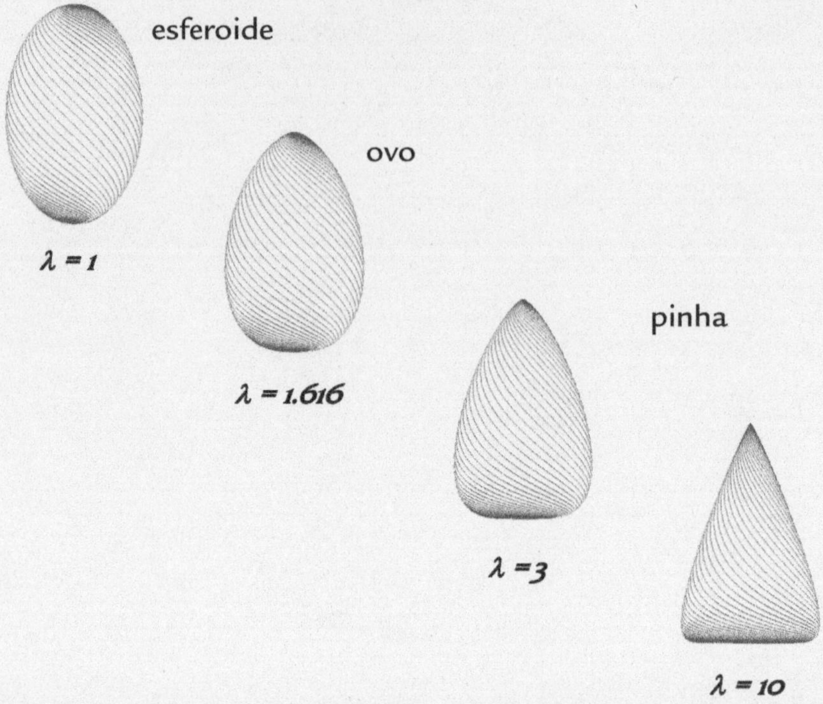

Figura 9.5. As curvas de trajetória produzidas pela geometria projetiva são uma série de formas ovoides em seção cruzada. Elas podem ser tão simples como uma elipse ou até mesmo um círculo quando a taxa de crescimento das espirais polares é igual. É essa condição que permite que uma forma como a da Terra seja produzida a partir dessa técnica. (Adaptado de Nick Thomas, ver seu website: www.nct.anth.org.uk.)

lunar. O primeiro é seu período relativo ao Sol, enquanto o segundo, o período relativo às estrelas, é considerado fixo. O que é pouco conhecido é o fato de que, porque Saturno e Júpiter se movem lentamente, a Lua leva mais do que uma única órbita para repetir o mesmo aspecto para eles também – criando uma nova espécie de mês, inteiramente invisível e até mesmo mais longo que a órbita lunar.

O sínodo de Saturno-Lua ($P_{S\text{-}M}$) é de 27,391 dias e o sínodo de Júpiter-Lua ($P_{J\text{-}M}$) é de 27,495 dias. A partir disso:

1. O período sinódico de Saturno (378,09 dias) inclui 13,80 sínodos Saturno-Lua e 12,80 meses lunares:

a) 12,80 ÷ 0,80 = 16, mostrando como a relação de Saturno com a Lua realça a relação 15:16 do sínodo de Saturno para o ano lunar, encontrado no calendário de Saturno (ver Capítulo 1).
b) A unidade de diferença entre 12,80 e 13,80 mostra que o Sol, Lua e Saturno mantêm-se em ressonância para produzir este meio-tom 15:16.

2. De modo semelhante, o período sinódico de Júpiter (398,88 dias) inclui 14,50 sínodos Júpiter-Lua e 13,50 meses lunares:
a) 13,50 ÷ 1,5 = 9, mostrando como a relação de Júpiter com a Lua realça a relação 8:9 do sínodo de Júpiter para o ano lunar (encontrado no capítulo 9 do meu livro *Matrix of Creation*).
b) A unidade de diferença entre 13,50 e 14,50 mostra que o Sol, Lua e Júpiter mantêm-se em ressonância para produzir este tom inteiro 8:9.

Os tons perfeitos presentes nesses ritmos são aparentemente captados pelas plantas, cuja forma se altera de acordo com o ponto, dentro desses ciclos, do qual se origina o crescimento. A questão aqui é o fato de que a natureza parece operar usando curvas de trajetória. Podemos entender isso melhor no contexto de um sistema de extraordinário valor, desenvolvido por Aristóteles, provavelmente o filósofo mais aprovado pela Igreja medieval. Para explicar de que as coisas são feitas, ele compôs um esquema envolvendo quatro termos: causa formal, causa material, causa eficiente e causa final (Figura 9.6).

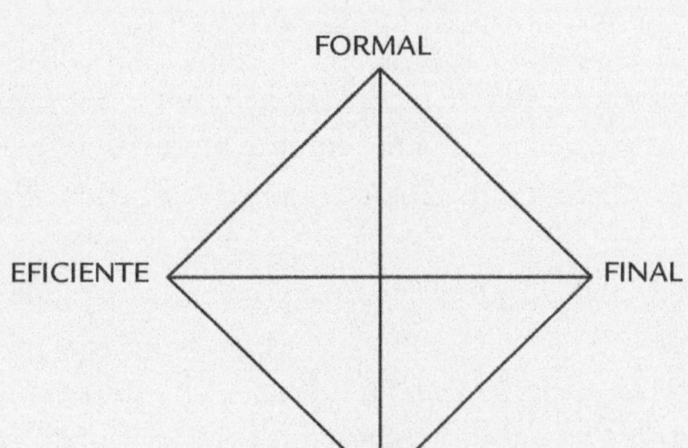

Figura 9.6. As quatro causas ou fontes de Aristóteles.

> Aristóteles chegou, por estágios, à conclusão de que o aparecimento de qualquer objeto significativo requer a combinação de quatro termos independentes. Ele começou com a díade de matéria e forma (...) temos uma cama de madeira e uma estátua de mármore. Madeira e mármore são os materiais; cama e estátua são as formas. Ele prossegue dizendo que a madeira não se transforma em cama por si mesma, e assim tem que haver um terceiro fator que causa essa mudança. Porém, a simples mudança não é suficiente; ela [a matéria] tem que ser direcionada e guiada na direção das formas. Assim, há dois fatores operativos: um, a causa eficiente que produz a mudança, e o outro, a causa final que dirige a matéria na direção do seu fim, que é a forma.[3]

A causa eficiente é vista mais claramente nas ferramentas e técnicas do artesão, enquanto inspiração, experiência e sensibilidade expressam melhor a realização da forma final. No contexto de um planeta, a crosta é evidentemente a causa material. Os processos de geologia incluindo redução, propagação, metamorfoses e placas tectônicas são as causas eficientes, como são o clima e os efeitos dinâmicos do vento e das ondas.

A causa formal ou "estrutura em formação" da Terra pode ser derivada de uma curva de trajetória, que pode *naturalmente desenvolver elipses*, diferentemente dos protótipos abstratos de cristais ou sólidos platônicos. A formação da Terra não é, então, um plano construído a partir do mundo material e formulado por um ser, mas, ao contrário, é um simples conceito de cima para baixo, surgindo a partir da rotação de algo. A ciência não *precisa* dizer se isso é verdadeiro ou falso.

A derivação da forma pode ocorrer por deformação devido à rotação, como uma causa eficiente, enquanto ao mesmo tempo obedece à derivação, como fazem todos esses tipos de formas, de geometria projetiva como sua *causa formal*. Edwards reuniu seus dados durante muitos anos até sua morte, mas vai levar tempo para que o impacto desse esforço eminente seja apreciado mais amplamente.*

A causa final pode implicar algum tipo de sensibilidade dentro da crosta, que naturalmente é mostrada dramaticamente pelo papel da vida em dar forma à geosfera, sem falar em sua influência sobre os oceanos e a atmosfera. Vernadski, pai da biogeoquímica, notou que processos biológicos exercem um

---

* O receio de apoiar a hipótese astrológica naturalmente impede o escrutínio científico de tal trabalho.

importante papel na realização da crosta, até mesmo descontando influências humanas recentes.* Minerais presentes nos corpos, vivos ou mortos, de plantas e animais contribuem significativamente para a variedade de rochas e a qualidade do solo disponível nas paisagens atuais, e a regulação do clima pelo ciclo do carbono. Outros fatores são a propagação vertical e horizontal das células coriolis, sendo a força de coriolis causada pela rotação. Quaisquer corpos livres se movendo dentro de uma estrutura rotativa, como sobre a superfície da Terra girando, são desviados continuamente do movimento para a frente, gerando as espirais que vemos como sistemas climáticos.

Se a geometria de curva de trajetória é a *causa formal* da superfície da Terra, então suas raízes numéricas são notavelmente simples e capazes de descrever linhas sobre a superfície com exatidão porque, na verdade, a superfície contínua dessa forma é apenas uma composição de tais formas, ao contrário da visão material de que elas são feitas de uma superfície plana, a entidade que chamamos de crosta.

A MARCA DE ZEUS

A última das questões propostas no início deste capítulo se refere à relação do sistema de 12 divisões com o rei dos deuses, Júpiter-Zeus. No meu livro *Matrix of Creation*, mostrei muitas relações numéricas de Júpiter com o tempo da Terra, incluindo uma relação aproximada 11 para 12 do ano solar para o sínodo de Júpiter, este em equilíbrio com a mesma proporção entre os anos lunar e solar. O ano lunar tem 12 meses dentro do ano solar, considerando que o zodíaco divide o ano solar *exatamente* como uma volta completa em torno do Sol – por definição.

Então, o que divide a eclíptica em 12? A resposta mais simples aparece no mais antigo de todos os sistemas indo-europeus genuínos, que é o dos astrônomos indianos. Convencionalmente, pensa-se que eles receberam o zodíaco de 12 signos dos gregos. Porém, eles têm um tipo singular de ano dentro do que eles chamam de Ciclo de Júpiter ou *Brihaspati Samvatsara*, que dura aproximadamente sessenta anos.

---

* Vernadski expressou uma lei fundamental da biosfera como tendendo para a máxima quantidade e velocidade de transporte de materiais sobre a superfície da Terra. Essa é uma expressão de uma causa final. A causa formal originada da natureza do próprio planeta informa essa tendência, então há ambos os lados, causal e teleológico.

Esse Ciclo de Júpiter é bem conhecido dos astrônomos do Ocidente e levou ao fenômeno do trígono, que registra as sucessivas conjunções de Júpiter e o mais lento Saturno (ver Figura 9.7). Ele é um exemplo de um período de tempo que excede o período individual de qualquer corpo, sendo uma *grande conjunção* de dois planetas visíveis exteriores. Tem sido proposto que este período deveria ter sido usado para calibrar as eras precessionais* e também que

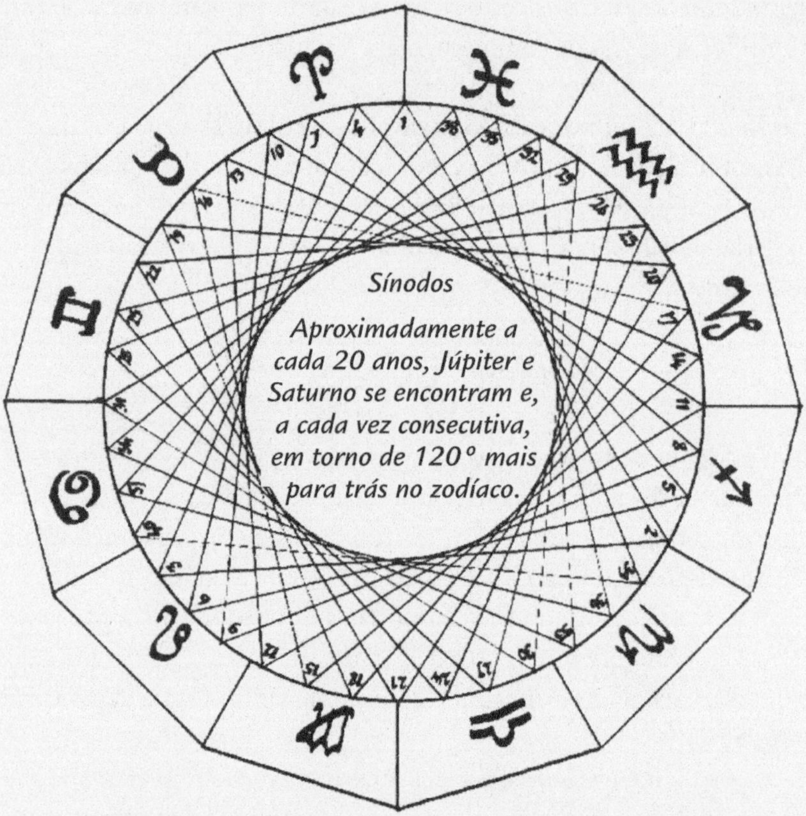

Figura 9.7. O ciclo do trígono Júpiter-Saturno. Aproximadamente a cada vinte anos, Júpiter faz conjunção com Saturno novamente, e em três conjunções isso ocorre próximo às estrelas da primeira conjunção, para formar um triângulo. (Desenhado por Robin Heath.)

---

* O comprimento usual e canônico é 25.920 que, dividido por 12, é 2,160 anos por era precessional. Dividindo isto por um sessenta perfeito se obtém 36 períodos perfeitos de trígono. Invertendo o processo baseado em um verdadeiro trígono de 59.334 anos se obtém uma idade de 2,136 anos e um ciclo precessional de 25.632 anos, que é próximo à típica estimativa científica de cerca de 25.725 anos.

isso deveria ter sido parte da "passagem da medida" de Saturno para Júpiter, esses corpos também tendo uma relação de Proporção Áurea (ver Figura 9.8).

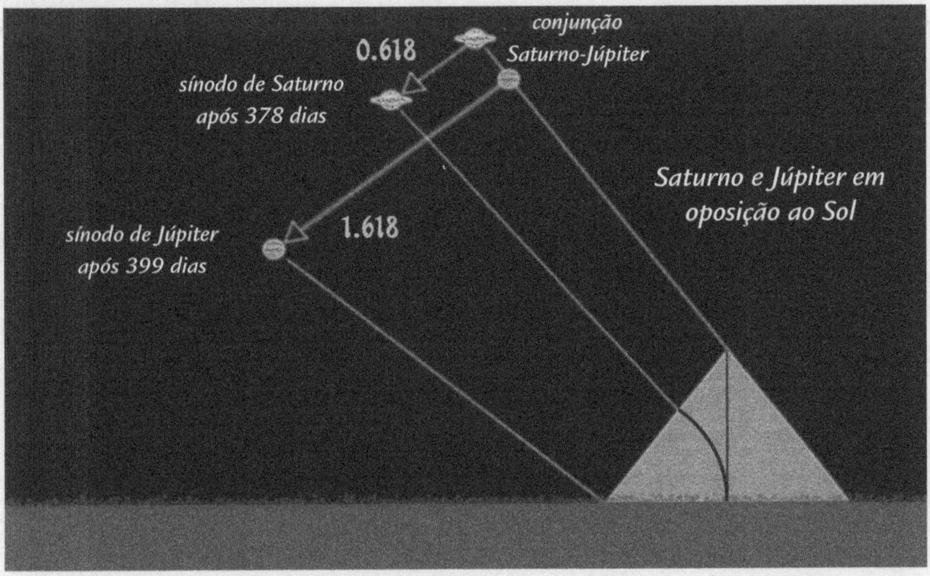

Figura 9.8. A relação da Proporção Áurea entre Júpiter e Saturno.

O sessenta foi, por tradição, associado a Júpiter, mas não há anos solares completos de sessenta nesse ciclo. Ao contrário, o período em questão, chamado *Barhaspatya samvantara* (literalmente, "período do discípulo de Brihaspati") é o tempo que Júpiter leva para atravessar um signo do zodíaco de 12 divisões. Isso são 361 dias, numericamente 19 ao quadrado.* No que se refere ao zodíaco, não importa se ele veio dos gregos, ou se já era usado pelos indianos, ou ambos tenham-no obtido ou quem o inventou. Há um fato objetivo aqui de que o zodíaco de 12 é *visto como se fosse definido* pelo período do trígono, isto é, pelo comportamento combinado de Júpiter e Saturno, o último sendo suposto regente "prévio" do anterior.

* O múltiplo de tempo relacionado a 19 está merecendo seu próprio livro, visto que a Lua nos períodos Saros e Metonic completa períodos envolvendo 19 eclipses ou anos solares ecoando o próprio envolvimento de Júpiter com este número. Os livros de Robin Heath cobrem muitas partes deste "complexo 19" de fenômenos celestes.

Portanto, embora pareça que os indianos basearam seu Júpiter na ideia de que ele atravessa um signo zodiacal de um zodíaco pré-existente – na verdade é *Júpiter quem define o zodíaco* como 1/60 do seu movimento dentro de um período inteiro de trígono. De modo interessante, por conseguinte, o sistema sexagesimal dos babilônios está perfeitamente estabelecido para contar esse ciclo e parece formar o protótipo ou a autoridade para esse sistema.* Também digna de nota é a natureza profundamente canônica do número sessenta (fórmula 2^2 x 3 x 5), que evidencia todas as características da harmonia, visto que contém apenas os primos harmônicos.

Vimos que Saturno é característico do número sete, com períodos de tempo em dias naturalmente sendo divisíveis pela semana, e os sínodos de Saturno para Júpiter estão na proporção de 18:19 períodos de três semanas, de 21 dias. O excesso do sínodo de Saturno sobre o ano solar pode ser dividido pelo excesso do sínodo de Júpiter sobre o de Saturno para produzir a dimensão Proporção Áurea. Portanto, no trígono, cada terço leva vinte *Barhaspatya samvantaras* de 361 dias para Júpiter atravessar vinte signos do zodíaco, e cada "ano" tem um signo diferente do zodíaco exatamente como o sistema chinês de 12 animais associado com os anos solares** (lembrando que o zodíaco é um "cinturão de animais").

Esse fato dá a Júpiter um papel na criação dos signos estelares enquanto torna-o rei dos deuses no panteão pós-saturnino. Ele tem uma relação de tom inteiro (8:9) para o ano lunar de 12 meses, enquanto Saturno tem o meio-tom de 15:16.

Existe a tradição de se dar a uma régua uma medida ou vara, a partir da qual advém a capacidade de se dividir corretamente, que é conectada com o tema do encantamento. Embora a Figura 9.8 mostre a Proporção Áurea sendo passada entre os dois planetas, neste caso a proporção de *Barhaspatya samvantara* (361,048 dias) para o sínodo de Júpiter (398,88 dias) vezes três é igual à jarda megalítica astronômica ou JMA encontrada na Grã-Bretanha megalítica (99,998% de exatidão). Por essa razão, essa mesma proporção é o pé para essa jarda arcaica. Ela é a medida de Júpiter, apesar de ser uma medida polar (1,728 vezes 11/7 pés), como seria normalmente associada com o Polo e ao poder sacerdotal *saturnino*.

---

* Note também que ainda não temos outro ano, formando as séries de 360, 361, 364, 365, 365,242 dias.

** Eles são Cavalo, Cabra-Carneiro-Ovelha, Macaco, Galo, Cachorro, Porco-Javali, Rato-Camundongo, Boi, Tigre, Coelho-Lebre, Dragão e Cobra.

A outra derivação astronômica da JMA é o mês lunar dividido pelo excesso do ano solar sobre o ano lunar, com uma exatidão ainda maior de 99,99996%. Assim, Júpiter controla os aspectos mais fundamentais do tempo na Terra, os anos solar e lunar, com sua medida baseada no trígono do zodíaco e seu próprio sínodo.*

O sistema de tempo de Júpiter está oculto comparado com o de Saturno, descrito no Capítulo 1 e baseado no número sete, a semana de sete dias. No entanto, ele incorpora toda a sorte de novas ideias baseadas na harmonia e deste modo nos três primeiros números primos (dois, três e cinco). Sem dúvida isso levaria ao universo sendo visto pelos antigos humanos como uma criação evoluída e eles deixaram registro da sua compreensão dentro de seus calendários, monumentos, mitos e geometrias de paisagem, como apresentado neste livro.

* Apesar de se dizer que sistemas deveriam ser considerados como um todo visto que eles dependem de todas as suas partes para funcionar.

DEZ

CONSTRUINDO A NOVA JERUSALÉM

Existem evidências suficientes de que um grande insumo de geometria sagrada e, consequentemente, de sabedoria numérica atlante adentrou na civilização gótica da Idade Média. Essas evidências estão fortemente associadas com os normandos e os burgúndios em particular. Eles exerceram um papel crucial, primeiro fazendo contato com o mundo muçulmano antes e depois da Primeira Cruzada, e em seguida criando as ordens religiosas cistercienses e dos Cavaleiros Templários, que eram quase independentes da Igreja e muitíssimo bem-sucedidas na sua expansão por todo o reino cristão e além.

Embora o mundo islâmico dessa era estivesse carregado com conhecimento que havia desaparecido durante as Eras das Trevas do Ocidente, após a queda do Império Romano, esse conhecimento parece ter renascido junto com algum conhecimento nativo e muito provavelmente algum material judaico descoberto pelos Cavaleiros Templários embaixo do Monte Temple. Essas três fontes criaram uma nova síntese de conhecimento que havia sido originalmente pré-histórico em caráter, conhecimento baseado em uma visão de mundo em que o número era de algum modo sagrado porque a criação do mundo evidenciava regras numéricas que poderiam ser simplesmente lidas por meio de observação especializada.

As novas ordens religiosas que abraçaram esse "novo" conhecimento operaram apenas de acordo com o que ele ditava porque ele era *ipso facto* herético e localizava o conhecedor acima da lei da Igreja. Estando a par da informação histórica genuína, essas ordens perceberam as limitações da versão da história e do credo fixo da Igreja. Em qualquer caso, a classe dirigente dos nobres já era uma raça à parte dos seus arrendatários feudais; e os clérigos, geralmente eles mesmos aristocratas, estavam encarregados das leis canônicas que estabeleciam limites ao comportamento aristocrata. Como resultado, não era raro durante esse tempo que reis e nobres passassem por períodos de excomunhão como uma postura de negociação normal ou simplesmente para retardar resoluções enquanto ganhavam vantagens.

No ápice do Império Angevino, os Cavaleiros Templários pareciam estar incumbidos da tarefa de desenvolver uma maneira de integrar seus novos conhecimentos dentro da cultura, enquanto preservavam seus temas principais. Isso explica muito simplesmente por que as técnicas secretas de construção foram empregadas, como aquelas encontradas em Chartres depois de 1200 d.C. Esses monumentos foram obras públicas que congregavam tanto a relevância geomântica quanto o poder cultural. A segunda tarefa dos templários foi esconder as fontes desse conhecimento e de seu poder em locais seguros e construir uma infraestrutura capaz de levar a organização ao futuro, além do período das Cruzadas.

O dever *declarado* dos templários era proteger os peregrinos, e para tanto eles precisavam de castelos, navios e outros recursos logísticos, e uma organização multinacional. Doações de terras e renda sobre a terra e filhos nobres combinadas com a febre das Cruzadas nas nações doadoras do norte da Europa erigiram uma riqueza de estabelecimentos tanto templários quanto cistercienses.

DELINEANDO O PADRÃO BORNHOLM

A base logística dos templários lhes permitiu conduzir atividades secretas além do escrutínio da Igreja. Antes da morte de Bernardo de Clairvaux, o rei e o arcebispo da Dinamarca estavam concebendo um projeto com o objetivo de trazer a cristandade para o Báltico.[1] O fato de que o Báltico era uma paisagem sagrada nos tempos megalíticos é evidenciado pelos muitos monumentos ali encontrados; a ilha de Bornholm, especificamente, deve ter sido uma ilha sagrada, julgando-se pelas milhares de oferendas de ouro em miniatura encontradas na ilha. Assim, esse projeto representava uma reviravolta completa: de uma pré-história na qual os indo-europeus descendiam da Grécia para transformar o deus Sol em Filho de Deus, para a encenação, ao longo das Linhas Apolo e Michael, de eventos históricos tais como as Cruzadas, que definiram o surgimento do mundo Ocidental. Isso traria os "homens do norte" pré-históricos e tudo o que eles haviam encontrado no sul de volta a um dos seus campos de caça de sua Idade de Bronze, formando um ciclo completo de migração indo-europeia para o sul e de volta.

As complexidades de se estabelecer uma Cruzada adicional no Báltico incluíam ultrapassar o domínio do Sacro Imperador Romano Germânico na Alemanha e de ter um papa favorável no cargo. Após a morte de Bernardo, as condições eram corretas para a Dinamarca fazer frente a uma cruzada contra os vênedos pagãos que estavam bloqueando o comércio nos rios russos do Mediterrâneo e raptando os cristãos das terras natais vênedas na costa sul do mar Báltico e vendendo-os no florescente comércio de escravos.

Uma vez que as logísticas templárias foram aplicadas no Báltico, um tipo especial de igreja fortificada foi desenvolvido para as ilhas do Báltico e também para o continente. Baseados nas suas experiências contra os muçulmanos, esses desenhos tinham frequentemente forma arredondada e eram mais como castelos, exemplos que podem ser encontrados nas ilhas de Bornholm, Oland e Gotland.

Oland e Gotland estão ambas na extensão báltica da Linha Michael (Figura 10.1). Bornholm é a passagem estratégica no Báltico e local de uma grande quantidade de igrejas fortificadas, que se conformavam à misteriosa geometria sagrada como também tinham, em alguns casos, portais alinhados com o Sol solsticial. Como é comum, não há claras evidências de quem criou esse padrão de igrejas, e na verdade a tarefa de ver padrões onde nenhum existia poderia ser realizada. Porém, Haagensen e Lincoln demonstraram que há fortes e exa-

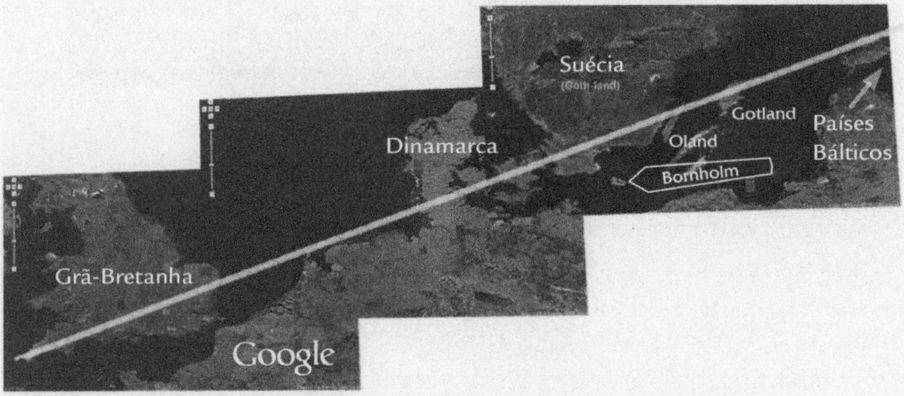

Figura 10.1. A Linha Michael no Báltico e a relevância das ilhas para a Cruzada Báltica nas ocasiões em que se utilizava o poder náutico.

tas coincidências presentes, exatamente como aquelas encontradas dentro do criacionismo numérico e dentro dos templos nas paisagens antigas.

Contudo, um olhar mais demorado sobre o padrão Bornholm oferece fortes indícios de que a metodologia antiga foi empregada secretamente na ilha. Como discutido no Capítulo 5, o mais importante ato na geomancia é definir um centro.[2] Visto que Bornholm é uma ilha não muito distante das ilhas nórdicas da Escócia, nosso primeiro passo é encontrar a linha mais longa, no solo, ou norte-sul ou sobre qualquer direção na ilha (Figura 10.2).

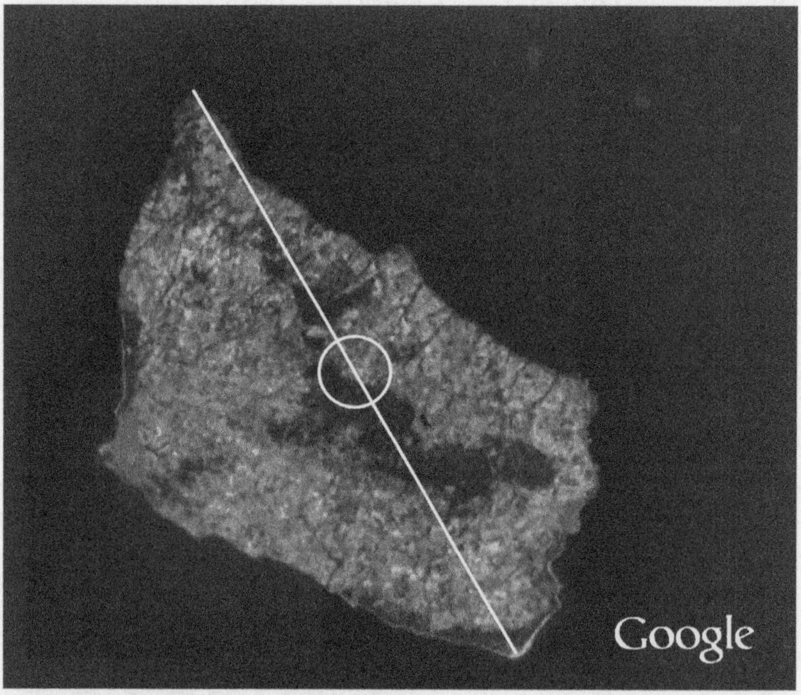

Figura 10.2. Encontrando o centro de Bornholm.

Com o centro registrado, o primeiro achado de Haagensen e Lincoln[3] pode ser considerado: duas linhas desenhadas através dos centros das quatro igrejas redondas de Bornholm (duas igrejas por linha), intersectadas a um ângulo de 30º para cada uma (Figura 10.3).

As quatro igrejas parecem oferecer uma chave da geomancia antiga. Como vimos, o ângulo de 30º faz parte do complexo Michael de muitos aspectos ou personagens, incluindo Mercúrio. De modo semelhante, muitas figuras

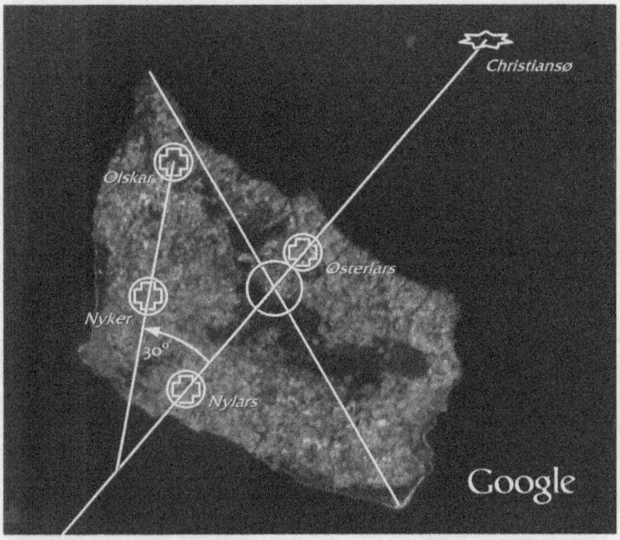

Figura 10.3. Linhas conectando as igrejas redondas de Bornholm definem um ângulo de 30° e um eixo que cruza o centro da ilha antes de seguirem para o norte, na direção da ilhota de Christiansø. A mesma direção, seguindo para o sul, é simultaneamente a de Rennes-le-Château em Languedoc, sul da França.

geométricas, tais como o cubo, a vesica, o hexágono e o triângulo equilátero o incorporam. No entanto, apenas depois que se faz o trabalho preliminar de encontrar a linha central para a ilha inteira fica claro que a linha conectando as duas igrejas, Osterlars e Nylars, também cruza a linha central no *seu centro*. Parece provável, assim, que os construtores, possivelmente templários, fizeram um levantamento na ilha para definir seu centro usando a técnica antiga então ainda corrente dentro da tradição norueguesa.

Duas circunstâncias miraculosas se relacionam com a mesma direção que a das igrejas. A primeira é que a ilhota de Christiansø – a única outra parte ainda acima da água da antiga montanha que uma vez constituiu Bornholm – está nessa direção. A segunda é que a mesma direção define um alinhamento que aponta para Rennes-le-Château. Ademais, Rennes-le-Château e Bornholm definem um setor de 30º relativo à Jerusalém, como afirmaram Haagensen e Lincoln (Figura 10.4). Embora a distância desses dois lugares com relação a Jerusalém não seja igual, como esses autores sugerem, a área circular entre elas combina com o eixo definido pelas duas principais igrejas redondas em Bornholm. O motivo de trinta graus é, portanto, uma pista relevante.

Voltando aos assuntos mais mundanos, tais como a tarefa prática de fazer o levantamento da ilha, notam-se logo algumas outras relações angulares estranhas dentro dela quando vista a partir da extremidade meridional da linha central (Figura 10.5).

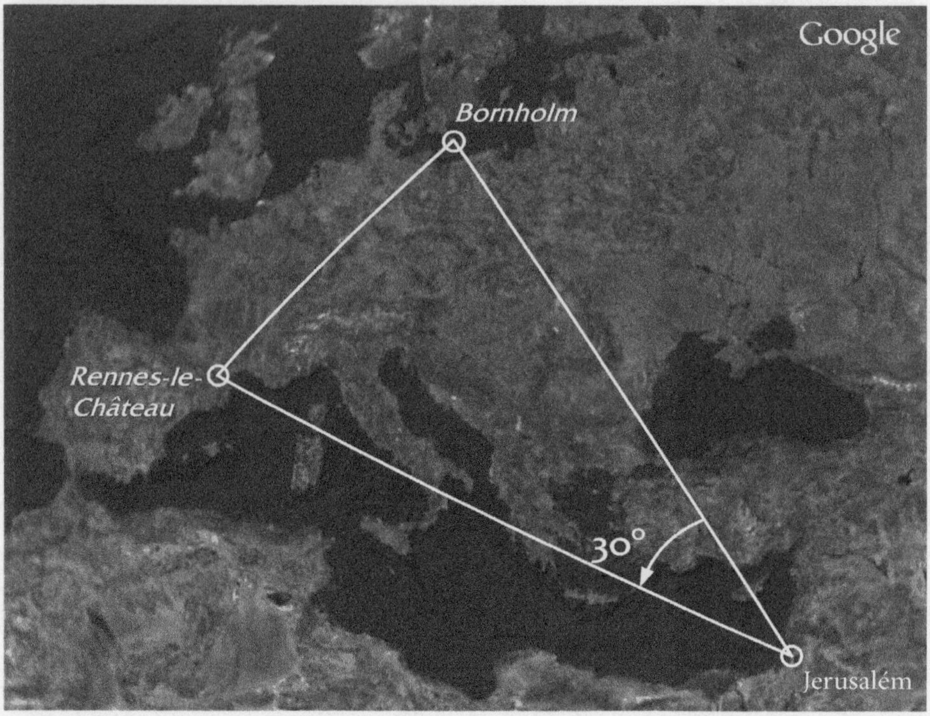

Figura 10.4. A relação de Bornholm com Jerusalém e Rennes-le-Château repete o ângulo de 30° encontrado entre as igrejas redondas de Bornholm e o eixo principal da ilha. A Linha Apolo percorre a Grã-Bretanha dentro desse setor "zodiacal".

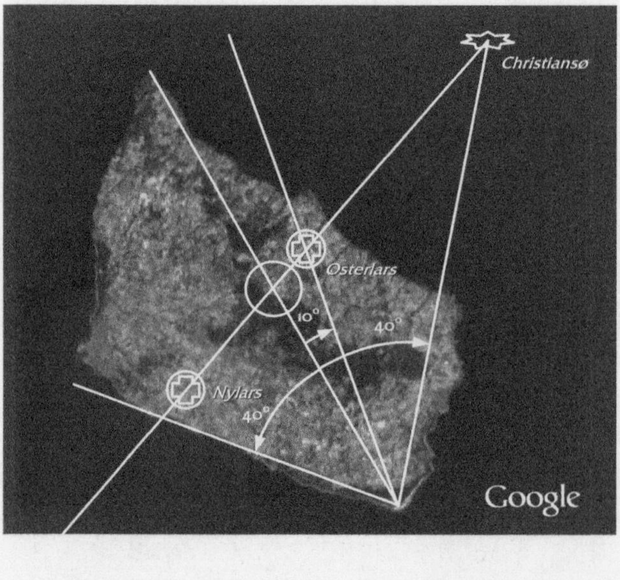

Figura 10.5. Estabelecendo Osterlars como 10° a partir da linha central e encontrando os limites do eixo escolhido como +/- 40° da direção da linha central, como visto da ponta meridional da ilha.

O eixo escolhido, através das duas igrejas, atinge Bornholm a partir do sul a 40º da linha central quando visto da extremidade meridional daquela linha central. Christiansø está no mesmo ângulo da linha central no lado oposto. Duas faces de uma figura de nove lados poderiam, portanto, ser traçadas nitidamente usando apenas esses três pontos de referência. Todavia, o centro escolhido para o padrão, ainda a ser revelado, parece ter sido criado quando se escolheu Osterlars para estar a 10º à direita da linha central.

Tom Graham analisou Bornholm a partir do trabalho de Haagensen e Lincoln para criar uma grade sobre a ilha de 16 por 16 quadrados, cada $\sqrt{3}$ de uma milha quadrada inglesa. Isso indica uma geometria baseada na $\sqrt{3}$ e, de fato, Haagensen e Lincoln encontram uma estrela de davi/geometria hexagonal na qual a distância entre Osterlars e Nylars é o raio de um círculo, e portanto, uma *medida-chave* para o padrão.

A distância entre as duas igrejas é conhecida com grande exatidão, visto que foram usadas como pontos de referência para medições mais recentes da própria ilha. Ela mede 14.335,585 metros, que é 8,9076 milhas, e portanto corresponde a precisamente $\sqrt{3}$ vezes 36/7 milhas inglesas.* A raiz quadrada de três surge sempre que se forma um triângulo com um lado mais curto de uma unidade e uma hipotenusa de duas unidades, e nesse caso a unidade básica é 36/7 milhas, que corresponde a 10.000 jardas megalíticas astronômicas (JMA).

Como vimos, essa unidade foi usada conscientemente pela última vez nos tempos megalíticos e constitui uma parte importante da metrologia dos triângulos de lunação da Grã-Bretanha, tendo essas duas unidades exatamente nove milhas reais de comprimento. Por exemplo, a distância de Lundy a Stonehenge de 108 milhas reais se divide por nove para resultar 12, e nove milhas reais são, portanto, a unidade correta para aquele triângulo pitagórico 12:13:5 (Figura 4.18).

Como a Figura 10.6 mostra, a distância entre as duas igrejas revela uma grade triangular que é racional com referência às 10.000 JMAs e, sendo angulada trinta graus com relação ao eixo principal, permite que se apliquem geometrias de raiz de três sobre o solo. Não podemos saber se as origens de tais procedimentos foram nórdicas, judaicas, islâmicas ou atlantes, ou até mesmo todas elas, mas a descoberta de uma unidade megalítica de comprimento e de

* A exatidão chega a ser de 99,99967%, portanto ela pode ser considerada uma medida exata na prática.

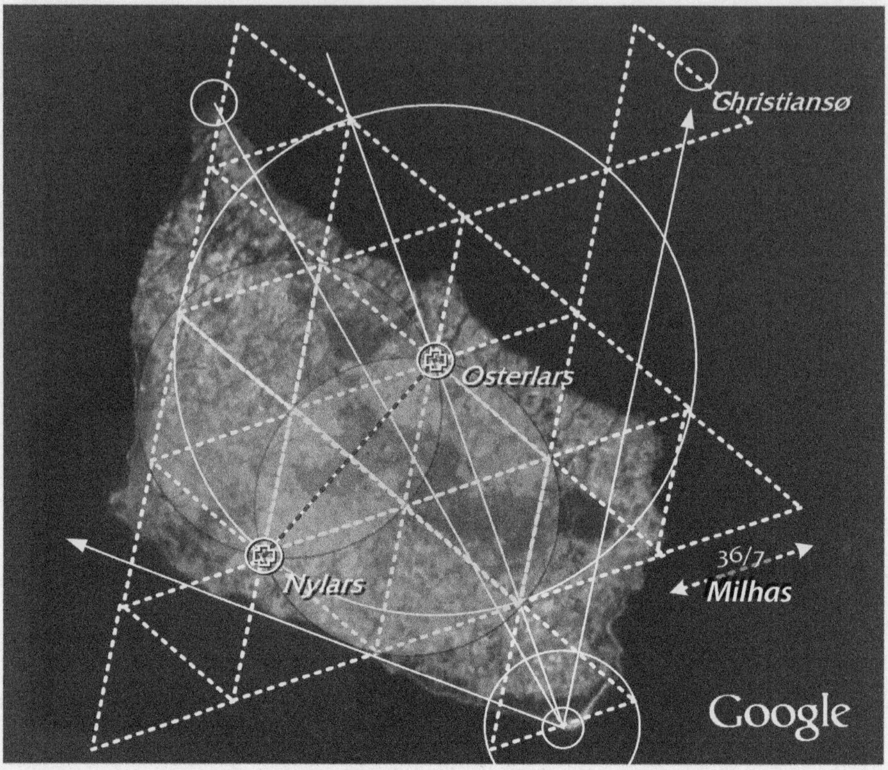

Figura 10.6. Grade triangular implícita definida pelos construtores das igrejas de Bornholm na qual cada seção pontilhada é 36/7 milhas inglesas e duas delas têm nove milhas reais de comprimento.

um estilo de levantamento natural de raiz de três leva à conclusão de que um processo altamente coerente estava sendo usado em Bornholm, um processo que foi, por necessidade, secreto e certamente de origem pré-cristã.

Não se empregou apenas um sistema nônuplo de ângulos de quarenta graus, mas também, aparentemente, uma radiante de 360/36 graus, isto é, direções de dez graus foram estabelecidas. Isso parece fazer parte de um conjunto de instrumentos de medição, visto que, em Bornholm, a distância Nylars–Osterlars também tem uma relação de Proporção Áurea com a distância Nylars–Christiansø, o que acontece também com cada braço da estrela do pentágono. Como com o Valete de paus do tarô, regras gerais úteis e possivelmente um conhecimento mais avançado podem estar embutidos em tais grades e linhas de visão, que podem gerar geometria sagrada sem uma derivação difícil a partir dos primeiros princípios.

NO PÔR DO SOL, COM O ILUMINISMO

A operação Bornholm representa a parte menos conhecida de um mito moderno envolvendo os dois tesouros templários – o ouro e o conhecimento –, que estava em circulação desde Jerusalém e entre preceptorias. Acredita-se que, muito antes da repressão dos templários, um ou mais esconderijos secretos se mudaram para o sul da França e uma unidade possa ter se deslocado para Bornholm, pronta para um movimento para o oeste, as terras que acabariam por se tornar os Estados Unidos. Os únicos indícios que temos no domínio dos fatos estão nas práticas da geometria sagrada, tais como a geometria secreta por trás da construção de cidades novas, tais como Bath, Edimburgo e Washington, D.C. (Figura 10.7).

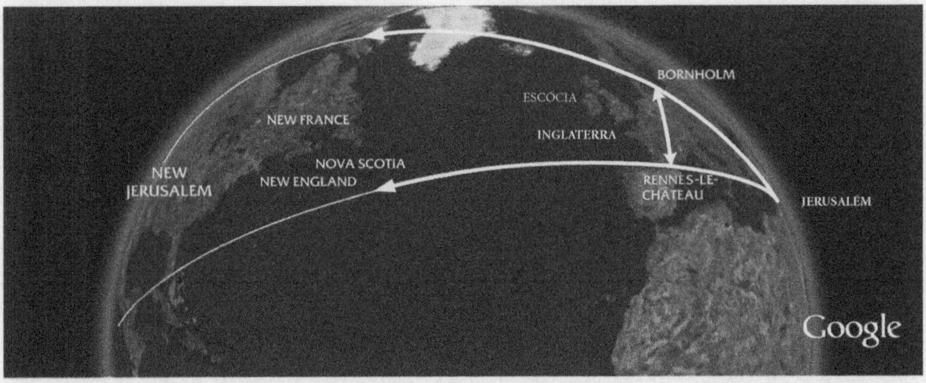

Figura 10.7. Estendendo o setor de 30° de Bornholm e Rennes-le-Château a partir de Jerusalém até o Novo Mundo. Os Estados Unidos aí estão contidos, uma nação construída por meio de pensamento iluminista e baseado na Franco-maçonaria escocesa, francesa e inglesa.

Levou séculos para que a igreja perdesse seu domínio sobre a população que ela havia cativado no advento do gótico. Forças tais como a praga e as hordas de mongóis desgastaram a cultura, enquanto simultaneamente um admirável novo mundo de exploração estava se iniciando. A capacidade de pensar de modo inovador e ir para além do pensamento clássico era literal quando se ultrapassava o limite dos mapas de Ptolomeu, cujo ponto central era Jerusalém.

Os templários foram aniquilados pelo rei da França em 1307. Ele estava em situação de pesado débito para com eles e o poder e riqueza destes não tinha a essa altura nenhum propósito óbvio. Na verdade, como uma organização multinacional no mesmo nível da Igreja, sua dissolução era inevitável. Nesse ponto, o ouro e os navios templários desapareceram. A partir de então somente rumores restaram, visto que os registros templários foram destruídos ou afundados junto com seus navios. Mas alguns templários claramente visitaram o Novo Mundo, visto que há alguns artefatos arqueológicos e anomalias que indicam um conhecimento do Novo Mundo tais como aqueles incorporados à representação do milho na Capela Rosslyn.

As cidades do Iluminismo foram desenhadas com base na geometria e geralmente empregando uma grade dividida por bulevares angulares. A ideia foi uma ruptura com o incrementalismo que frequentemente infestava cidades do interior, com ruas estreitas e estilos confusos de diferentes épocas; em suma, um novo pensamento no projeto, mas, lamentavelmente, um classicismo em grande escala nas construções em si.

O Novo Mundo ofereceu grandes oportunidades para a construção de novas cidades a partir do zero e talvez o maior exemplo seja Washington, a capital dos Estados Unidos, que haviam acabado de se libertar do domínio colonial britânico em 1776 e tinham uma capital com uma Casa Branca* por volta de 1800. Rick Campbell e outros forneceram a chave para a compreensão do padrão encontrado em Washington.[4] Isso requer uma volta às tradições de Thoth e Miguel, mas em suas formas judaicas do Cubo de Metatron.

A disciplina da matemática define um estilo de número chamado número hexagonal. O mais simples deles é o sete, porque seis círculos podem ser "agrupados" em volta de um círculo central para formar seis centros e um hexágono se expandindo no espaço. A expansão do padrão requer mais 12 círculos em volta do exterior para totalizar 19 círculos. Mais uma vez, o padrão pode ser expandido para formar 37 somando-se mais 18 círculos (Figura 10.8). Esses são números significativos.

Presume-se que 19 seja a assinatura do criador, mas podem-se eliminar seis círculos externos da figura do meio para formar uma figura muito importante no desenvolvimento da tradição de altar cúbico (aludida no Capítulo 7): o Cubo de Metatron.

Igualado com Miguel, a sabedoria do Graal, Melquisedeque e muitos outros arquétipos tradicionais, *Metatron* é mais uma vez uma faceta da função de Mercúrio (raiz do número três), que transforma a Terra principalmente por

* Mas não chamada dessa maneira até o século XX.

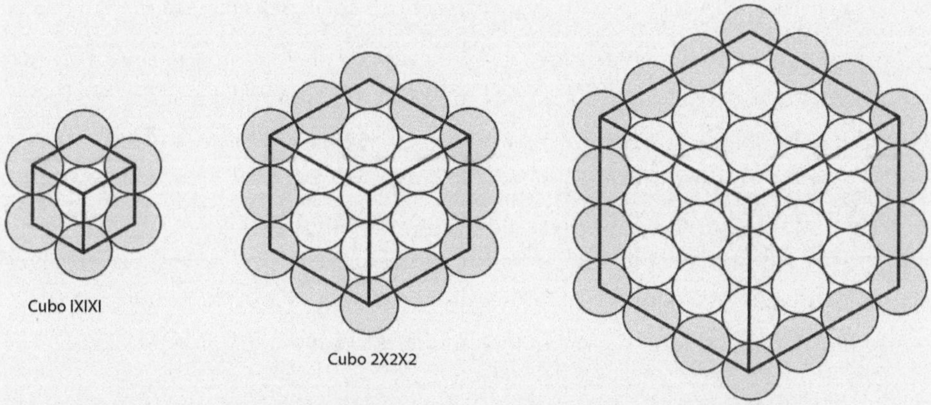

Figura 10.8. O desenvolvimento dos números hexagonais 7, 19 e 37. No último número pode-se ver a quantidade de lunações em um período de três anos, assim como a adição de 18 e 19, os quais são a razão de proporção entre os sínodos de Saturno e Júpiter (ver Capítulo 1).

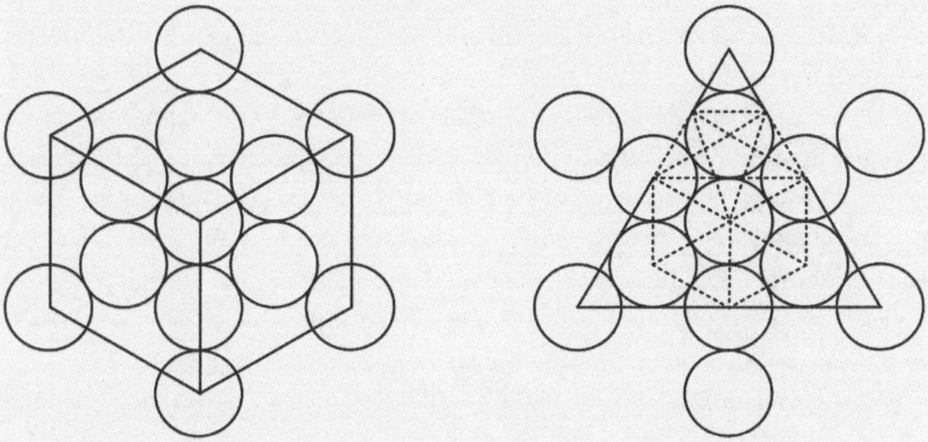

Figura 10.9. A criação do Cubo de Metatron a partir do número hexagonal 19 se reduz em muitos padrões autossimilares incluindo, à direita, um "cubo" menor, com um pentagrama (estrela de cinco pontas) levemente distorcido acima dele.

meio da ação humana. O nome Metatron é muito associado com o profeta bíblico Enoque, que foi levado ao céu e estava claramente associado com o Sol. O Livro de Enoque descreve um templo feito de "portais" e que registra o progresso das posições do nascer e do pôr do sol para cada mês no ano, decodificado por Robin Heath como um *templo portal* situado na latitude de Stonehenge.

Assim, há uma conexão entre o Metatron dos profetas judaicos, a astronomia pré-histórica e as latitudes setentrionais, um fato que não está muito de acordo com a história bíblica convencional. De qualquer modo, isso se assemelha à associação de Apolo com Hiperbórea e as "rotas do âmbar" a partir do Báltico. Do mesmo modo que o cristianismo medieval teve seus segredos místicos, os judeus devem ter tido mistérios semelhantes. Parece mais provável que, por meio dos templários, segredos numéricos da pré-história sobreviveram e se tornaram operacionais novamente; espera-se que templos em paisagens geomânticas sejam, na verdade, a manifestação desse conhecimento.

UM NOVO LAR NO NOVO MUNDO

Partindo dessa hipótese, podemos aproximar um pouco mais a história do presente, pois Campbell identifica o projeto urbanístico de Washington com o Cubo de Metatron, um fato muito improvável e inexplicável, dado que nenhuma explicação do projeto está disponível. Washington, portanto, representa uma manifestação viva das ideias antigas formando um templo natural utilizado até os dias de hoje. A Casa Branca constitui seu centro (Figura 10.10).

É a metrologia do padrão que revela algo voltando do passado. A frente do cubo aparece como uma dimensão maior e certamente resume uma longa história, visto que o comprimento do seu lado, a distância da Casa Branca até o Memorial Jefferson, é de uma milha real – exatamente a distância da Milha Real em Edimburgo. A milha real é uma medida pré-histórica da Terra, 8/7 milhas inglesas de comprimento. Ela divide à perfeição, e por essa razão representa o raio polar da Terra, que tem 3.456 milhas de comprimento (Figura 10.11).

Embora a distância entre o Memorial Jefferson e a Casa Branca seja uma milha real, a base da pirâmide, em ângulos retos com relação a ela, é quase exatamente pi milhas reais. Essa é a circunferência de um círculo com uma milha real de diâmetro. Portanto, se o pi igual a 22/7 fosse usado, como foi na pré-história, então pi vezes um seria 22/7 milhas reais; visto que a pirâmide verdadeira tem 11 de base e sete de altura, então 22/7 dividido por 11 resulta em uma unidade de comprimento de 2/7 e, se multiplicado por sete, revela que uma pirâmide como a de Gizé com essa base teria uma altura de exatamente duas milhas reais (Figura 10.12).

A Figura 10.12 mostra a verdadeira pirâmide com seu ápice de duas milhas reais acima da base comum. Esse ápice é um aspecto oculto do desenho.

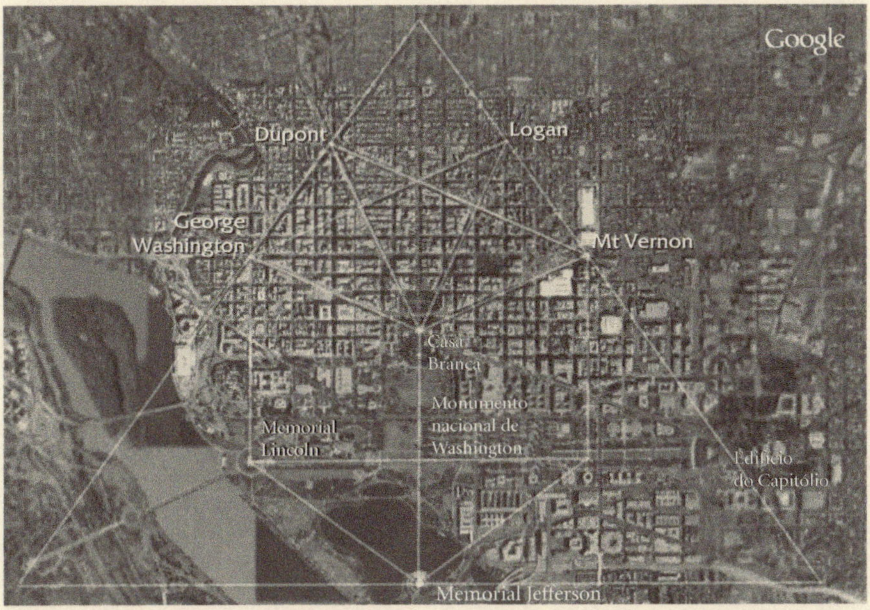

Figura 10.10. A manifestação do Metatron no projeto urbanístico de Washington, no qual os monumentos e bulevares principais e conhecidos seguem o padrão, ainda que adaptado à topografia e incorporando a técnica renascentista da perspectiva.

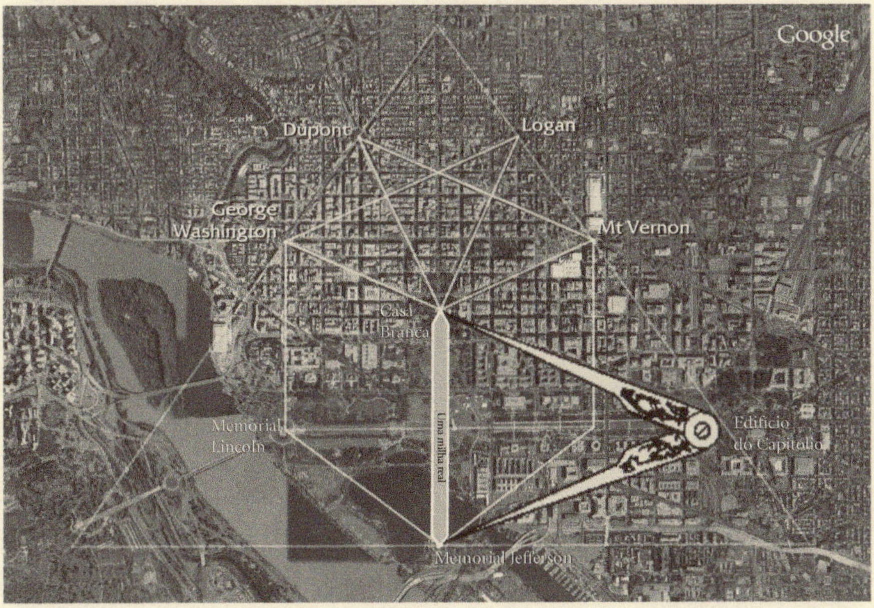

Figura 10.11. A medida-chave no padrão de Washington parece ser a milha real entre a Casa Branca e o Memorial Jefferson, mostrado aqui com um compasso maçônico no seu ângulo clássico e cujo eixo é o edifício do Capitólio.

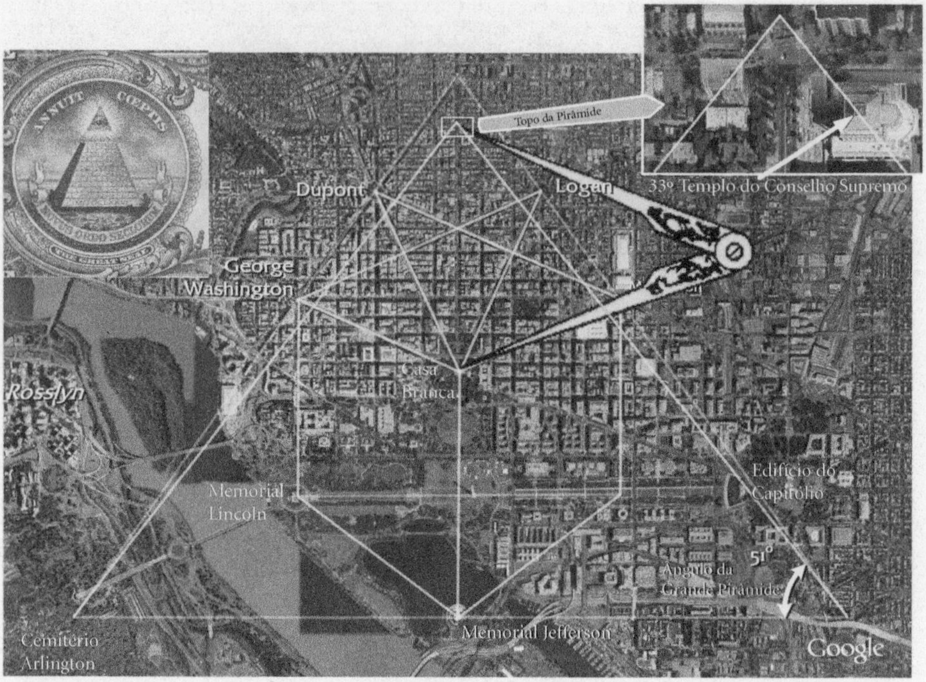

Figura 10.12. O símbolo no Olho da Pirâmide dentro do Great Seal (Grande Selo) e o projeto urbanístico de Washington. O compasso mostrado na figura 10.11 pode ser visto como os bulevares que pontuam o percurso entre a Casa Branca, o Capitol Hill (a Colina do Capitólio) e o Memorial Jefferson.

No topo dessa pirâmide se situa o templo maçônico de 33º do Conselho Supremo (Rito Escocês), leste da 16th Street.

O perfil da Grande Pirâmide, disponível no esboço de John Graves de 1646 ou possivelmente a partir de fontes esotéricas, parece ter sido harmonizado com o padrão metatrônico da parte oeste da cidade. O Olho da Providência é um ícone importante nos Estados Unidos, mostrado no verso do seu Grande Selo e depois em sua moeda, e parece ser um símbolo do Conselho Supremo.

Esse padrão do Cubo de Metatron parece ter surgido do nada como uma nova geometria de raiz de três usada na planta urbanística de Washington. Porém, John Michell[5] revela o mesmo padrão, sem identificá-lo, no mais conhecido dos centros espirituais, a velha cidade de Jerusalém, o mesmo lugar onde se suspeita que os Cavaleiros Templários tenham encontrado os segredos do Templo de Salomão. Michell fornece-nos uma conexão entre Jerusalém e Washington que, como veremos posteriormente, poderia fazer de Washington uma candidata para a Nova Jerusalém, da qual muito tem sido dito na Bíblia e nas três principais religiões baseadas nos patriarcas da Bíblia. "Nova Jerusalém é o conceito de Jerusalém sendo renovada ou reconstruída, mesmo nos dias atuais ou no futuro, seja no Monte Temple ou em local diferente."[6]

Dado que Michell diz que o plano de ruas de Jerusalém é seis vezes a provável planta do Templo de Salomão, então a técnica de se usar ruas em cidades para manter um padrão geomântico tem seu precedente explícito nesse caso. Sabemos que as cidades antigas foram desenhadas geomanticamente e em relação ao céu e à latitude, enquanto consideramos as ruas como construções modernas e não as vemos como portadoras de linhas de visão e alinhamentos no sentido pré-histórico, dentro da herança da construção moderna. O interesse dos pensadores iluministas nos planos urbanísticos das cidades não deveria surpreender, mas isso tem sido ocultado, como a floresta escondendo as árvores.

Muitas das ruas de Jerusalém seguem um padrão aproximado de grade, mas, no norte, o Portão de Damasco tem uma concentração de ruas que levavam, partindo do portão, para a Coluna de Adriano, erigida pelo imperador romano de mesmo nome. Essas ruas, como alguns bulevares em Washington, rompem a grade em múltiplos de 18 graus, o ângulo da estrela do pentágono (Figura 10.13).

A Nova Jerusalém está descrita no livro do Apocalipse nos versos 3:12 e 21:2 e em seguida no 21:16 como sendo um cubo do tamanho de 12 unidades por 12 unidades por 12 unidades, em milhares de estádios, em que um estádio mede seiscentos pés de comprimento. Esse cubo seria igual à metade do volume da Lua; consequentemente, para planos de cidades, modelos da Nova Jerusalém devem bastar – ou será que essa informação está de algum modo *codificada*?

É impossível saber se Jerusalém teve tal planejamento urbanístico antes das Cruzadas. Todavia, visto que o plano de ruas de Jerusalém tem permanecido oculto pelo menos desde então, o plano representa um marcador para traçar seu uso secreto na planta de Washington. Isso é muito importante, visto que é a primeira informação ou artefato verdadeiro e traçável que se pode dizer que tenha se originado em Jerusalém como um possível segredo dos Cavaleiros Templários e sua história secreta no Ocidente.

Voltando ao padrão de Washington, os pentágonos de Jerusalém mostrados na Figura 10.13 podem ser reproduzidos e o Pentágono, do outro lado do rio, evidenciado em seu alinhamento com o padrão geral (Figura 10.14).

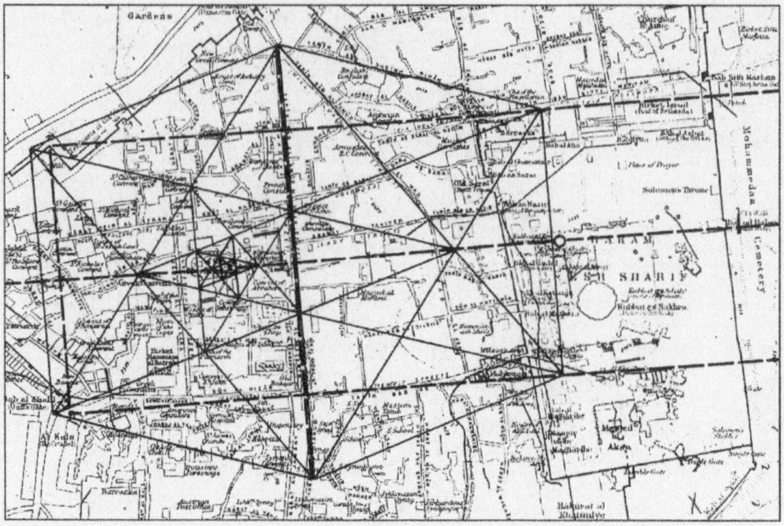

Figura 10.13. A descoberta de John Michell do cubo de Metatron em Jerusalém, reconstruído seguindo a geometria de 36 graus – isto é, pentagonal – em algumas das ruas que partem do Portão de Damasco. (De The Temple at Jerusalem: A Revelation, de John Michell, 2000.)

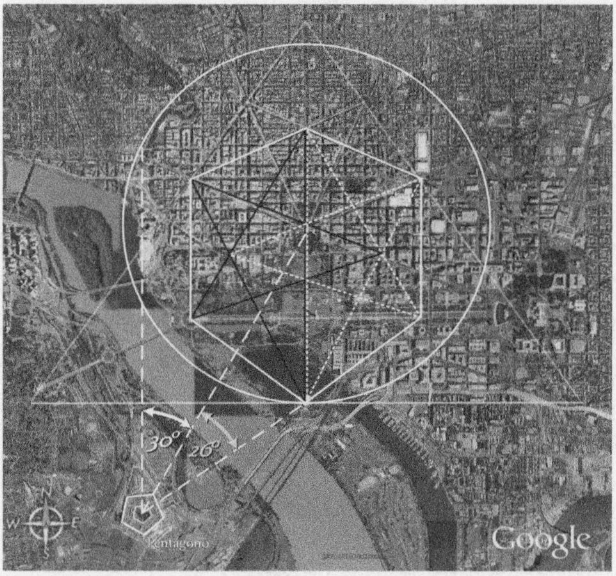

Figura 10.14. Os pentágonos dentro do cubo, com um círculo de uma milha real em volta da Casa Branca. O Monumento Jefferson projeta a base do cubo para localizar o Pentágono, enquanto o alinhamento do Pentágono é escolhido com um ponto voltado para a Casa Branca a trinta graus a partir do norte.

Essas partes do padrão foram completadas no século XX, por volta da época da II Guerra Mundial, depois da qual os Estados Unidos assumiram o manto de superpotência econômica e militar.

UM NOVO CÉU E UMA NOVA TERRA

A combinação do conhecimento dos templários, sua provável fuga para o Novo Mundo, seu desenvolvimento do primeiro banco multinacional, a história e a bandeira da Suíça,* conhecida por seu sistema bancário, sua necessidade de segredo e a crença em coisas não aceitáveis pelo cristianismo ortodoxo e assim por diante tem levado diretamente ao pressuposto simplificador de que os Cavaleiros Templários foram transformados pelos períodos da Reforma e do Iluminismo em novas formas de sociedades secretas. Os franco-maçons, que estabeleceram os Estados Unidos, estavam em tal grupo.

O desenho do cubo de Metatron foi fundamental para o cerne esotérico da construção do templo, encontrado nos livros dos profetas bíblicos; ele é identificado com Enoque na sua forma ascendente. É altamente provável que os Cavaleiros Templários, se eles de fato descobriram alguma coisa de poder e significado a partir das fontes judaicas, pudessem ter encontrado esse mesmo padrão. Elementos dele foram encontrados em Jerusalém, utilizando o plano de ruas, e esse mesmo padrão da Nova Jerusalém se tornou um modelo para a construção da cidade e do Estado em Washington.

Evidentemente, havia ainda uma base metrológica para a geomancia do Novo Mundo. A milha real empregada como uma medida básica tem uma relação clara com o Polo. A pirâmide de duas milhas reais divide o Polo "perfeitamente" 1.728 vezes, que é como 12 vezes 12 vezes 12 ou 12 ao cubo. Poderia esta ser a dita Nova Jerusalém bíblica, citada no Livro do Apocalipse (21:16), cujo tamanho é 12 ao cubo?

---

* A Suíça foi criada em cerca de um terço do antigo reino burgúndio e consequentemente foi um local natural para os Cavaleiros Templários se reagruparem quando foram para a clandestinidade, enquanto seus navios passaram a se envolver na exploração e pirataria. A bandeira da Suíça, inversa ao manto dos Templários, é a única bandeira quadrada, com exceção a do Vaticano. A caveira e os ossos cruzados na bandeira de pirata eram usados como um motivo conhecido aos cavaleiros da Cruzada que, se morressem, seriam lacerados de modo que somente seus ossos pudessem ser devolvidos para casa. Tais símbolos se tornaram muito importantes para as sociedades secretas, que não podiam se apresentar diretamente; os ossos cruzados são um motivo muito usado nos cemitérios maçônicos, por exemplo.

Notamos que, para Washington, a *raiz* de 6.000 em pés ingleses vezes 176/175 é igual a uma milha real. Por essa razão, a recíproca é verdadeira quando digo que duas milhas reais são 12.000 pés ingleses *canônicos* (176/175 ou 1.0057 vezes o pé inglês padrão).* Parece então que "milhares de pés" se igualam a "milhares de estádios" no Livro do Apocalipse (21:16). Esse tipo de distorção é frequentemente encontrado nos documentos antigos em que, por exemplo, tenciona-se dizer lunações ou dias, mas se afirma que são anos.

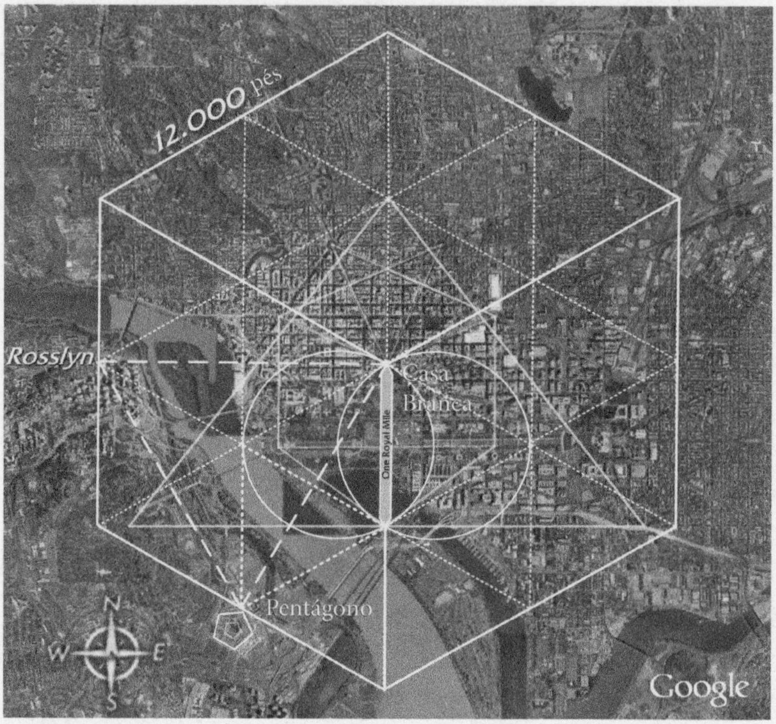

Figura 10.15. Construindo um cubo de duas milhas reais como a Nova Jerusalém. O terreno elevado de Rosslyn foi provavelmente usado como ponto primário de medição, mas a grade isométrica, como em Bornholm, é de trinta graus de Rosslyn à Casa Branca, uma linha leste-oeste que é raiz de três de uma milha real de comprimento dentro do cubo. O croqui da Grande Pirâmide tem seu ápice no cruzamento na face superior do cubo.

* É difícil entender esses tipos de transformações. Uma milha real é 8/7 da raiz 5.280 em pés ingleses. Então, quando medida com uma raiz ligeiramente maior que o pé canônico, ela se torna exatamente 6.000 pés mais longa do que a raiz 6.034,2857 do pé inglês.

Nesse caso, como acontece com a Grande Pirâmide, o cubo de duas milhas reais pode ser visto como uma estrutura geodésica singular. Enquanto seus lados dividem o polo da Terra 1.728 ou 12^3 vezes, ao mesmo tempo suas dimensões são 12 quilopés, da variedade canônica, de modo que seu volume seria então 1.728 quilopés ao cubo. Isso demonstra novamente a posição singular do pé inglês na metrologia, na medida em que ele divide também o equador (ano solar vezes 360.000 pés) e o raio médio da Terra (12^6 x 7 pés) de maneiras significativas.

Por fim, o número 12 tem sido considerado um marcador para a cultura indo-europeia; e o Pentágono, para a direção da Casa Branca, a trinta graus leste para norte, resulta em um setor de 12 divisões que produz uma grade isométrica revelando o cubo de Nova Jerusalém.

Ele é particularmente relevante para traçar a evolução da paisagem natural de Washington. Esse simbolismo poderia envolver linhas de visão astrológicas, como sugeriu David Ovason em *The Secret Zodiacs of Washington, D.C.*[7] Todavia, Nicholas Mann, revela, por meio da geometria sagrada, tensões importantes entre a aplicação da Proporção Áurea no projeto original da cidade e o padrão metatrônico ao redor da Casa Branca.[8]

A partir da nossa leitura dos apontamentos de Nicholas Mann, três estilos de construção se revelam. Pode-se inferir o "ad rectangulum" do romanesco no padrão grade de ferro já empregado na Filadélfia e aparentemente preferido por Thomas Jefferson. Porém, foi o presidente Washington quem indicou o major Pierre Charles L'Enfant (1754–1825) para projetar a cidade como um todo, e foi L'Enfant quem sobrepôs, à grade retangular, bulevares angulares baseados secretamente num desenho de Proporção Áurea, revelado claramente por Mann. Esse desenho poderia ser chamado "ad pentangulum", algo novo – ou talvez muito antigo?

O projeto foi orientado para o sol nascente, ao leste, proporcionando aos bulevares o alinhamento solar natural com o leste e o oeste, enfatizado por Ovason. Contudo, L'Enfant também instalou um triângulo equilátero (isto é, o "ad triangulum" do medieval) ao norte da casa do Presidente (Figura 10.16). Ele fazia parte de uma gelosia de uma milha real de altura, que incluiu o local do Memorial Jefferson, que àquele tempo ficava abaixo do rio Potomac. Outros precipitadamente assumiram o controle do plano de L'Enfant e a dimensão meridional norte–sul foi posteriormente desenvolvida, como um *simbolismo polar* focado na Casa Branca. Um novo meridiano primo foi estabelecido pelo "ancoradouro" do presidente Jefferson, substituindo aquele estabelecido por L'Enfant por meio da construção do Capitólio. O padrão metatrônico, hoje visível do ar, é, portanto, o resultado dessas e de outras mudanças de ênfase. Porém, L'Enfant já havia usado a milha real, uma medida polar, como a dimensão do norte em seus desenhos, e muito do seu projeto pentagonal para os bulevares também se mantém intacto.[9]

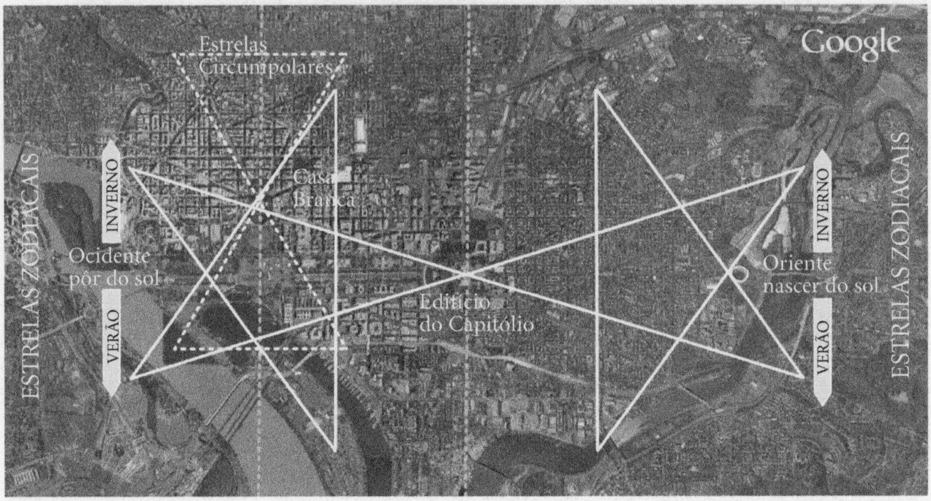

Figura 10.16. Washington, D.C., como um observatório astronômico no estilo megalítico. Os bulevares de L'Enfant propunham uma relação natural com o céu e a Terra, integrando o número sagrado ao projeto. O Capitólio é um símbolo da regência solar e a Casa Branca, da regência polar.

Isso faz da Capital Federal a mais ambiciosa expressão de desenho de cidade sagrada empreendida, incorporando muito do número sagrado e das tradições geomânticas que nós temos denominado de atlante. L'Enfant era um francês da Paris do Iluminismo e foi provavelmente o arquiteto de maior sucesso na América pós-revolucionária. Que Escola poderia ter preparado esse homem, chamado "o infante", para poder resgatar tal qualidade de maestria na harmonização de 2, 3 e 5, os três primeiros números primos, nesse momento tão oportuno? Poderia ser ele a conexão com os possíveis descendentes dos templários, da Sociedade de Saint Sulpice, da Companhia do Santo-Sacramento que estabeleceu Monreal, dos jacobinos em Paris ou até mesmo de um verdadeiro Priorado de Sião?

O projeto original da cidade tinha uma coluna a uma milha a *leste* do Capitólio. O foco posterior no *oeste* da cidade levou finalmente a alguma metrologia adicional e simbolismo polar, dentro do Washington National Monument [Monumento Nacional de Washington], ao lado de um meridiano que viria a definir o centro da Cidade e dos Estados Unidos.

O MONUMENTO NACIONAL DE WASHINGTON

À medida que esse monumento evoluiu da sua fundação para sua finalização, sua localização foi levemente distanciada do meridiano da Casa Branca. Uma pirâmide em vez de uma estrela de cinco pontas foi colocada sobre seu topo e sua forma se tornou afunilada, para se aproximar da forma de um obelisco egípcio. A altura, para a base da pirâmide erguida, foi finalmente determinada em quinhentos pés e suas proporções então definidas pelas regras estabelecidas para obeliscos antigos. Deu-se à pequena pirâmide no topo 13 fileiras de alvenaria, como a pirâmide no reverso do desenho do Grande Selo, e a cumeeira piramidal foi feita de alumínio, então um metal raro e não tradicional.[10]

A base é quadrada, tendo um comprimento lateral de 55 e um oitavo de pé (número informado pelo órgão público responsável pelos parques). Isso é muito interessante, visto que o estranho um oitavo de pé dividido pelo com-

Figura 10.17. O Monumento Nacional de Washington no contexto da Casa Branca, olhando para noroeste. (Cortesia de Wikimedia Commons.)

primento lateral é igual a 441 unidades, a altura total da Grande Pirâmide projetada em pés sumérios. (Em pés ingleses padrão, o comprimento lateral é naturalmente de 440 unidades.) Dentro das restrições do tamanho do perímetro do monumento, o oitavo extra tem permitido ao raio médio da Terra para o raio Polar ser representado como 55,125 para 55 pés.[11]

> Não devemos parar a exploração
> E o fim de todas as nossas explorações
> Será chegarmos onde começamos
> E conhecermos o lugar pela primeira vez.
>
> T. S. Eliot

PÓS-ESCRITO

A dicotomia discutida neste livro entre conhecimento antigo e sua contínua (porém secreta) vida dentro da moderna sociedade demonstrou ser mais do que apenas um interesse acadêmico. Trata-se de um aspecto primário inexplicado do mundo moderno, que merece muito mais estudo e muito menos sensacionalismo.

Enquanto a cultura exterior desenvolveu uma ideia de liberdade pessoal, um número cada vez maior de mecanismos de controle está surgindo, à medida que o estado das nações está consolidando seu crescimento. Ao mesmo tempo, o papel de grupos secretos está se tornando mais claro. Sua ameaça inerente à democracia tem que ser pesada contra o fato de que a democracia foi inventada em Atenas pelos "homens que vieram do norte", e que grupos secretos tentaram, por meio do Iluminismo, reduzir o poder da Igreja e dos reis, que impediam o crescimento da democracia.

Isso levanta uma questão acerca da evolução da humanidade e se – caso a evolução da Terra esteja a cargo de forças espirituais – o conhecimento de tais forças e da geometria sagrada a elas associada deveria novamente se tornar conhecido, de modo que a população em geral possa novamente interagir com o planeta como algo espiritual, em vez de "ter uma religião", "ganhar dinheiro" ou "acreditar em tecnologia". Isso pode ser novamente possível se o planeta estiver emergindo de uma idade das trevas humana.

APÊNDICE UM

CONSTANTES ASTROFÍSICAS

CONSTANTES ASTROFÍSICAS	
Ano Lunar	354,367 dias (12 lunações)
Ano de Eclipse	346,62 dias
Período do Nodo Lunar	18,618 anos ou 6800 dias
Raio da Lua	1083 milhas (valor antigo = 1080 milhas)

	SINÓDICO	SIDERAL	
	(DIAS)	(DIAS)	(ANOS)
Mercúrio	115,88	87,969	0,24085
Vênus	583,92	224,701	0,61521
Terra	365,242199	365,256	1,00004
Lua	29,53059	27,32166	
Marte	779,94	686,980	1,88089
Júpiter	398,88	4332,589	11,86223
Saturno	378,09	10759,22	29,4577

APÊNDICE DOIS

UMA BREVE INTRODUÇÃO À METROLOGIA DE NEAL E MICHELL

Costumava haver um interesse em metrologia, especialmente no estudo de monumentos antigos. Porém, a informação revelada a partir de sítios geralmente se misturava às ideias religiosas do pesquisador, levando a sistemas codificados como aqueles da piramidologia e gematria. O efeito geral é que a metrologia, fora dos usos da moderna engenharia, tem sido desconsiderada pela arqueologia científica moderna.

A Metrologia parecia um assunto muito complexo antes de John Neal e John Michell redefinirem-na de uma maneira bastante persuasiva e muito mais simples. As medidas antigas foram primeiramente encontradas em diferentes regiões do mundo e assim se tornaram conhecidas pelo nome da civilização ou do país. Isso sugeriu e mais tarde levou à suposição de que essas medidas tinham sido unicamente desenvolvidas nessas regiões de uma maneira arbitrária.

No entanto, medidas antigas não são arbitrárias e, na verdade, todas se relacionam a um sistema único e unificado. A simplicidade teria sido óbvia se as medidas não tivessem sido ligeiramente "alteradas", por razões precisas. Com exceção dessas variações, John Neal identificou que o pé inglês é a base do sistema inteiro – usado como o número um dentro dele – e todos os outros tipos de pé são, na raiz, racionalmente relacionados usando-se frações integrais de um pé inglês. O que pode parecer mais uma abordagem partidária deveria ser compreendido dentro do conhecimento de que o pé inglês não surgiu na Inglaterra.

Também é importante basear tal discussão no comprimento naturalmente chamado "pé", visto que, enquanto ele é apenas uma das muitas unidades de comprimento maiores ou menores, sendo que cada comprimento maior é simplesmente composto de pés de acordo com uma fórmula. A subdivisão de um pé resulta em dez, 12, 16, ou outras divisões, tais como polegadas ou dígitos, em diferentes medições. Uma jarda é geralmente três pés e uma passada, dois e meio. Todos os diferentes pés parecem se situar dentro de uma dada faixa, mais ou menos, do pé inglês.

Como o pé inglês usa amplamente números baixos nas suas frações do inglês e, mais frequentemente, são superparticulares (onde o denominador e o numerador variam em uma unidade como em 8/7, o pé real), muitos deles representam tons musicais; as medidas são inter-relacionadas nas mesmas proporções encontradas na harmonia musical (Capítulo 2). Isso é mostrado na Figura A.1, mas não tem sido uma consideração importante até o momento na aplicação desse sistema metrológico.

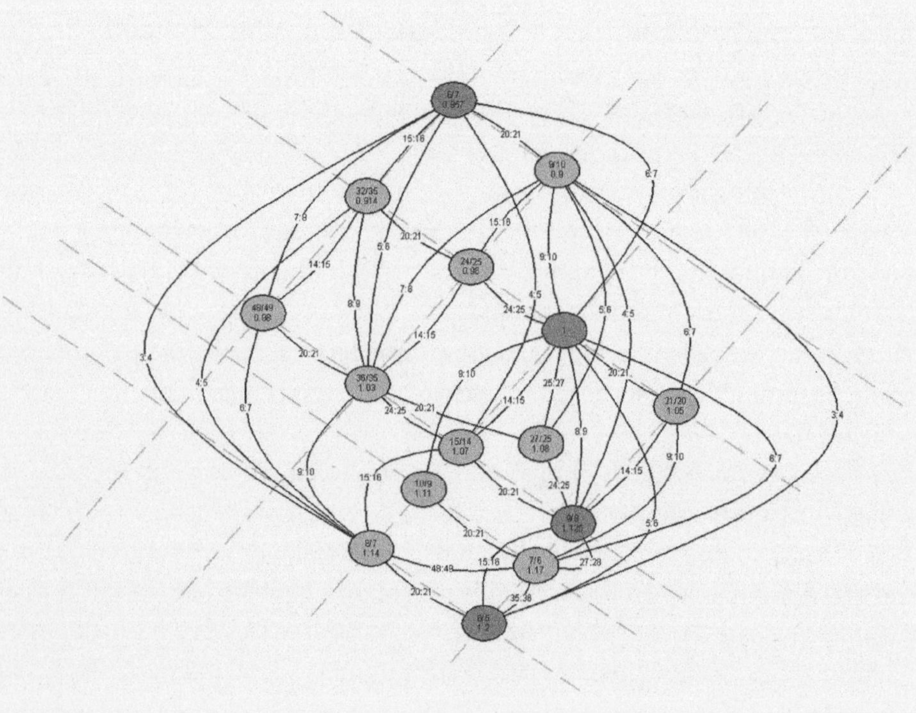

Figura A.1. A rede de medidas harmônicas: relações harmônicas dentro das medidas.

AS 12 MEDIDAS PRINCIPAIS

Há 12 medidas principais e geralmente qualquer medida encontrada é uma variação (ver adiante) de uma dessas, em vez do valor da raiz. Cada valor de raiz forma o que é chamado um módulo. Neal e Michells identificaram 12 módulos:[1]

MÓDULO	RELAÇÃO COM O PÉ INGLÊS	NOTAS
Pé Assírio	9/10 = 0,9 pés	Quando cúbitos alcançam um comprimento de 1,8 pés, tais como o cúbito assírio, eles são divisíveis por dois, em vez da divisão de 1½ pés, normalmente associada com o comprimento do cúbito. Variações dessa medida são diferentemente conhecidas como *oscense*, *itálico* e medida *micenense*.
Pé Ibérico	32/35 = 0,9142857 pés	Este é o pé de 1/3 da vara espanhola, que sobreviveu como o padrão da Espanha a partir da pré-história até os dias de hoje.
Pé Romano	24/25 = 0,96 pés	Muitos que se interessam por metrologia considerariam este valor muito pequeno para uma definição de pé romano, mas exemplos persistem como réguas muito exatas deste comprimento.
Pé Egípcio Comum	48/49 = 0,979592 pés	Uma das medidas mais conhecidas, sendo seis sétimos do pé egípcio real.
Pé Inglês/ Grego	1 pé	O pé inglês é uma das variações do que é aceito como medida grega, chamada diversamente Olímpica ou Geográfica.
Pé Grego Comum	36/35 = 1,028571 pés	Este foi um módulo amplamente usado, registrado por toda a Europa; ele sobreviveu na Inglaterra pelo menos até as reformas de Edward I, em 1305. É também o *meio cúbito sagrado judaico*, sobre o qual Newton ponderou e Berriman chamou de *cúbito A*.

MÓDULO	RELAÇÃO COM O PÉ INGLÊS	NOTAS
Pé Persa	21/20 = 1,05 pés	Metade do cúbito persa de Darius, o Grande. Relatado nas suas variações por todo o Oriente Médio, Norte da África e Europa, sobreviveu como o pé *Hashimi* da liga árabe e o *pied de roi* dos franceses.
Pé Belga	15/14 = 1,071428 pés	Desenvolveu-se no pé Druso ou pé de *Tungri*. Detectável em muitos monumentos megalíticos.
Pé Sumério	12/11 = 1,097142 pés	Talvez o módulo mais difundido de todos, registrado por toda a Europa, Ásia e Norte da África, comumente conhecido como pé *saxão* ou pé *nortista*.
Jarda e Pé Mão-Cheia	11/10 = 1,111111 pés	Este é o pé da jarda de quarenta polegadas. Amplamente usado na Inglaterra medieval até ser suprimido por estatuto, em 1439. É a base da medida *púnica* e variantes estão registradas na estatuária grega, da Ásia Menor.
Pé Real Egípcio	8/7 = 1,142857 pés	Historicamente a medida mais discutida e examinada. São muitos os exemplos deste comprimento.
Pé Russo	7/6 = 1,166666 pés	Uma metade do *arshin* russo, um sexto do *sadzhen*. Um e um meio destes pés como um cúbito seria o *cúbito preto arábico*, também o *cúbito egípcio do Nilometer*.

A esta lista outras podem ser adicionadas, tais como o Pé Inverso Ibérico (35/32 = 1,09375 pés). Este módulo, que é uma parte em oito mil diferentes a partir do metro presente, é encontrado em Carnac. Outra importante medida é o Pé Druso (27/25 = 1,08 pés).

O PAPEL DA EXATIDÃO E VARIAÇÕES

Um problema imediato com essas medidas parece ser sua exatidão, como no número de casas decimais mostrados nos módulos acima. No entanto, este é um artifício do sistema decimal que apenas emprega os dois primos dois e cinco, que constituem dez. Os módulos acima são geralmente frações racionais de um pé inglês envolvendo outros primos, notadamente três levando a 0,333333... escrito como $0,\overline{3}$, usando a linha de cima para representar uma fração repetida. Sete no denominador, como em 8/7, leva à fração repetida $1,\overline{142857}$ para o pé real. O problema se situa não no número base utilizado, mas sim na exatidão do, digamos, pé romano a 0,96. Ele deveria ser escrito 0,960000 ou similarmente para mostrar que na prática a fração inteira é mostrada, mas a prática da metrologia sempre irá ser mensurável de acordo com nossos instrumentos. Corrigir uma medição para mostrar o intento dentro do sistema é um movimento na direção do significado de um monumento tal como, por exemplo, aquele que representa o raio polar da Terra por empregar um módulo com 11/7 na sua mistura de primos, em pés.

Cada um dos tipos acima de medições de pé pode ser e geralmente é encontrado *sistematicamente* variando a partir dos valores de raiz de um dado módulo.

A primeira variação é por uma ou mais aplicações da proporção A = 176/175, que contém 11 acima e sete abaixo (também 16 acima e 25 abaixo). O 11/7 permite que a proporção funcione de vários modos:

1. Ele pode resolver a diferença entre o diâmetro e circunferência de um círculo, de forma que os números inteiros de duas variações diferentes do mesmo módulo estejam presentes apesar do fato de que pi é irracional – porque a aproximação precisa 22/7 tem 11/7 dentro dela.
2. Ele pode converter um módulo sem números primos, exceto dois, três e cinco nele numa medida polar – uma medida que se divide no raio polar da Terra.
3. Visto que o meridiano da Terra entre 10° e 51° produz um grau de latitude de comprimento que varia por esta quantidade, então duas medidas diferindo por esta proporção dividirão as duas latitudes para dar a mesma conta em pés.

Este último uso foi deduzido por Michell, que levou a sua inicial categorização de medidas como *Tropical* e *Nortista*, a última maior por um fator de 176/175. Análises das diferentes medidas históricas levaram Neal à mais simples ideia em que uma tabela de variações esteve envolvida, e que cada módulo estava baseado numa simples fração do pé inglês.

A segunda proporção usada para variação é B = 441/440, que é a proporção do raio médio da Terra para seu raio polar, novamente descoberta por Michell. Ele tem 72 acima e 11 abaixo e pode ser usado de modos similares ao primeiro.

1. Quando adequadamente empregada, esta proporção pode resolver a diferença entre o diâmetro e a circunferência de um círculo.

2. Ela pode converter um módulo com sete no seu denominador em uma medida polar.

3. O meridiano da Terra novamente produz graus de latitude de comprimento que variam por esta quantidade, de forma que as duas medidas diferindo em sua proporção dividirão as duas latitudes para dar a mesma conta em pés.

Assim, as duas proporções usadas para variar medidas eram aquelas que já diziam respeito à elipse do meridiano, o tamanho da Terra e suas deformações devido à rotação diária.

Visto que o pé inglês é "um" para o sistema, então suas próprias variações também demonstram a grade de proporções. Neal produziu tal grade usando 176/175 para diferenças horizontais e 441/440 para as verticais, como nesta tabela:

	MÍNIMO	RECÍPROCA	RAIZ	CANÔNICA	GEOGRÁFICA
RAIZ	0,98867	0,994318	1,0	1,0057143	1,0114612
PADRÃO	0,990916	0,996578	1,002272	1,008	1,01376

- $A = 176/175 = 1{,}0057143$ e $B = 441/440 = 1{,}002272$.
- 1,01376 é, portanto, uma vez A vezes A vezes B visto que duas colunas e uma fileira estão envolvidos.
- 0,98867 é $1/A^2$.

Outros módulos então são variados semelhantemente, como no caso do pé persa que é 21/20 pés de comprimento no seu valor de raiz.

	MÍNIMO	RECÍPROCA	RAIZ	CANÔNICA	GEOGRÁFICA
RAIZ	1,038102	1,044034	1,05	1,056	1,062034
PADRÃO	1,040461	1,046406	1,052386	1,0584	1,064448

- 1,0644486 é, portanto, 1,05 vezes A vezes A vezes B visto que duas colunas e uma fileira estão envolvidos.
- 1,038102 é $1{,}05/A^2$.

Os nomes vieram a ser adotados pela experiência, mas tendo se tornado parte de um sistema coerente, eles são então empregados para comunicar a variedade de um dado módulo. Por essa razão, o pé atrás da jarda megalítica astronômica (JMA) de 19,008/7 pés é um terço dessa jarda, que proporcionalmente é 792/875 pés. Porém, este pé é 176/175 vezes o pé assírio de 9/10 ou 0,9 pés. Por conseguinte, ele deve ser referido como sendo uma "raiz canônica do pé assírio". A JMA é também um passo de dois pés e meio se o pé druso de 27/25 é similarmente variado. Ou seja, um "passo de raiz canônica do pé druso" poderia também descrevê-lo.

Na prática, tabelas podem ser preparadas para referência, ou, como é mais comum, cálculos *ad hoc* são feitos numa calculadora para medir a variação de uma *medição* dentro de um possível módulo. Por exemplo: John James associou o pé romano com Chartres no *The Master Masons of Chartres* (ver Capítulo 8). Ele usou uma figura que era 6,8 pés para sete pés romanos, mas isto não pertenceria à antiga metrologia visto que sua fórmula conteria então o número primo 17. O mais próximo dos valores de Neal seria a *raiz geográfica do pé romano* na qual o valor de raiz de 24/25 pés é aumentado duas vezes por 176/175 para se obter 0,971003 pés, uma diferença de menos de 0,04%.

OUTROS SISTEMAS METROLÓGICOS

Muitos livros não acadêmicos incorporam alguma metrologia enquanto livros acadêmicos são catálogos amplos de valores históricos e relações aproximadas entre os módulos acima. Praticamente ninguém tem adotado o sistema de Neal e Michell. O que geralmente é encontrado é, no melhor dos casos, suficiente para o trabalho ser feito, mas mais frequentemente não é antigo e interpreta monumentos de um modo excêntrico.

The Bronze Age Computer Disk, de Alan Butler, fornece um típico exemplo de como as coincidências dentro do ambiente numérico começam a revelar facetas do sistema antigo. Enquanto é possível que haja outros sistemas metrológicos diferentes, a evidência aponta para um único sistema de medidas onde quer que a metrologia tenha sido empregada. Isto é crucial: o que pode ter levado milhares de anos na feitura foi o maior artefato cultural jamais criado e foi parte de uma visão de mundo que era transmitida desde civilizações antidiluvianas até os tempos históricos. A maioria dos resultados desenvolvidos neste livro são apenas passos além da conjectura em virtude deste sistema metrológico. Assim como um novo telescópio pode levar automaticamente a novos conhecimentos de objetos e fenômenos celestes, a aplicação da metrologia a sítios antigos parece revelar fatos interessantes que não podem ser vistos de outra maneira. Quase todas as outras linhas de abordagem estão obstruídas pela devastação tanto do tempo quanto das civilizações posteriores. Quando um monumento metrológico sobrevive a tudo, sua metrologia geralmente sobrevive intacta e pode ser deduzida a partir de um conhecimento das medidas usadas no mundo antigo.

TÁBUA DE REFERÊNCIA DE VÁRIAS MEDIDAS ANTIGAS

Cada tipo de pé gera módulos de variados pés de acordo com apenas duas proporções, como explicado abaixo:

PÉ ASSÍRIO 9/10 = 0,9 PÉS

	MÍNIMO	RECÍPROCA	ASSÍRIA	CANÔNICA	GEOGRÁFICA
RAIZ	0,889802	0,894886	0,900000	0,905143	0,910315
PADRÃO	0,891824	0,896920	0,902045	0,907200	0,912384

PÉ IBÉRICO 32/35 = .9142857 PÉS

	MÍNIMO	RECÍPROCA	IBÉRICA	CANÔNICA	GEOGRÁFICA
RAIZ	0,903926	0,909091	0,914286	0,919510	0,924765
PADRÃO	0,905980	0,911157	0,916364	0,921600	0,926866

PÉ ROMANO 24/25 = .96 PÉS

	MÍNIMO	RECÍPROCA	ROMANO	CANÔNICA	GEOGRÁFICA
RAIZ	0,949122	0,954545	0,960000	0,965486	0,971003
PADRÃO	0,951279	0,956715	0,962182	0,967680	0,973210

PÉ EGÍPCIO COMUM 48/49 = 0,979592 PÉS

	MÍNIMO	RECÍPROCA	EGÍPCIO COMUM	CANÔNICA	GEOGRÁFICA
RAIZ	0,968492	0,974026	0,979592	0,985190	0,990819
PADRÃO	0,970693	0,976240	0,981818	0,987429	0,993071

PÉ INGLÊS E GREGO 1 = 1,000000 PÉS

	MÍNIMO	RECÍPROCA	INGLÊS	CANÔNICA	GEOGRÁFICA
RAIZ	0,988669	0,994318	1,000000	1,005714	1,011461
PADRÃO	0,990916	0,996578	1,002273	1,008000	1,013760

PÉ GREGO COMUM 36/35 = 1,028571 PÉS

	MÍNIMO	RECÍPROCA	GREGO COMUM	CANÔNICA	GEOGRÁFICA
RAIZ	1,016916	1,022727	1,028571	1,034449	1,040360
PADRÃO	1,019227	1,025052	1,030909	1,036800	1,042725

PÉ PERSA 21/20 = 1,05 PÉS

	MÍNIMO	RECÍPROCA	PERSA	CANÔNICA	GEOGRÁFICA
RAIZ	1,038102	1,044034	1,050000	1,056000	1,062034
PADRÃO	1,040461	1,046407	1,052386	1,058400	1,064448

PÉ BELGA 15/14 = 1,071428 PÉS

	MÍNIMO	RECÍPROCA	BELGA	CANÔNICA	GEOGRÁFICA
RAIZ	1,059288	1,065341	1,071429	1,077551	1,083708
PADRÃO	1,061695	1,067762	1,073864	1,080000	1,086171

PÉ IBÉRICO INVERSO 35/32 = 1,09375 PÉS

	MÍNIMO	RECÍPROCA	CARNAC	CANÔNICA	GEOGRÁFICA
RAIZ	1,081356	1,087536	1,093750	1,100000	1,106286
PADRÃO	1,083814	1,090007	1,096236	1,102500	1,108800

PÉ SUMÉRIO 12/11 = 1,097142 PÉS

	MÍNIMO	RECÍPROCA	SUMÉRIO	CANÔNICA	GEOGRÁFICA
RAIZ	1,078548	1,084711	1,090909	1,097143	1,103412
PADRÃO	1,080999	1,087176	1,093388	1,099636	1,105920

JARDA E PÉ MÃO-CHEIA 11/10 = 1,111111 PÉS

	MÍNIMO	RECÍPROCA	JARDA E MÃO	CANÔNICA	GEOGRÁFICA
RAIZ	1,087536	1,093750	1,100000	1,106286	1,112607
PADRÃO	1,090007	1,096236	1,102500	1,108800	1,115136

PÉ EGÍPCIO REAL 8/7 = 1,142857 PÉS

	MÍNIMO	RECÍPROCA	REAL	CANÔNICA	GEOGRÁFICA
RAIZ	1,129907	1,136364	1,142857	1,149388	1,155956
PADRÃO	1,132475	1,138946	1,145455	1,152000	1,158583

PÉ RUSSO 7/6 = 1,166666 PÉS

	MÍNIMO	RECÍPROCA	RUSSO	CANÔNICA	GEOGRÁFICA
RAIZ	1,153447	1,160038	1,166667	1,173333	1,180038
PADRÃO	1,156068	1,162674	1,169318	1,176000	1,182720

NOTAS

INTRODUÇÃO: NÚMERO E CRIAÇÃO

1. *Stonehenge, A Journey Back in Time* (vídeo; Inglaterra: Cromwell/English Heritage, 1998).
2. Ver Giorgio De Santillana e Hertha Von Dechend, *Hamlet's Mill* (Jaffrey, N.H.: David R. Godine, 1977).

CAPÍTULO UM: NÚMEROS VINDOS DO CÉU

1. Alexandre Marshack, *The Roots of Civilization: The Cognitive Beginnings of Man's First Art, Symbol and Notation* (Londres: Weidenfeld e Nicolson, 1972).
2. Ver Robert Graves, *The Greek Myths* (Londres: Penguin Books, 1960), particularmente "The Dethronement of Cronus", 7.1.

CAPÍTULO DOIS: A RAIZ DE TODAS AS MEDIDAS

1. "... os intervalos que são os mais agradáveis para o ouvido são aqueles dados pelos mais simples números racionais... Assim, a consonância está associada com a proporção de pequenos inteiros. Mais precisamente, proporções naturais são da forma $2^p \times 3^q \times 5^r$... o sétimo e 11º harmônicos sempre sendo excluídos da consideração." Segundo F. J. Budden, "Modern Mathematics and Music", *The Mathematical Gazette*, 19 fevereiro 1969.

CAPÍTULO TRÊS: O MODELO DA TERRA

1. Descoberto inicialmente por John Michell em *Ancient Metrology* em 1982 (Bristol, Inglaterra: Pentacle Books) e estendido por John Neal em *All Done With Mirrors*, por volta de 2002 (Londres: Secret Academy).
2. Elaboração adicional pode ser encontrada no Apêndice 2, assim como em *Ancient Metrology*, de John Michell (Bristol, Inglaterra: Pentacle Books, 1982) e All Done *With Mirrors*, de John Neal (Londres: Secret Academy, 2002).
3. John Michell, *Ancient Metrology* (Bristol, Inglaterra: Pentacle, 1982).
4. De *Certaine Errors in Navigation Detected and Corrected* (Londres, 1610).
5. De C. W. Allen, *Astrophysical Quantities* (Londres: Athlone Press, 1976).

CAPÍTULO QUATRO: PARQUES TEMÁTICOS ANTIGOS

1. John Michell, *City of Revelation* (Londres: Garnstone Press, 1972).
2. Nosso relato foi extraído de *The Temple at Jerusalem: A Revelation*, de John Michell (Glastonbury, Inglaterra: Gothic Image Publications, 2000).
3. Robin Heath, *Sun, Moon and Stonehenge* (Cardigan: Bluestone Press, 1998) e *The Measure of Albion* (Cardigan: Bluestone Press, 2004).
4. Jurgen Spanuth, *Atlantis of the North* (Londres: Sidgwick and Jackson, 1979).
5. John Michell, *Ancient Metrology* (Bristol, Inglaterra: Pentacle, 1982) e John Neal, *All Done With Mirrors* (Londres: Secret Academy, 2002).
6. Robin Heath, *Sun, Moon and Stonehenge* (Cardigan: Bluestone Press, 1998).
7. Robin Heath e John Michell, *The Measure of Albion* (Cardigan: Bluestone Press, 2004).
8. Esta seção é baseada na apresentação de John Michell sobre o assunto em *The Measure of Albion*.
9. Alexander Thom, *Megalithic Remains in Britain and Britanny* (Oxford: Oxford University Press, 1978).
10. Alexander Thom, *Megalithic Sites in Britain* (Oxford: Oxford University Press, 1967).
11. Adaptado de Alexander Thom, *Megalithic Remains in Britain and Britanny* (Oxford: Oxford University Press, 1978).
12. Associação Arqueológica Kergal (brochura 20): *An Approach to Megalithic Geography*.
13. Robin Heath, *Sun, Moon and Stonehenge* (Cardigan: Bluestone Press, 1998).

CAPÍTULO CINCO: HERÓIS MÍTICOS E TECNOLOGIAS GEOMÂNTICAS

1. A principal referência para isto continua sendo *Hamlet's Mill*, de Santillana e Dechend.
2. De Peter Stewart, *The Architecture of The Spirit* (Rochester, Vt.: Inner Traditions. Ver www.mythofcreation.co.uk.
3. John Michell, *At the Center of the World* (Londres: Thames & Hudson, 1994).
4. Earnest McClain, *The Pythagorean Plato* (Nova York: Nicolas-Hays, 1984).
5. Earnest McClain, *The Myth of Invariance* (Nova York: Nicolas-Hays, 1985).
6. Jean Richer, *Sacred Geography of Ancient Greeks* (Nova York: SUNY, 1994).
7. Por Lucien Richer, em um desenvolvimento do trabalho de seu irmão, originalmente na revista francesa *Atlantis*, mas traduzida no panfleto, *The St. Michael-Apolo 'Axis' – A Study in Sacred Geography* (Gatekeeper Trust, 1998).
8. Paul Broadhurst et al., *The Dance of the Dragon* (Cornwall: Mythos Books, 2000).
9. David Ulansey, *The Origins of the Mithraic Mysteries* (Oxford University Press, 1991).

CAPÍTULO SEIS: HOMENS MISTERIOSOS VINDOS DO NORTE

1. Como descrito em Jean Richer, *Sacred Geography of the Ancient* Greeks (Nova York: SUNY, 1994).
2. "Geo-Physics and Human History: New Light on Plato's Atlantis and the Exodus", *Systematics* 1:2 (setembro 1963).
3. "The Hyperborean Origin of the Indo-European Culture", *Systematics* 1:3 (dezembro 1963).

CAPÍTULO SETE: ANJOS DO TRANSFINITO

1. Discutido em J. G. Bennett, *The Dramatic Universe*, vol. 2 (Londres: Hodder & Stoughton, 1961), 244. Ele deu continuidade ao usar um número transfinito mais elevado, *Aleph Two*, como um meio de pensar do mundo divino como uma fonte aparentada dificílima de compreender/medir. Ver suas palestras posteriores: *Creation*, por J. G. Bennett (Santa Fé: Bennett Books, 1998).
2. Richard Heath, *Matrix of Creation* (Rochester, Vt.: Inner Traditions, 2004), 38-40.
3. Robert K. G. Temple, *Oracles of the Dead* (Rochester, Vt.: Destiny Books, 2005).

4. Stuart McHardy, *The Quest for the Nine Maidens* (Edimburgo, Escócia: Luath Press, 2002).
5. Isto é abordado em Gordon Strachan, *Chartres: Sacred Geometry, Sacred Space* (Edimburgo, Escócia: Floris Books, 2003).

CAPÍTULO OITO: OS TEMPLOS MEDIEVAIS

1. Jeanine Miller, *The Vision of Cosmic Order in the Vedas* (Londres: Routledge, Kegan & Paul, 1985), 93.

CAPÍTULO NOVE: A VIDA, O UNIVERSO E TUDO MAIS

1. Collins Pocket Dictionary, 1989.
2. J. G. Bennett, *The Dramatic Universe*, vol. 2: Foundations of Moral Philosophy (Charlestown, W.Va.: Claymont Communications, 1961), 46.
3. J. G. Bennett, *The Dramatic Universe*, vol. 3: Man and His Nature (Charlestown, W.Va.: Claymont Communications, 1966).

CAPÍTULO DEZ: CONSTRUINDO A NOVA JERUSALÉM

1. Erling Haagensen e Henry Lincoln, *The Templars' Secret Island* (Gloucestershire, UK: Windrush Press, 2000), capítulo 3.
2. Como descrito em John Michell, *At the Center of the World* (Londres: Thames & Hudson, 1994).
3. Erling Haagensen e Henry Lincoln, *The Templars' Secret Island*, 50.
4. Ver o website de Rick Campbell: www.geocities.com/jussaymoe/dc_symbolism/index.htm.
5. John Michell, *The Temple of Jerusalem: A Revelation* (York Beach, Me.: Weiser, 2000).
6. Entrada da Wikipedia sobre Nova Jerusalém.
7. David Ovason, *The Secret Zodiacs of Washington*, D.C. (Londres: Arrow Books, 2000).
8. Nicholas R. Mann, *The Sacred Geometry of Washington, D.C.* (Somerset, Inglaterra: Green Magic, 2006).
9. *Ibid.*

10. Para a história completa dos obeliscos vindos dos tempos antigos, suas conexões com grupos iluministas e a maravilhosa história da construção do Monumento de Washington, leia *The Magic of Obelisks*, de Peter Thomkins (Nova York: Harper & Row, 1981).
11. Agradeço a John Neal por me alertar para esta forma de acessar o código da base do monumento.

APÊNDICE DOIS: UMA BREVE INTRODUÇÃO À METROLOGIA DE NEAL E MICHELL

1. Tabela retirada de John Neal, "Ancient Measurement Systems, Their fractional integration" (ensaio não publicado, 2004).